国家自然科学基金面上项目"数字创意产品多业态联动开发机理及模式研究"（71874142）

U0503319

数字创意产品
多业态联动开发机理及模式

陈　睿◎著

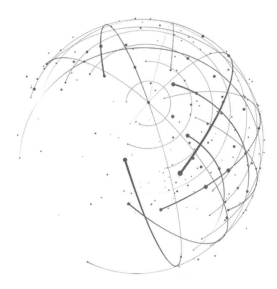

Mechanism and Mode of
Multi-format Linkage Development of
Digital Creative Products

经济管理出版社
ECONOMY & MANAGEMENT PUBLISHING HOUSE

图书在版编目（CIP）数据

数字创意产品多业态联动开发机理及模式/陈睿著 . —北京：经济管理出版社，2023.8
ISBN 978-7-5096-9206-6

Ⅰ.①数…　Ⅱ.①陈…　Ⅲ.①数字技术—应用—产品开发—研究　Ⅳ.①F273.2-39

中国国家版本馆 CIP 数据核字（2023）第 164434 号

组稿编辑：郭丽娟
责任编辑：吴　倩
责任印制：张莉琼
责任校对：张晓燕

出版发行：经济管理出版社
　　　　　（北京市海淀区北蜂窝 8 号中雅大厦 A 座 11 层　100038）
网　　址：www. E-mp. com. cn
电　　话：(010) 51915602
印　　刷：唐山玺诚印务有限公司
经　　销：新华书店
开　　本：720mm×1000mm/16
印　　张：15.25
字　　数：291 千字
版　　次：2023 年 9 月第 1 版　　2023 年 9 月第 1 次印刷
书　　号：ISBN 978-7-5096-9206-6
定　　价：98.00 元

前　言

　　过去十年，在互联网、5G、大数据、人工智能、云计算、区块链等新兴技术的支撑下，中国数字经济的发展取得了巨大的进步，在总体规模和在国民经济中的占比等方面都取得了明显的提升。数字经济通过"产业数字化"和"数字产业化"两种机制，推动国民经济各行业的数字化转型，促进产业结构的升级与优化，在促进国民经济发展方面发挥了重要的先导性作用。

　　在这一过程中，我国文化产业的发展也经历了深刻的结构性变革。在"文化+科技"双引擎的推动下，中国文化产业的数字化转型进程不断加快。2016年3月，《政府工作报告》首次提出"数字创意产业"的概念。2017年4月，文化部正式提出"数字文化产业"的概念。2021年3月，"十四五"规划明确提出"实施文化产业数字化战略"。2022年5月，中共中央办公厅、国务院办公厅印发文件，明确提出"实施国家文化数字化战略"。2022年10月，党的二十大报告再次明确提出"实施国家文化数字化战略""健全现代文化产业体系和市场体系，实施重大文化产业项目带动战略"。这些事件标志着推动中国文化产业的数字化转型和发展，已经成为国家政策的基本导向。

　　在具体的产业运作层面，文化产业的数字化是以"数字创意产品"或"数字文化产品"的开发与运营为载体。在推动我国文化产业高质量发展、促进"中华文化'走出去'"的进程中，必须创造一批"当代数字创意内容精品"，使得"精品"在我国文化产业的发展过程中不断涌现。

　　在数字创意产品（数字文化产品）的开发与运营过程中，"一意多用"是一个非常明显的特征。基于特定文化资源，可以有多种内容创意；而同一内容创意，又可以用于多种不同形态的数字创意产品的后续开发；更为重要的是，不同形态的数字创意产品之间，还可以在内容创意上进行复用和迭代开发，产生全新的数字创意产品，进而出现基于"文化IP"的价值链延伸与多业态联动开发现象。

事实上，自法兰克福学派首次从哲学批判的视角提出"文化产业"（Cultural Industries）的概念以来，文化产业就一直是以一个产业族群或产业体系的形态而存在的。但是，在数字技术深度应用之前，文化产业的各子产业之间，远远没有实现价值链的相互融合和价值的共同创造。关键的变化出现在互联网全面融入文化产业日常运作之后，特别是基于互联网的内容平台或分销平台的出现，使得文化产业各子产业之间产生了前所未有的交互作用与协同效应。因此，从总体上看，数字创意产品的多业态联动开发，是互联网等数字技术支撑下产生的新现象。产业实践表明，多业态之间的有机联动是数字创意产品开发成功和价值持续增值的关键环节，也是其核心竞争力的关键构成要素。但是，这种联动开发内在的机理、作用方式、实现条件还缺乏理论层面的系统分析。

本书聚焦于数字创意产品多业态联动开发的内在机理和实现模式。全书共分为八章。第一章为绪论，主要介绍本书的背景、核心问题、基本概念、研究方法、技术路线、研究意义和可能的创新点。第二章主要对中国文化产业近年来的总体发展情况进行讨论，为后续分析提供基本的分析背景。第三章在对产业实践进行分析的基础上，提出和构建了基于"内容—平台—消费者"三者关系的跨学科理论分析框架。第四章、第五章、第六章结合实际案例，分别详细讨论数字创意产品多业态联动开发过程中存在的"内容转化""平台交互""消费者迁移"三个基本问题，这三章构成全书的核心部分。第七章对研究情景做了拓展，重点探讨跨文化情景中数字创意产品的开发与运营问题。第八章结论部分对全书研究的主要发现和结论进行总结，并对未来研究进行阐述。

数字创意产品的开发与运营既具有一般商品的共同属性，又具有作为一种文化商品的特殊属性。因此，对数字创意产品的系统研究具有典型的跨学科属性，涉及管理学、经济学、传播学、文学、计算机科学等多个学科门类的相关理论与方法。本书的研究将进一步扩展跨媒介叙事、互文、故事世界、平台理论、双边市场、网络外部性、产品扩散、消费者选择等理论的研究，力图在理论上做出一定的创新与拓展。本书得出的一个重要结论是：在互联网等数字技术的支撑下，"文化"成了一种现实的生产要素，能够与资本、科学技术、人力资源等传统生产要素进行有机结合，进入各类产品的价值生成过程，产生价值倍增效应。

中国文化产业的数字化进程正在加快，各种新技术、新业态、新模式正在不断涌现。数字创意产品的多业态联动开发只是其中的一个典型现象。今天，在虚拟现实、增强现实技术的支撑下，出现了数字虚拟人、元宇宙、沉浸式体验等新现象。新技术的出现，为数字创意产品的开发提供了全新的创意空间和可能性，并为多个学科提供了前所未有的研究机会。

　　总体上看，对这一领域的理论研究还处于初期阶段。与生动、多样、不断演化的产业实践相比，理论研究还显得较为滞后。本书尝试构建了一个跨学科的整合性理论分析框架，并针对其中的关键要素进行了较为系统的分析。本书的研究仅为抛砖引玉，期待更多的研究成果不断涌现。

陈　睿

2022 年 12 月

目　录

第一章　绪论

本章阐述本书的背景、核心问题、涉及的基本概念、研究方法、技术路线、研究意义和可能的创新点。

第一节　研究背景与问题提出

一、研究背景

近年来，我国数字经济进入高速发展时期。从 2017 年到 2021 年，我国数字经济的总规模从 27.2 万亿元增加到 45.5 万亿元，年均复合增长率达到 13.6%，高于同期 GDP 增速。数字经济占 GDP 的比重由 32.9% 提高到 39.8%。[①②] 截至 2021 年 12 月，我国互联网用户规模达到 10.32 亿人，互联网普及率达到 73.0%。2021 年，我国移动互联网用户规模达到 10.29 亿人，移动互联网接入流量达到 2216 亿 GB，比上年增长 33.9%。[③] "十四五"规划纲要明确提出："加快数字化发展，发展数字经济，推进数字产业化和产业数字化，推动数字经济和实体经济深度融合，打造具有国际竞争力的数字产业集群。"

数字经济的高速发展，是在互联网、5G、人工智能、大数据、云计算、区块链等新兴技术的支撑下实现的。新兴技术的发展并不是孤立的，而是呈现显著

---

① 国家互联网信息办公室. 数字中国发展报告（2021 年）［R］. 2022.

② 中国信息通信研究院. 中国数字经济发展报告（2022 年）［R］. 2022.

③ 中国互联网络信息中心. 第 49 次《中国互联网络发展状况统计报告》［EB/OL］. ［2022-02-25］. http：//www.cnnic.net.cn/hlwfzyj/hlwxzbg/hlwtjbg/202202/t20220225_71727.htm.

的相互影响与创新扩散特征。总体上看，新兴技术已经大量应用于国民经济各行业和人民日常生活，各种新型应用场景不断涌现，各种新型业态不断出现，这也反过来加速了技术本身的创新与迭代过程。数字经济能够促进重组国民经济运行的各类生产要素，优化和提升产业结构，为人民生产生活提供更多便利，对国民经济发展具有非常重要的意义。

在这一过程中，受益于"文化+科技"双引擎的推动，文化产业的数字化转型也在加速推进。在这一过程中，"数字创意产业"与"数字文化产业"的概念被先后提出，成为标志文化产业数字化的重要核心概念。

2016 年 3 月，李克强总理在《政府工作报告》中首次提出"数字创意产业"的概念，提出要"大力发展数字创意产业"。"十三五"规划纲要提出"支持数字创意产业发展壮大"，将其作为支持战略性新兴产业发展的重要任务之一。2016 年 11 月，数字创意产业被纳入《"十三五"国家战略性新兴产业发展规划》。2017 年 4 月，文化部正式发布《关于推动数字文化产业创新发展的指导意见》，首次明确提出了"数字文化产业"的概念。

2020 年 11 月，文化和旅游部正式发布《关于推动数字文化产业高质量发展的意见》，其中明确提出："培育和塑造一批具有鲜明中国文化特色的原创 IP，加强 IP 开发和转化，充分运用动漫游戏、网络文学、网络音乐、网络表演、网络视频、数字艺术、创意设计等产业形态，推动中华优秀传统文化创造性转化、创新性发展，继承革命文化，发展社会主义先进文化，打造更多具有广泛影响力的数字文化品牌。"

2021 年 3 月印发的"十四五"规划纲要明确提出："实施文化产业数字化战略，加快发展新型文化企业、文化业态、文化消费模式，壮大数字创意、网络视听、数字出版、数字娱乐、线上演播等产业。"2022 年 5 月，中共中央办公厅、国务院办公厅印发《关于推进实施国家文化数字化战略的意见》，明确提出了推进国家文化数字化的 8 项重点任务。

2022 年 10 月，党的二十大报告明确提出："繁荣发展文化事业和文化产业""实施国家文化数字化战略""健全现代文化产业体系和市场体系，实施重大文化产业项目带动战略"。

从产业实践来看，数字文化产业（数字创意产业）发展的核心是要创造一批"当代数字创意内容精品"[①]，"精品"的出现，既包括创作层面的文学、艺术

---

① "当代数字创意内容精品"的提法出自《"十三五"国家战略性新兴产业发展规划》第六部分。

问题，也涉及产品开发和运营层面的管理问题，以及公共政策的供给问题。创意本身具有"一意多用"①的特性，特定创意来源可以通过产品开发过程转化为网络文学、动画、游戏、电影、电视剧、舞台剧、工业设计、虚拟现实等多种产品形态，并通过产品形态的演化，实现价值链的不断延长和价值的持续增值。《"十三五"国家战略性新兴产业发展规划》第六部分明确提出："鼓励多业态联动的创意开发模式，提高不同内容形式之间的融合程度和转换效率，努力形成具有世界影响力的数字创意品牌，支持中华文化'走出去'。"从数字创意产品本身的特性来看，多业态之间的有机联动是数字创意产品开发成功和价值持续增值的关键环节，也是其核心竞争力的关键构成要素②。

二、问题提出

当前，在数字化和互联网共同推动下的产业融合和媒介融合深入发展，为实现数字创意产品多业态之间的有机联动提供了现实可能性，然而，这种联动不是自然发生的。在理论层面，其实现机理和模式还存在众多待探究的问题：多业态联动的层次、结构、方式、组合模态、影响机制、传导介质、作用条件、政策环境等；在实践层面，亟须将最新的理论成果转化为政策，用于指导产业实践，使数字创意产品开发的多业态联动由当前自发、零散的状态转化为自觉、系统的体系，从而提升我国数字创意产品开发、运营的整体水平和综合竞争力。综上，对数字创意产品的多业态联动开发机理和模式进行系统研究，具有理论和实践上的必要性和紧迫性。

多业态之间的有机联动是数字创意产品开发成功和价值持续增值的关键环节，也是其核心竞争力的关键构成要素。但是，经典的产品开发理论不能有效解释数字创意产品在跨业态联动条件下的开发问题，因为这超出了一般意义上的产品开发范畴，还涉及内容再创意、产品形态转化、平台间交互、消费者迁移等全新问题。现有研究基于各自不同的学科背景在不同层次上对这些问题有一定程度的讨论和研究，如针对数字创意产品开发情景下的双边市场和平台经济性、消费者网络与选择问题、衍生品开发与运营等。但总体来说，针对这一问题，缺乏明晰的理论框架，相关研究还缺乏整体性和系统性。

---

① "一意多用"的提法引用自：林明华，杨永忠. 创意产品开发模式：以文化创意助推中国创造 [M]. 北京：经济管理出版社，2014：109.

② 陈睿，杨永忠. 互联网创意产品运营模式——"互联网+文化创意"的微观机制 [M]. 北京：经济管理出版社，2016：80.

第二节　基本概念与文献回顾

经典的新产品开发理论主要形成于工业经济时代，在创意经济和数字经济蓬勃发展的今天，出现了许多经典理论不能有效解释的新现象、新情况、新问题。从文献回顾情况来看，创意产品、数字创意产品及其开发过程所具有的许多新特征已经引起了国内外学者的关注，相关研究成果具有多学科交叉的特征，可以归纳为以下三个层次。①

一、创意产品、数字创意产品的内涵与特性

（一）创意产品的内涵与特性

联合国贸易和发展会议（UNCTAD）将创意产品区分为创意商品和创意服务两大类别。创意商品主要包括设计、表演艺术、视听商品、工艺品、视觉艺术、新媒体、出版物7大类25个小类；创意服务主要包括个人文化和娱乐服务、广告服务、研发服务、市场调研与民意调查服务、建筑服务等类型。

从理论上讲，创意产品主要是指具有文化和审美属性，具有使用价值的创新型产品。创意产品的概念不同于"产品创意"，后者是指新产品开发过程中的一个特定阶段。O'Quin 和 Besemer（2011）认为，创意产品具有新颖性、适宜性、有效性、可分辨性等特点，同时也具有风格化、符号价值和审美属性。创意产品的主要评价方法有同伴提名、创意活动和成果检查列表、同感评估技术（CAT）、创意产品语义量表（CPSS）等[1]。创意产品天然具有"消费驱动"的特性，Colapinto 和 Porlezza（2012）讨论了创新和知识生产的四重螺旋模型，在此基础上，提出了分析创意产品新特征的系统理论[2]。

创意产品具有明显的文化、技术和经济融合性质。杨永忠、林明华（2015）认为，文化是创意产品的内核要素，技术是创意产品的实现手段，经济效益是创意产品的开发导向[3]。厉无畏和顾丽英（2007）认为，创意产品的价值由功能价值和观念价值两部分组成。功能价值由科技创造而成，是商品的物质基础；观

---

① 本节内容主要基于作者 2017 年 1 月出版的《互联网创意产品运营模式——"互联网+文化创意"的微观机制》一书的第二章第二节、2019 年 12 月出版的《推动我国数字创意产业发展研究》一书的第一章第三节修改完善而成。

念价值因创意渗透而生，是附加的文化观念。促进商品价值增值的基本趋势是沿着功能价值到观念价值的路径展开[4]。贺和平和刘雁妮（2014）从体验经济的角度，探讨了科技与文化要素如何在创意产品中实现融合的具体路径[5]。

在经济特性和价值结构方面，姚林青和卢国华（2012）认为，文化创意产品具备成为公共产品的必要条件，但外部约束条件将改变产品的实际经济性质。在不同外部约束条件下，文化创意产品分为公共产品型、公共资源型、私人产品型和私人垄断型四种类型[6]。王志标（2012）研究了文化创意产品供给目标的冲突与协调问题，分别建立了文化创意产品私人供给和公共供给的目标模型[7]。李向民等（2005）分析了精神产品的特点和价值形成过程与普通物质产品的差异，并讨论了创意型产品在生产可能性曲线、供给曲线和生产决策等方面的特点和规律[8]。

胡晓鹏（2008）以"哈利·波特"为例，探讨了文化创意产品的价值结构和价值开发问题[9]。张逦英（2012）认为，文化创意产品不同于传统意义上的产品，文化要素的植入和新科技的运用使其呈现出特有的属性，其产品价值的实现路径与传统产品存在差异[10]。庞建刚等（2012）从边际定价模型出发，结合文化创意产品的特征，建立和测试了基于消费者感知的文化创意产品定价模型[11]。此外，吕本富等（2012）以网络文学作品为例，研究了信息产品的信息披露程度对成交量的影响[12]。李燕（2011）研究了网络文化创意产业的新模式——威客，具体分析了威客的成因、本质以及影响全球化交易的因素[13]。

（二）数字创意产品的内涵与特性

"数字创意产业"的概念由李克强总理于2016年3月在《政府工作报告》中首次提出，并在2016年11月发布的《"十三五"国家战略性新兴产业发展规划》中，将其定位为五大10万亿级战略性新兴产业之一。在微观层面，"数字创意产品"的概念与"数字创意产业"相对应。截至目前，针对"数字创意产品"这一概念的专门探讨还非常缺乏，与之最为相关且讨论较为深入的专门概念是信息经济学中的"数字内容产品"。

美国经济学家卡尔·夏皮罗等（2000）认为，数字内容产品就是已经被编成二进制编码的一切交换物[14]。Mundorf 和 Bryant（2002）认为，数字内容产品之间的互动作用（Interchangeable Roles）颠覆了传统媒体信息从发送者到接收者单向流动的模式，使所有的信息都双向互动起来。这种互动作用可以发生在持有互联网终端的人与人之间，也可以发生在人与机器之间[15]。McKenna 和 Bargh（1999）认为，数字内容产品的互动性使得交错互动的网络空间得以形成，消费者在这一网络空间可以尽情舒展自己的个性，突破时空界限的网络连接，拓展了参与者的社交圈，大大加强了参与者的社交范围和社交频率，极大地降低了人与人之间的疏离感[16]。

王萌等（2009）指出任何产品都可以有精神内容和物质载体两种形式，精神内容主要指产品的创意、构思和知识，而数字内容产品也就是所有可能产品的精神形式[17]。刘霞等（2014）发现数字内容产品的网络销售并没有因为物理距离的消失而失去其空间相关性，消费者之间的模仿行为是驱动区域内产品扩散的直接动力[18]。董晓松等（2013）发现网络消费遵循文化空间秩序；网络消费者的学习对象有显著的亚文化空间差异；亚文化区内的网络消费学习具有同步性，而跨亚文化区与本地学习则是带动网络消费的主要动力[19]。

二、创意产品、数字创意产品开发的相关研究

（一）创意产品开发的相关研究

在创意经济兴起的大背景下，以往那种高度标准化的业务流程管理（BPs Management）已不再适应知识和创意密集的管理要求，Marjanovic（2008）提出并讨论了新的基于创意的业务流程管理模式（Creative BPs）[20]。Xu 和 Rickards（2007）建构了"创意管理"的概念模型，认为新阶段创意管理的构成有三个核心部分：人文主义、社会技术学和知识管理[21]。Suhyun 等（2008）指出，"创意管理"是实现商业创新、获取可持续竞争优势的源泉，在分析已有研究成果的基础上，基于平衡计分卡（BSC）理论和创意心理认知模型，从多个维度建立了创意管理指标体系（Creative Management Index，CMI）[22]。Sclavi（2008）对比分析了创造活动的联系性思维、关于情绪反应的文化建构、幽默与游戏在人类沟通中的作用，基于情绪认知影响提出了创意管理过程中的冲突解决模型[23]。

Seidel（2011）对具有"创意密集"特征的商业过程中的管理问题、信息技术的应用问题进行了研究，具体对创意产业中电影和视觉特效的生产过程进行了实证分析，认为这一过程具有客户依赖、交互和复杂的管理性质，并在输出结果、过程结构和要求资源等方面具有很高的不确定性[24]。Wang 等（2012）认为，在迅速变化和高度竞争的市场中，"机会发现"对及时开发创意产品和服务具有十分重大的意义，并提出了一种"创新支持系统"（ISS），指出"可视化的场景""价值认知""基于共享知识的合作创造""新出现的机会评估"四个要素是实现机会发现的关键[25]。Xiao 等（2012）从创意产品的结构与功能的相互关系出发，提出"基于功能特性"的创意组合配置方法。依据功能特性集，对创意产品的功能要求和设计参数进行分类和格式化，并使用共同进化算法对得出可能的创意功能配置组合方案[26]。Reimann 和 Schilke（2011）从心理认知的角度，探讨了通过审美和创意实现差异化的创意产品设计方法[27]。White 等（2002）应用"创意产品语义量表"（CPSS）对广告创意过程进行了实证研究[28]。O'Quin 和 Besemer（2006）对创意产品语义量表在创意产品开发过程中的创意产生、建议、过程、原型、有形产品等各阶段的应用进行了讨论[29]。Ng 和 Anuar（2011）通过实际案例分析了知识管理（KM）在创意产品开发中的重要作用[30]。Nutta-vuthisit（2010）探讨了创意产品开发中消费者合作创新战略的相关问题[31]。

国内学者主要从价值链和人力资源的角度对这一问题进行了探讨。林明华、杨永忠（2014）依据创意价值链结构提出了文化资源驱动型、内容创意驱动型、生产制造驱动型、市场营销驱动型、消费者驱动型五种典型的创意产品开发模式[32]。刘友金等（2009）提出和阐述了创意价值链（CVC）的概念，并在此基础上探讨创意价值链系统的组织结构[33]。邓小军（2011）分析了创意企业的基本盈利模式（内容为王、渠道制胜和品牌乘数），借助平衡计分卡工具，运用层次分析法和模糊综合评价法，从财务、客户、内部流程、学习与成长四个方面建立和测试了创意企业战略绩效评价指标体系[34]。罗毅成和梁丽英（2009）借鉴 Hogel 等提出的团队合作质量与团队绩效关系模型，应用 SPSS 软件对实际的创意产品开发项目的团队绩效进行了实证研究[35]。吴慧香（2012）对物质资本、人力资本和结构资本与文化创意企业绩效之间的相关性进行了分析[36]。张欣（2011）使用系统科学方法，对知识管理和创意绩效之间的关系进行整体化、动态化分析，建立了知识管理能力与创意企业绩效的系统动力学模型（流率基本入树模型、最小基模和正负反馈环）[37]。周睿（2015）认为，我国酒文化属于饮食文化的分支，同时具有物质和非物质的"双重文化遗产"属性，应围绕酒文化内涵创意挖掘出具体的设计提炼元素，并提出相应的开发策略[38]。

（二）数字创意产品开发的相关研究

与数字创意产品开发的相关研究多集中在动漫、游戏、数字音乐等具体领域。与其他文化产品相比，动漫游戏产品的价值创造过程具有自身的特点，其价值创造过程集中体现为"价值网"的形成和发展[39]。文化资本在视频游戏产品的开发和运营过程中，起到了重要的基础性作用[40]。研究发现，动画行业已经形成了一个全球性的生产网络。该网络在市场结构、劳动力分工、需求结构、生产技能的扩散等方面和传统电影的生产具有显著的差异[41]。Johnsen（2011）在对挪威奥斯陆新兴动画企业的案例分析中，发现正式项目组织和非正式的社会网络之间的互动对企业发展具有重要影响，这一互动关系成为奥斯陆动画企业的本地优势的重要基础[42]。在动画电影市场，Ilion Animation Studios 在制作其主要动画电影作品 Planet 51 的过程中采用了明显的差异化竞争策略[43]。此外，应综合考虑不同形态的文化衍生产品相互间的正向影响，如视频游戏产品可以有效提升相关文化产品的消费，提升相关文化艺术活动的参与度[44]。

研究发现，技术变革对开发过程具有重要影响。在视频游戏产品的创意过程中，无论是基于已有平台来开发新游戏产品，还是研发基于新游戏平台的全新游戏产品，技术变革都将进一步加剧产品创意过程的非线性和不可预测性，使得产品创意过程更加类似于一个"创意谈判"的过程[45]。数字革命对视频游戏和动画产品的生产方式具有明显的革新作用，它在经济和艺术两个层面，通过新知识和新技艺的应用来提供新的产品和服务，并直接影响了动漫游戏企业的战略组织和创新过程[46]。此外，信息技术还通过技术绩效、市场实践和用户感知等中介变量，对视频游戏市场产生影响[47]。

动漫游戏产品的销售渠道也具有特殊性。随着新兴互联网经济的兴起，在线分销渠道变得越来越重要。与传统渠道相比，在线分销渠道和传统出版联盟对在线游戏销售的影响具有很大的差异性[48]。研究发现，消费者是影响动漫游戏生产的重要因素，受众群体的结构与特征对动画产品的生产具有重大影响[49]。对视频游戏产品而言，口碑营销具有重要的作用。其中，专业评论比普通消费者评价对视频游戏产品的销量具有更为明显的影响[50]。

在视频游戏企业中，从业人员具有明显的艺术、技术结合特征，开发团队所具有的文化多样性对开发绩效具有重要影响，必须根据具体的人力资源特点采用适合的人才管理模式[51]。研究发现，传统的职能式、指挥式管理不适用于动画创意过程，应根据创意层次实施多维度的管理，平衡创意与管理之间的关系[52]。

三、数字创意产品开发过程中多业态联动的相关问题

数字创意产品的价值增值过程主要在互联网环境下完成，且表现为多次的内容再创意和不同业态间内容形态的转化。现有研究并未直接涉及多业态联动条件下数字创意产品开发的内在机理问题，但是，研究者从各自的学科背景出发，在不同程度上对相关问题进行了研究和探讨，主要有以下三个方面。

（一）平台经济与平台间交互

大量的企业间网络、企业内部网络和其他外部网络及其相互关系构成了视频游戏市场，网络间的可访问性和互操作性将决定整体市场的成熟程度[53]。在全

球视频游戏市场中，企业间网络的形成和变化是影响市场周期的重要内生机制[54]。就视频游戏而言，价值链的构成涉及生产者、消费者、硬件平台和销售渠道四个方面，与传统的电影、音乐等娱乐产品相比，硬件平台对价值创造具有更大的影响[55]。此外，由于视频游戏具有很强的互动娱乐特征，平台服务商和消费者在价值创造过程中发挥着更为重要的作用[56]。在美国视频游戏市场中，存在明显的"间接网络效应"和"平台型控制"特征，这种特性使得平台差异化和为外部开发便利化变得非常重要[57]。

在双边市场理论的视角下，视频游戏控制台市场中的"多方持有行为"对平台拥有者、消费者和生产者网络具有重要影响，如平台层次的多方持有行为，会对平台的销售产生不利的影响；而在成熟的平台市场中，平台共享程度的增加，会导致更多的生产者层次的多方持有行为[58]。此外，互不兼容的多种游戏硬件平台和软件网络规模效应对第三方开发者软件产品的市场份额具有非常显著的影响[59]。通过实施包括平台在内的垂直整合策略，可以提升游戏产品的排他性，但需要考虑采取适应性的价格和配套市场策略[60]。在对联众网络游戏平台的研究发现，通过获取梯度竞争优势是实现网络游戏平台成功的重要途径[61]。对"浙报传媒"的案例研究发现，确定平台包络边界的微观机制是以"资源竞争"和"捕食入侵"为基础的平台"双元组织机制"[62]。

（二）消费者网络与选择行为

陈信康和兰斓（2012）从顾客感知的角度探索创意体验的维度构成，采用探索性因子分析和确定性因子分析，确定创意体验的新颖性评价、风格性评价和响应性评价三个维度，从客观性社会标准和主观性体验感知等不同层面解构了创意维度的构成[63]。杨铭等（2012）通过在线商品评论的效用分析，对在线消费者的购买决策进行了分析[64]。龚诗阳等（2012）运用真实的线上消费者评论数据来研究网络口碑对图书销量的影响，探讨网络口碑影响体验型产品销售的机制[65]。李实等（2009）针对中文的特点，提出了面向中文的客户评论挖掘方法，基于改进关联规则算法实现了针对中文产品评论的产品特征信息挖掘[66]。

研究发现，在线游戏具有明显的消费者网络驱动特征[67]。在视频游戏市场中，消费者网络是游戏企业的重要战略资产，其规模大小对游戏企业的业绩具有重要影响[68]。在对 QQ 和 MSN 竞争案例的研究中发现，在采取相同竞争策略的条件下，消费者社会网络规模的大小将对竞争结果产生重大影响[69]。研究表明，消费者网络的活跃度也对在线游戏产品的绩效具有重要影响，针对不同活跃度的消费者群体，应采取不同的策略[70]。游戏开发者之间的连通性对游戏企业也具有重要影响，在社会网络的视角下，开发商之间的知识溢出效应对企业发展具有明显的推动作用[71]。在视频游戏的开发、测试和扩散过程中，游戏开发公司与游戏用户社区之间的互动关系对产品成功具有重要意义[72]。研究证实，通过向消费者提供额外的社交价值，庞大的消费者基数可以在视频游戏产品的生命周期的末期起到明显的抵消作用[73]。

（三）衍生品、IP运营与价值链融合

在数字创意产品开发过程中，衍生品开发是一个关键环节，动漫品牌的形成根植于动漫品牌创意的有效性[74]。进一步而言，动漫形象和下游衍生品开发之间的衔接需要机制支撑，应推动构建两者之间的互动机制[75]，从而打破动漫衍生产品开发中存在的产业链断层[76]。具体而言，动漫衍生品开发的主要模式可以归纳为三种，即产品线延伸、多元化延伸和特许经营式延伸[77]。就在线游戏产品而言，在游戏产品中进行广告植入也是一种重要的运营方式。基于双边市场理论，游戏中的广告投放与游戏体验之间的关系较为复杂，具体取决于广告投放平台、游戏体验与广告信息植入之间的相互作用方式[78]。

杨永忠、陈睿（2017）认为，游戏创意产品的开发和运营在本质上是创意价值链的生长过程，同时也是文化、技术、经济要素在价值链上的融合过程。研究表明，通用竞争战略的基础维度对融合过程的实现和转化具有重要影响[79]。黄艳（2017）发现，视频网站价值链延伸应基于硬件入口的用户价值和视频电商的平台价值两大维度[80]。江作苏和陈兰枝（2016）发现，在媒介融合的环境下，数字出版超越了传播介质和内容载体的限制，在内容生产与形态呈现方面体现出明显的柔性框架特征[81]。鲍娴（2017）发现，具有"互联网+"特质的网络文学是泛娱乐生态体系的核心[82]。金韶（2017）认为，影视IP价值是包括核心创意价值、内容产品价值、版权运营价值、衍生品开发价值等多层次的整体[83]。刘兆明（2017）指出，围绕版权价值挖掘，先后出现和并存着三种IP开发模式：产品扩展模式、项目协同模式和众创模式[84]。石蓉蓉和董健（2017）指出，优质IP文本具有完备故事世界和粉丝规模两方面特征[85]。

四、现有研究成果评述及研究展望

文献回顾发现，学术界从多个不同的学科背景对创意产品、数字创意产品的内涵、基本性质、价值结构进行了研究和探讨。对创意产品、数字创意产品的开发问题也进行了一定程度的探讨，如提出创意价值链的概念、创意产品开发的基本模式，创意密集商业过程所具有的管理特性、创意产品开发的人力资源特性及团队的管理问题等。

多业态之间的有机联动是数字创意产品开发成功和价值持续增值的关键环节，也是其核心竞争力的关键构成要素。但是，经典的产品开发理论不能有效解释数字创意产品在跨业态联动条件下的开发问题，因为这超出了一般意义上的产品开发范畴，还涉及内容再创意、产品形态转化、平台间交互、消费者迁移等全新问题。现有研究基于各自不同的学科背景在不同层次上对这些问题有一定程度的讨论和研究，如针对数字创意产品开发情景下的双边市场和平台经济性、消费者网络与选择问题、衍生品开发与运营等。但总体来说，针对这一问题，缺乏明晰的理论框架，相关研究还缺乏整体性和系统性。具体而言，可以从以下四个方面进行深入拓展。

第一，构建数字创意产品多业态联动开发的整体理论分析框架。由于这一研究问题的跨学科性质，现有研究或从纯粹传播学的角度进行分析，或从纯粹经济学的角度进行讨论，缺乏一个理论分析框架对这一问题进行整体性的描述。基于这一现状，本书提出从数字创意产品自身的价值链结构和不同业态之间的相互影响两个维度出发，构建整体理论框架的研究思路。

第二，对数字创意产品多业态联动开发过程中的内容转化机理展开深入研究。现有研究在一定程度上探讨了数字创意产品内容开发的特征，但是这些研究多是在一次性的开发过程中进行探讨，缺乏在内容再创意和形态转化条件下的深入研究，如转化前后内容文本的特征对比、内容形态的转化与消费者选择之间的互动关系等，这些都是有待深入研究和探讨的。

第三，对数字创意产品多业态联动开发过程中的平台交互机理展开深入研究。现有研究关注到数字创意产品开发过程中的平台经济和网络外部性特征，部分经济学背景的论文对这些现象进行了较为深入的探讨。但是，对于跨越不同业态，内容形态转化过程中平台之间进行交互的具体作用机制尚缺乏讨论，还有待深入探究。

第四，对数字创意产品多业态联动开发过程中的用户迁移机理展开深入研究。现有研究应用经典的消费者行为理论，对数字创意产品的消费者注意、选择和购买决策进行了一定程度的探讨。但是，对于跨越不同业态，内容形态发生转化时消费者群体的迁移规律和影响因素尚缺乏研究，还有待深入探讨。

第三节 研究方法和技术路线

一、研究方法

根据本书的理论目标和实践导向，紧密围绕目标、内容和关键科学问题，本书将按照调查研究与文献研究相结合、定性研究与定量研究相结合、规范研究与实证研究相结合、理论研究与经验研究相结合的原则，总体上采用文献研究法、调查研究法、概念分析法、比较研究法、系统分析法、归纳演绎法等研究方法，具体采用四种分析工具：内容分析法、案例研究法、结构方程模型、建模仿真法。

在推进本书的研究过程中，根据任务性质和研究需要，主要涉及四大关键技术应用，具体包括：

（1）内容分析技术及相关软件工具。主要用于对多业态内容转化过程中，内容的叙事结构、文本特征进行质化分析研究。

（2）案例分析技术及相关软件工具。主要用于对量化分析方法得出的研究结论进行交叉检验。具体使用专业质化分析软件 NVivo，建立研究数据库，收集和组织质化数据，进行编码、构念组合、三角验证、理论模式分析，确保整个过程满足构念效度、内部效度、外部效度和信度要求。

（3）结构方程建模技术及相关软件工具。主要用于确定数字创意产品多业态联动开发过程中，内容转化、平台交互、用户迁移过程的主要影响因素及相互关系，具体使用 AMOS 软件开展研究过程。

（4）建模仿真技术及相关软件工具。主要用于对数字创意产品多业态联动开发过程中，消费者从一种业态迁移到另一种业态的过程进行建模仿真，以揭示迁移过程的数量特征和一般规律。具体使用 Vensim 软件开展研究。

二、技术路线

根据总体研究思路和考虑采用的主要研究方法，本书将采用以下技术路线推进整体研究进程，如图 1-1 所示。

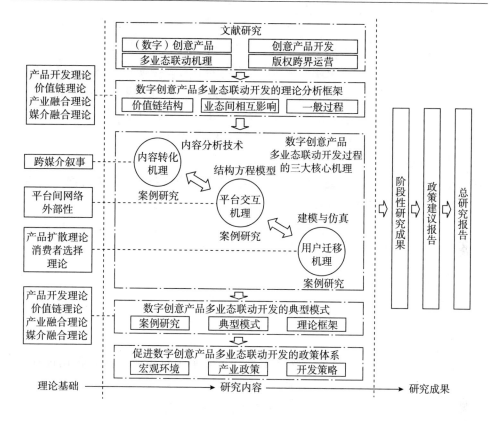

图 1-1 本书技术路线

为完成以上工作，本书将在产品开发理论、产品扩散理论、跨媒介叙事、网络经济学、创意经济学相关理论的支撑下，运用有关的基础理论和理论工具，递进开展数字创意产品多业态联动开发的理论框架、内容转化机理及规律、平台交互机理及规律、用户迁移机理及规律、典型开发模式、政策体系建议，从而完成本书的主体部分。

第四节 研究意义与创新点

一、研究意义

本书的意义和价值主要体现在理论和实践两个层面：

（1）系统研究数字创意产品多业态联动开发的内在机理，可以深化新产品开发理论和产品扩散理论在多业态联动、多模态组合、多形态转化条件下的理论研究。同时，还可以进一步深化平台间网络外部性在多业态条件下的理论研究。

（2）通过系统研究，建构数字创意产品多业态联动开发的理论模型，将中观层次针对产业融合、媒介融合的理论研究拓展到微观层次的产品开发过程，从而更加深入地阐释产业融合、媒介融合发生的微观基础。

（3）通过系统研究，阐释数字创意产品多业态联动开发的基本模式，为我国数字创意产品的开发实践提供参考框架，有利于提高我国数字创意产品的整体开发水平，提升产品的整体运营绩效。

（4）通过系统研究，设计促进我国数字创意产品多业态联动开发的政策体系，有利于优化我国数字创意产品的价值链结构，提升产品核心竞争力，促进"数字创意内容精品"的大量涌现。同时，还有利于优化我国数字创意产业的内部结构，促进和提升不同业态之间的融合与协同效率。

二、创新点

研究数字创意产品在多业态联动条件下的产品开发问题，既涉及管理学中的产品开发、产品扩散理论，又涉及经济学中的创意经济、产业融合、平台经济理论，还涉及传播学中的媒介融合、跨媒介叙事理论，以及艺术学与符号学的相关理论。因此，本书具有非常典型的多学科交叉特点。本书预期的主要特色和创新点表现在：

（1）通过系统研究，阐释数字创意产品多业态联动开发的内在机理，可以深化新产品开发理论和产品扩散理论在多业态联动、多模态组合、多形态转化条件下的理论研究，可以深化网络经济学关于平台间网络外部性在多业态条件下的研究，还可以为传播学跨媒介叙事的研究提供新的管理学视角。

（2）通过系统研究，构建和验证数字创意产品多业态联动开发过程的跨学科理论分析框架与典型模式，为管理学、经济学、传播学、艺术学在微观产品开发层次的整合性分析提供一个新的理论模式。将中观层次关于产业融合、媒介融合的理论研究拓展到微观层次的产品开发过程，从而更加深入地阐释产业融合、媒介融合发生的微观基础。

（3）在研究方法上，为了有效解决涉及多个学科领域的关键性科学问题，将综合运用内容分析法、案例研究方法、结构方程模型、建模与仿真等工具与方法，突出不同学科背景研究方法的相互验证。

第二章　中国文化产业发展的新趋势

2015 年，国际社会用新的可持续发展目标（SDGs）取代了千年发展目标（MDGs）[86]，SDGs 成为 2030 年可持续发展议程的核心内容[87]。文化是人类实现 SDGs 的重要支柱，文化产业是人类文化生产的重要部门。文化、良好的治理和支持系统是实现可持续发展的关键因素[88]。研究表明，在太平洋地区，文化产业的发展对该地区的经济增长具有促进作用[89]。文化产业的发展在促进经济结构转型、增加就业等方面具有重要作用[90]。文化创意产业的发展主要基于个人的创意能力与才华，是一个对种族、性别、阶级、文化群体具有巨大包容性和开放性的产业[91]。在数字技术的推动下，文化内容的生产方式和文化产业的组织结构正在发生深刻变化。从产业实践来看，通过创意过程转化后的文化，第一次在真正意义上成为一种生产要素，并与人力、资本、土地、技术等其他生产要素一起，深度参与到价值创造过程中，成为促进经济社会可持续发展的重要动力。

第一节　整体发展情况

中国文化产业是世界文化产业体系的重要组成部分。在数字技术的推动下，中国文化产业正在经历根本性的转型过程和结构性变革。特别是党的十八大以来，我国文化产业在整体规模与发展质量上都取得了突破性进展[92]。根据国家统计局 2021 年发布的最新统计数据，截至 2019 年底，中国文化及相关产业的增加值达到 44363 亿元，文化及相关产业增加值占 GDP 的比例达到 4.5%[93]。文化产业已经初步成为中国国民经济的支柱性产业之一。中国文化和相关产业的总体发展情况如图 2-1 所示。

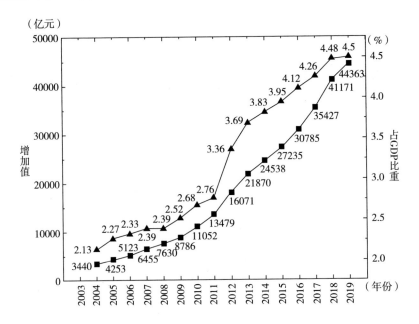

图 2-1 2004～2019 年中国文化和相关产业增加值及占 GDP 比重①

资料来源：国家统计局于 2021 年 12 月发布的《中国文化及相关产业统计年鉴（2021）》，年鉴中相关数据更新到 2019 年。

　　由于文化产业是一个快速变化的庞大产业体系，中国国家统计局于 2018 年 4 月发布了新的文化产业统计标准——《文化及相关产业分类（2018）》②。这一新标准较 2012 年发布的《文化及相关产业分类（2012）》③ 发生了重大变化，反映了数字化对产业结构的深刻影响。新标准将"文化及相关产业"定义为"向公众提供文化及文化相关产品的生产活动的集合"。文化产业作为一个整体分为两个大的类型："文化核心领域"和"文化相关领域"。文化核心领域是指："为直接满足人们的精神需要而进行的创作、制造、传播、展示等文化产品（包括货物和服务）的生产活动。"文化相关领域是指："为实现文化产品的生产活

---

　　① 国家统计局社会科技和文化产业统计司. 中国文化及相关产业统计年鉴（2021）［M］. 北京：中国统计出版社，2021：27.

　　② 国家统计局. 文化及相关产业分类（2018）［EB/OL］.［2018-05-09］. http://www.gov.cn/zhengce/zhengceku/2018-12/31/content_5427877.htm.

　　③ 国家统计局. 文化及相关产业分类（2012）［EB/OL］.［2012-07-31］. http://www.stats.gov.cn/tjsj/tjbz/201207/t20120731_8672.html.

动所必需的文化辅助生产和中介服务、文化设备生产和文化消费终端生产（包括制造和分销）等活动。"新标准将文化及相关产业分为 9 个大类和 43 个中类，如表 2-1 所示。

表 2-1 文化及相关产业分类（2018）（大类和中类）[94]

领域	大类名称和代码	中类名称和代码
文化核心领域	新闻信息服务（01）	新闻服务（011），报纸信息服务（012），广播电视信息服务（013），互联网信息服务（014）
	内容创作生产（02）	出版服务（021），广播影视节目制作（022），创作表演服务（023），数字内容服务（024），内容保存服务（025），工艺美术品制造（026），艺术陶瓷制造（027）
	创意设计服务（03）	广告服务（031），设计服务（032）
	文化传播渠道（04）	出版物发行（041），广播电视节目传输（042），广播影视发行放映（043），艺术表演（044），互联网文化娱乐平台（045），艺术品拍卖及代理（046），工艺美术品销售（047）
	文化投资运营（05）	投资与资产管理（051），运营管理（052）
	文化娱乐休闲服务（06）	娱乐服务（061），景区游览服务（062），休闲观光游览服务（063）
文化相关领域	文化辅助生产和中介服务（07）	文化辅助用品制造（071），印刷复制服务（072），版权服务（073），会议展览服务（074），文化经纪代理服务（075），文化设备（用品）出租服务（076），文化科研培训服务（077）
	文化装备生产（08）	印刷设备制造（081），广播电视电影设备制造及销售（082），摄录设备制造及销售（083），演绎设备制造及销售（084），游乐游艺设备制造（085），乐器制造及销售（086）
	文化消费终端生产（09）	文具制造及销售（091），笔墨制造（092），玩具制造（093），节庆用品制造（094），信息服务终端制造及销售（095）

资料来源：根据国家统计局发布的《文化及相关产业分类（2018）》的分类体系进行绘制。

新标准借鉴了《2009 年联合国教科文组织文化统计框架》的分类，并在定义和范围方面与该框架有效衔接。需要说明的是，本书所提到的"文化产业"的内涵和外延与"文化及相关产业"的标准统计概念是一致的。

值得注意的是，与互联网和数字技术相关的大量新业务已被添加到上述九个类别中。例如，"互联网信息服务（014）"已被添加为"新闻信息服务（01）"大类别下的中间类别。在"内容创作生产（02）"的大类别中，增加了一个新的中间类别"数字内容服务（024）"。在大类"文化传播渠道（04）"中，增加了一个新的中间类"互联网文化娱乐平台（045）"。在大类"文化消费终端生产（09）"中，新增小类"可穿戴设备生产（0953）"到中间类"信息服务终端制造及销售（095）"中。就统计框架而言，数字化已经渗透到中国文化产业的所有组成部分，并对产业结构和运营模式产生了重大影响。

产业界、学术界、公共政策制定者高度关注文化产业内部价值链结构的变化。2016 年 3 月，中国政府提出了"数字创意产业"的概念，提出"大力发展数字创意产业"的政策导向，将其作为推进文化产业数字化、实现文化产业与相关产业融合发展的重要政策措施。数字创意产业有四个主要发展方向：数字文化创意技术装备创新、数字文化内容创新、创新设计发展、融合渗透创新发展[95]。有学者认为，数字创意产业是数字技术与文化创意高度融合产生的新型产业形态，具有科技先进、绿色环保、跨界范围广的特征[96]。数字创意产业能够通过"渗透延伸—多元叠加—创新扩散—产业联动"四种机制（"渗透延伸"是指借助数字技术将作为生产要素的"文化"渗透到相关产业，同时延伸文化产业本身的价值链。"多元叠加"是指创造力、技术和其他传统生产要素等核心要素的结合。"创新扩散"是指创造力、技术和其他因素的创新及其在产业间的扩散。"产业联动"是指产业间的经济和技术溢出效应与相互作用），逐步实现与相关产业的跨界与融合，推动整体产业结构的优化和升级[97]。

可见，数字化正在改变中国文化产业数字化的基本方式，这一产业正在经历根本性的转型过程。总体来看，中国文化产业的数字化转型过程起源于基础技术领域，之后引发了一系列的连锁反应，从根本上改变了中国文化产业数字化的基本方式。首先，数字化从根本上改变了整个产业的基础性技术，为文化内容生产提供了全新的技术手段和创意空间，改变了文化内容的创意、生产、传播、消费的基本方式。其次，基础技术的变化，诱导文化产业的内部结构及其与相关产业的关系发生变化，促进了文化产业内部各子产业之间的相互融合，推动了文化产业与相关产业的相互交融。最后，基础技术与产业结构的变化，促进了中国文化产业发展在空间分布上的变化，逐步形成和强化了若干产业集聚区和产业增长点。因此，中国文化产业转型与重构的主要推动力包括数字化、产业融合、空间集聚三个要素，如图 2-2 所示。

总体来看，"基础技术—产业结构—空间分布"（Basic Technology-Industrial Structure-Spatial Distribution）构成了一个观察最近十余年中国文化产业转型与重构的基本线索和框架。在这一框架下，呈现出"数字化—产业融合—空间集聚"三种主要趋势和特点。这三种趋势既相互独立，又相互影响。在它们的共同作用下，逐步塑造了今天中国文化产业发展的各种复杂现象与整体面貌，从根本上影响了中国文化产业数字化的基本方式。

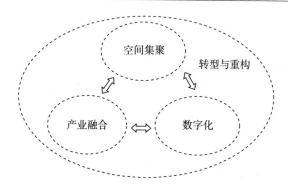

图 2-2　中国文化产业转型与重构的核心要素

资料来源：笔者根据理论和文献研究结果绘制，绘图软件 Visio 2010。

在基础技术层面，数字化成为主要趋势。互联网、5G、大数据、人工智能、区块链、多媒体、虚拟现实、增强现实技术，已经在不同程度上应用于文化产业的创意、生产、传播、消费环节，进而诱导产业结构发生变化。在产业结构层面，产业融合成为主要趋势。数字化导致了文化产业价值链结构的变化，诱导了文化产业内部子产业的融合。文化产业的内部融合以"IP"（Intellectual Property）为基本载体，逐步形成了"泛娱乐"的融合产业形态[98]。同时，文化产业与媒体产业、旅游产业、体育产业、制造业、农业等相关产业的融合也在深入发展。在空间分布层面，在数字化和产业融合的推动下，空间集聚成为主要趋势，逐步形成了东部沿海地区的"环渤海"经济区、长江三角洲、珠江三角洲 3 个产业集聚区。在中西部地区，也形成了若干以区域中心城市为依托的产业增长点。

第二节　数字化：新兴技术群的影响

数字技术是一组与文化内容的创意、生产、传播、消费过程高度相关的新兴技术群的统称，具体包括互联网、5G、大数据、人工智能、区块链、多媒体、VR/AR 等技术形态。数字化诱导了"IP"和"泛娱乐"产业形态的产生[98]，促进了子产业之间的"内容转化""平台交互"和"用户迁移"[99]。数字技术的不断发展已经影响到了文化体验的本质[100]。

从历史上看，技术变革对文化产业的发展具有重大影响。在美国，独立电视频道已经在技术传播和组织方面进行了创新[101]。在视频游戏产业，技术变革一直影响着整个产业的基本形态和运作方式。首先，技术变革影响视频游戏产品的创意过程，技术变革将加剧产品创意过程的非线性和不可预测性，形成一种被称为"创意谈判"的新型产品开发过程[45]。其次，技术变革将影响游戏企业的战略组织和创新过程[46]。最后，技术变革能够对整个视频游戏产业的商业模式和市场竞争格局产生影响[102]。研究表明，数字化能显著提升文化产业的整体技术水平[103]。

一般而言，数字技术和互联网的大规模普及大大降低了个人实现文化参与的成本。能支持收集消费者细微偏好差异的技术手段也日渐成熟，导致了文化产品的进一步差异化[104]。数字技术为文化遗产的保存、保护和大众化提供了新的途径和可能性。在数字化条件下，文化遗产可以转化为一种知识产权形态，创造商业价值[105]。总体来看，人工智能、大数据、云计算、区块链等新兴技术正在重构传统文化产业，推动文化产业全面走向数字化、网络化与智能化[106]。

数字技术在中国文化产业得到全面应用与普及是一个渐进的过程。这一过程大致从20世纪90年代开始，在2010年以后得到全面深化。

一、互联网技术的重要影响——"互联网+文化产业"

互联网技术既包括以光纤通信为基础的固定互联网，也包括以4G/5G为基础的移动互联网。互联网的发展对中国文化产业的发展起到了强有力的推动作用。"互联网+文化"已经成为中国文化产业发展的基本方式。

截至2021年12月，我国网民规模达10.32亿人，较2020年12月增长4296万人，互联网普及率达73.0%。其中，移动互联网用户规模达到10.29亿人。2021年，中国移动互联网接入流量达到2216亿GB，比上年增长33.9%。①

总体来看，互联网是对中国文化产业发展影响最大的基础性技术。第一，互联网的普及从根本上改变了文化内容的创意、生产、传播、消费的基本方式。第二，互联网的普及促进了网络消费者群体的形成，为文化产业的数字化转型创造了重要的基础条件。第三，互联网对文化产业的深度介入，直接催生了一大批以互联网为基础的新型文化产业形态。中国文化产业相关互联网应用的发展情况如表2-2所示。

---

① 中国互联网络信息中心．第49次《中国互联网络发展状况统计报告》［EB/OL］．［2022-02-25］．http：//www.cnnic.net.cn/hlwfzyj/hlwxzbg/hlwtjbg/202202/P020220721404263787858.pdf.

表2-2　中国文化产业相关互联网应用的发展情况（截至 2021 年 12 月）

应用	用户规模（万人）	网民使用率（%）
即时通信	100666	97.50
搜索引擎	82884	80.30
网络新闻	77109	74.70
网络视频（含短视频）	97471	94.50
网络音乐	72946	70.70
网络游戏	55354	53.60
网络文学	50159	48.60
网络直播	70337	68.20

注：网络视频的统计口径包含短视频。

资料来源：中国互联网络信息中心．第 49 次《中国互联网络发展状况统计报告》［EB/OL］．［2022-02-25］．http：//www.cnnic.net.cn/hlwfzyj/hlwxzbg/hlwtjbg/202202/P020220721404263787858.pdf.

　　截至 2020 年 3 月，中国互联网用户的人均每周上网时长为 30.8 小时，较 2018 年底增加了 3.2 小时。2019 年 1～12 月，通过手机访问互联网的用户，按照使用时长占比排序，最经常使用的互联网应用是即时通信、网络视频、短视频、网络音频、网络音乐、网络文学。① 这一统计结果表明：除即时通信类应用以外，基于互联网的文化内容产品已经占据了互联网消费者的绝大部分使用时间。从用户规模和用户使用时长来看，中国文化产业的数字化已经发展到新的阶段，如图 2-3 所示。

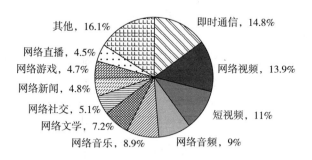

图 2-3　各类应用使用时长占比

注：①网络视频不包含短视频；②绘图软件 Origin 9.1。

资料来源：中国互联网络信息中心．第 45 次《中国互联网络发展状况统计报告》［EB/OL］．［2020-04-28］．http：//www.cnnic.net.cn/hlwfzyj/hlwxzbg/hlwtjbg/202004/P020210205505603631479.pdf.

---

① 中国互联网络信息中心．第 45 次《中国互联网络发展状况统计报告》［EB/OL］．［2020-04-28］．http：//www.cnnic.net.cn/hlwfzyj/hlwxzbg/hlwtjbg/202004/P020210205505603631479.pdf.

作为对互联网在文化产业的全面渗透这一现象的回应，一些学者提出了"互联网+文化产业"的概念，这是观察互联网对文化产业的深刻影响的一个重要视角。"互联网+"的本质是互联网经济与实体经济相互融合的跨界经营现象，是企业进行商业模式创新的背景和基础。"互联网+"能够从价值识别、价值生成、价值获取三个方面对企业的价值创造过程产生重要影响[107]。研究表明，在多种因素的影响下，互联网文化产业的发展包括业态演化、集聚演化、生态演化三个方面[108]。互联网改变了文化产业的业态结构，促进了文化产业新业态的产生，形成了以数据为要素的文化生产方式[109]。互联网文化产业具有"互联网+"、跨界发展、产业链长、IP 的流行、混合模式、企业联盟、平台为王、视频时代、反向延伸、资本纽带十个重要特征[110]。对互联网文化产业的治理需要构建基于"互联网思维"的多元生态治理体系[111]。

二、大数据和人工智能技术的影响

在许多行业，日常生产活动产生的数据具有不完整、不完善、不准确、支离破碎的特征[112]。大数据可以通过对经济活动的生产和流通过程，进行离散化解构和全息化重构，提升产品价值、场景价值、消费者价值，推动商业模式的创新和演化[113]。

基于互联网这一平台，中国许多行业已经积累起丰富的大数据资源[114]。有研究发现，文化产业在自身的数字化过程中，产生了大量的大数据资源，这反过来为大数据在文化产业中的深度应用创造了基础条件[115]。在企业的微观管理层面，大数据可以从外部嵌入、技术增强、使能创新三个方面来提升整体管理效能[116]。如新浪微博平台可以提供针对特定景区的精确旅游流量数据[117]。通过分析互联网搜索数据和携程旅行网的游客预订数据，可以有效地分析游客的旅游行为偏好[118]。在大数据技术的深度参与下，企业创新活动将呈现迭代创新、平台战略、空前数量用户参与的特点[119]。大数据技术还可以在与文化产业相关的其他产业中发挥重要作用。如大数据可以帮助旅游产业建立以价值集聚、诚信保护、旅游文化传承为核心的创新支持体系[120]，有效推动休闲农业的智能化和网络化[121]。

人工智能是全球范围内第四次工业革命的核心动力，是推动经济结构和产业转型的关键力量[122]。人工智能技术具有渗透性、创造性、协同性、替代性的"技术—经济"特征，能够促进各产业的优化升级和高质量发展[123]。在人工智能的推动下，相关产业的创新网络呈现出多因素相互影响、多主体互动、多系统共享的特征[124]。人工智能对企业管理模式也有深刻的影响，起源于工业化时代的科层制管理、绩效评估、生产组织流程都将面临很大挑战[125]。基于人工智能技术的智能化产品将具有自感应、自适应、自学习、自决策的特征[126]。人工智能技术与大数据技术的结合，使文化内容的生产者能够更好地把握消费者偏好，产生了"数据生产内容""算法生产内容"等新型内容生产模式。但是，大数据和人工智能技术的介入，也导致了内容生产模式和内容叙事模式的趋同。从传统艺术创作的角度来看，数据化的内容生产，是对以艺术家为中心的传统创意模式的颠覆和挑战。

三、区块链技术的影响

区块链技术最早由日本科学家中本聪提出。在技术特性上，具有数据不可篡改、去中介、匿名、开放、自治的特点[127]。从本质上看，区块链是一种"去中心化"的基础架构与分布式计算范式[128]。金融是区块链技术的早期应用领域，著名的"比特币"就是一种基于区块链技术的"点对点"记账系统[129]。在经济和社会意义上，区块链技术的"去中心化"特征，能有效增加产业系统中不同利益主体之间的相互信任程度[130]。区块链从技术向行业应用的转化，具有理念、技术、特征三个层次。区块链技术和发展阶段的组合模式，决定了区块链技术在具体行业应用时所具有的商业模式特点，以及在数据权、隐私、数据成本三方面的差异[131]。当前，区块链技术的发展与应用还处于初期阶段，未来一段时间应重点在安全性、隐私保护、审计与监管、智能合约、可扩展性等方面重点加强[132]。

对中国文化产业而言，区块链技术可能从四个方面改变产业运行的基本方式：第一，消费者将有更多机会直接从内容提供商获取文化内容产品。第二，文化内容提供商将在区块链技术的支撑下从消费者直接获取收益，不再需要或很少依赖基于互联网的内容分发平台。第三，盗版问题将有可能从根本上得到解决。区块链技术支持任何数字化的文化内容形态，其复制和传播过程的可追踪性，能够充分确保原始创意者的知识产权权益。第四，区块链可能导致文化产业中全新的内容生产方式和商业模式。

总体来看，区块链技术和文化产业具有天然的契合性。在数字化条件下，区块链与数字文化产业的开放性、场景化、互联互通等特性高度匹配[133]，从技术层面为文化产业投融资体系的创新提供了重要基础条件[134]。未来将成为支撑文化产业运行与发展的基础性技术设施。同时，区块链技术将导致文化内容传播的"去中心化"，互联网内容分发平台的作用可能会被降低，新的市场运行方式和竞争格局可能形成。

四、多媒体、VR/AR 技术的影响

多媒体技术的更新升级，虚拟现实和增强现实技术的日益成熟，为文化内容的创意与生产提供了更加广阔的创意空间。在创意和生产环节，专业的数字创意辅助软件能够大大拓展创意人员的思维空间和灵感空间，更加能激发专业创意人员的原创力量。如 Maya、3d Max 等三维动画制作与设计软件大大拓展了动画与电影的故事空间、表现空间，增强了作品的表现力。

在博物馆行业，虚拟现实技术有可能实现现实世界与虚拟世界的无缝融合，为游客提供独特的体验[135]。在表演艺术行业，增强现实技术（AR）的应用，大大增强了舞台的表现力，为舞台添加了更多的动态视觉要素，为芭蕾、舞剧、话剧、戏剧等表演艺术形式提供了新的表演创作元素。对于一些带有超现实要素的故事情节的呈现，可以在增强现实技术的支持下，通过演员表演与 AR 技术的结合，呈现出令人震撼的舞台效果。

在中国，虚拟现实产业自 2016 年进入高速发展阶段[136]。虚拟现实硬件正在从概念产品向消费级产品演化，但是，眩晕感、便携性、交互性是制约虚拟现实相关硬件产品进一步普及的主要技术问题，虚拟现实硬件产业的发展需要从硬件形态、技术路线、解决方案三个方面深入推进[137]。

第三节　产业融合：产业结构的变化

在中国，数字技术的推动也使文化产业的基本结构发生了重大变化，主要表现为产业融合趋势。这种产业融合发生在三个层面：第一，价值链结构的变化；第二，文化产业内部子产业之间的相互融合；第三，文化产业与相关产业之间的相互融合。

一、价值链结构的变化

文化创意产品的本质是文化、技术、经济要素的有机融合[138]。文化资源是文化产业发展的基础[139]，创意是文化产业的核心资源，知识产权是文化产业的核心价值[140]。在一般意义上，文化产业的基本价值链结构包括文化资源、内容创意、生产制造、市场推广、消费者五个环节[141]。

技术变革对上述五个环节的运作方式都具有重要影响。例如，在"文化资源"环节，数据库技术能够将大量文化遗产数据化，并以数字化的形态永久保存。从更广泛的意义上讲，互联网的全面普及和大规模数据库技术的应用，在技术层面打造了一个基于互联网的数字内容数据库。在"内容创意"和"生产制造"环节，多媒体技术、VR/AR技术为文化内容的创意与生产提供了更加丰富的技术手段和创意空间，催生了虚拟现实等新型内容形态。在"市场推广"环节，在光纤网络、4G/5G高速无线网络、流媒体技术等新传播技术的支持下，互联网用户可以随时随地获取高质量的视频、音频、虚拟现实内容产品。在"消费者"环节，社交媒体为消费者深度参与文化产品的创意与生产过程提供了方便有效的途径。最后，大数据、人工智能、区块链技术则对所有价值链环节都具有重要影响。

在数字化的推动下，文化产业的价值链呈现出以创意为核心的多重循环结构[142]，其产业链结构也开始表现出网络化特征[143]。总体来看，在数字化条件下，文化产业的价值链结构发生了明显的变化。第一，价值生产方式由传统的单一价值链模式演化为双向的价值循环模式；第二，互联网平台、数字终端成为价值链上的重要环节；第三，通过符号化和品牌化，文化创意能够进入相关产业的价值链。

在数字化条件下，平台在文化产品的开发和运营过程中起到核心作用。在视频游戏产业，价值链的构成涉及生产者、消费者、硬件平台和销售渠道四个方面，与传统的电影、音乐等娱乐产品相比，硬件平台对价值创造具有更大的影响[144]。在一个双寡头的市场结构中，视频游戏平台企业的定价策略对整个产业的运行具有关键性影响[145,146]。对腾讯的案例研究表明，在创意生态平台中，通过在内容层、渠道层、用户层搭建子平台群，能够将众多创意个体和文化企业吸纳进庞大的内容生产场域，构建起一个具有共享性、开放性、准公共性的互联网文化产业生态系统[147]。从版权产业的角度来看，互联网和数字技术极大地促进了信息的自由流动和共享。从根本上看，这与知识产权的排他性特征是相矛盾的。以版权为中心的经济体系包括"版权所有者—网络平台—用户"三个环节。在技术和市场的推动下，三大主体之间产生了交融，相互之间的界限日益模糊，版权共享已成为重要的发展趋势[148]。

从产业实践来看，数字化将使文化产业的价值链进一步向价值网、生态圈的模式转型。在由创意到创新的价值转化过程中，价值网络将由消费者单元、企业单元、数字化与互联网形成的虚拟价值单元三个部分构成[149]。文化产业的数字化还将形成一种生态圈，这是以文化内容为核心、以高新技术为支撑、以媒体传播为平台，充分整合产业链的上下游，并辐射到相关产业的有机生态系统[150]。

从文化产业的子产业来看，数字技术和互联网平台对音乐生产的所有环节都产生了重要影响。音乐人从创意生产者转变为内容提供者，互联网内容提供平台与唱片艺术家之间产生了一种结构性的紧张关系，数字唱片更多地作为数据而非艺术表达形式来获取商业价值[151]。对网络视频产业的研究表明，Spotify 和 Netflix 对其商业模式的改变和优化，能有效抑制盗版行为[152]。在游戏产业中，消费者通过众筹这种机制，深度参与游戏的开发过程，形成了自下而上的参与式文化[153]。在动漫产业，形成了新的价值网结构。这是以顾客价值为中心，包括内容生产、媒体传播、衍生品开发等价值链在内的高度合作的价值网络，并通过知识产权实现网络内企业的共生和发展[154]。在传媒产业，新闻机构对社交平台的受众流量的依赖性已经引起了越来越大的关注[155]。

与以往相比，消费者能够更加深入地参与文化内容的创意、生产、传播过程。消费者体验既是传统意义上价值生成路径的终点，也是新一轮价值生成的起点。同时，除纯粹的文化内容生产以外，通过文化内容生产的双向价值循环，能够使文化内容产品实现符号化与品牌化，进一步通过版权交易、品牌授权等机制，实现向周边产业的价值链延伸。

二、文化产业内部子产业之间的相互融合

创意本身具有"一意多用"的特性，特定创意可以通过产品开发过程转化为网络文学、动画、游戏、电影、电视剧、舞台剧、工业设计、虚拟现实等多种产品形态，并通过产品形态的演化，实现价值链的不断延长和价值的持续增值。

从理论上看，文化产业内部子产业之间的相互融合，包括内容转化（Content Transformation）、平台交互（Platform Interaction）、用户迁移（User Migration）三个方面的过程。内容转化是指在不同子产业之间内容形态的相互转化，涉及创新扩散、产品扩散等问题。平台交互是指在不同子产业之间，内容分发平台的相互作用，涉及交叉网络外部性、平台经济性等相关问题。用户迁移是指在不同子产业之间，消费者群体的流入和流出，涉及消费者选择行为等相关问题[156]。

在产业实践中，文化产业子产业之间的相互融合是以"IP"为载体的。"IP"是近年来流行于中国文化产业界、学术界、政策制定领域的一个专有词汇。IP 的本来含义是指"知识产权"。但是，在中国文化产业的语境下，"IP"是指

以知识产权为基本表现形态，拥有较大用户群体或市场关注度，具备良好衍生产品开发能力的文化内容或符号。有观点认为，IP 具有三个要素：第一，能够被市场和时间所验证，形成长期消费行为及消费期待。第二，凝聚并沉淀用户情感和文化价值。第三，不断创新，通过不同主体的接力创造，共生形成一系列兼具文化价值和产业价值的文化产品[157]。IP 与"品牌"的概念具有紧密联系，可以将 IP 理解为在文化产业领域具有较大影响力或较大发展潜力的品牌。但是，IP 的概念更为强调基于原始产品形态的衍生品开发和价值链延伸能力。IP 的潜在价值主要取决于市场成本、用户价值、用户获取成本等因素[158]。IP 概念的出现，实际上反映了中国文化产业内部子产业融合趋势的出现。

中国文化产业发展的领军企业——腾讯公司，以"IP"概念为基础，先后提出了"泛娱乐""新文创"两个重要概念。这两个概念反映了在数字技术推动下，中国文化产业在产业结构和运营模式上发生的重要变化，是从产业界视角观察中国文化产业发展变化的一条重要线索。2011 年，腾讯提出"以 IP 为核心"的泛娱乐构想[98]。2012 年，腾讯正式提出"泛娱乐"战略，积极构建"泛娱乐"生态圈，基于互联网和移动互联网的多领域共生系统，打造明星 IP 和粉丝经济[159]。"泛娱乐"的概念比较准确地概括了在数字化、互联网推动下，文化产业内部各子产业之间融合程度进一步加强的重要趋势。在"泛娱乐"的总体概念下，近年来中国文化市场上出现了"电影—游戏"[160] "电影—电视剧—综艺节目"[161] "网络视频产业—音乐产业"[162] 等多种跨子产业的商业模式。2018 年，腾讯进一步提出"新文创"的概念。新文创更为强调文化与科技的融合创新，文化产品原始创意的质量、艺术与精神价值[98]。

三、文化产业与相关产业之间的相互融合

在一般意义上，产业融合的过程就是不同产业价值链发生解构和重组、价值创造方式和增值能力发生变化的过程[163]。文化创意作为一种生产要素，具有很强的渗透性，可以作为无形资产深度参与价值创造过程。研究发现，无形资产在文化创意企业的经营过程中发挥着重要作用。这一过程具有高创意价值、投入产出效率难以评估、衍生品价值链条长的特点[164]。近年来，中国文化产业界开始大量使用"跨界融合"这一术语。"跨界融合"表征着文化产业与相关产业之间在技术基础、商业模式、价值链等方面的相互影响与交融。从产业实践来看，文化产业具有与相关产业进行深度融合的潜力，文化产业与相关产业的融合发展已经成为一种趋势，如图 2-4 所示。

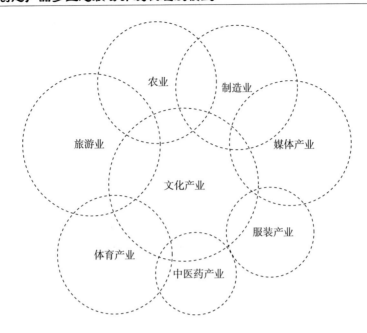

图 2-4　文化产业与相关产业的融合

资料来源：笔者根据理论与文献研究结果绘制，绘图软件 Visio 2010。

　　研究发现，文化创意产业的跨界融合能够有效优化产业结构，提升经济发展效率[165]。研究发现，文化产业与制造业的融合主要是在价值链层面实现的，这种价值链的整合主要取决于两个因素：第一，价值链环节的相关性或互补性；第二，技术可行性[166]。对北京电影、电视、广播、新闻、出版产业进行的分析表明，北京的文化创意产业与其他产业存在互动关系。具体而言，对其他产业的中间需求较大，但供给较少，呈现出明显的单向性产业关联特征。在过去十多年间，北京市文化创意产业的内向关联程度呈降低趋势，但外向关联程度呈增加趋势[167]。

　　在数字技术的支撑下，文化产业与媒体产业的融合达到新的水平，如软件算法为媒体内容的生产提供了全新的方法和途径，数字社交媒体放大了文化创意产业的市场影响力。在文化产业，已经形成了一种基于用户偏好和评价的新型文化内容生产方式[168]。对 2015~2016 年发布在中国两个主要视频网站上的 110 部视频节目的研究显示，在线社交对消费者需求具有显著影响。对于在第三方评论网站上评分较高的节目，在线社交对消费者需求的影响相对较小。但对于评分较低的节目，在线社交对消费者需求具有更大的影响[169]。在社交媒体的参与下，文化商品的价值创造过程演变为一种社会创造过程，企业与核心消费者之间形成了一种价值共创关系，传统意义上生产与消费之间的关系变得模糊[170]。此外，网络媒体平台还与零售业结合，有效促进了网络直播业的快速发展。

文化产业与旅游产业的融合，促进了文化旅游产业的形成与发展，并对社会经济发展具有积极影响[171]，文化旅游产业已经成为中国城市经济增长的一个重要支点[172]。有研究表明，文化产业与旅游产业的融合在促进文化遗产保护和经济增长方面具有正向作用，文化要素深度介入旅游产业，可以显著提高旅游业的技术效率[173]。文化产业与旅游产业之间的紧密互动关系还可以从电视剧播出与关联旅游景区之间的关系中得到证实。研究发现，热门电视剧的网络播放量和关联景区网络关注度之间存在明显的正相关关系。电视剧播出期间，关联景区的网络关注度明显增加，且非知名景区的关注度提升水平要高于知名景区的关注度提升水平。此外，电视剧的播出也减少了相关景点游客流量的季节性变化[174]。案例研究表明，旅游产业的发展对非物质文化遗产的保护具有重要意义。可以根据具体情况采取渗透性融合、延伸性融合、重组性融合（分别基于生产要素的跨行业渗透、价值链的延伸和产业结构的重组）三种路径，建立有效的产业间协调机制[175]。

近年来，中国文化产业与体育产业的深度融合，促进了电子竞技产业的快速发展。中国传统医学和文化产业的融合趋势也开始出现。中国传统医学内在包含非常系统的健康养生文化，通过与现代科技、商业模式的有效结合，逐步形成了新的融合产业形态[176]。同时，文化产业与服装产业的融合也逐步深入。有研究表明，服装产业的品牌化运营与文化产业的有机融合具有重要意义[177]。

第四节　空间集聚：产业集群的形成

从经济地理学角度研究中国文化产业的可持续发展与转型过程，是一个重要的研究视角。近年来，中国文化产业的发展表现出明显的空间集聚特征。同时，文化产业的发展对城市增长也具有重要意义[178]。

一、空间集聚趋势的加强

数字技术的全面应用，产业融合的深入发展，有力推动了中国文化产业的相关生产要素在地理空间上的集聚过程。在过去 15 年中，部分地区和城市依托良好的文化产业、信息技术产业发展基础，在政府政策的引导和支持下，逐步形成了各具特色、具有完整产业体系的文化产业发展集群。目前，中国文化产业已经形成了位于东部沿海地区的三大文化产业发展集群和位于中西部地区的若干产业增长点。

在东部沿海地区，由北至南依次形成了三大文化产业发展集群：①环渤海文化产业发展集群，主要包括北京、天津、沈阳、大连、青岛、济南 6 个产业增长点；②长江三角洲文化产业发展集群，主要包括上海、南京、杭州、宁波 4 个产业增长点；③泛珠江三角洲文化产业发展集群，主要包括广州、深圳、厦门 3 个产业增长点。在中西部地区，形成了重庆、武汉、成都、西安 4 个产业增长点，如表 2-3 所示。

表 2-3　截至 2018 年底中国文化产业发展的主要城市及其企业营业收入

单位：万元

城市	地区	规模以上文化及相关产业企业营业收入
北京	渤海经济圈	109629568
天津	渤海经济圈	18905864
沈阳	渤海经济圈	2729039
大连	渤海经济圈	3968366
济南	渤海经济圈	5477398
青岛	渤海经济圈	21191463
上海	长江三角洲	88619200
南京	长江三角洲	32091015
杭州	长江三角洲	56751620
宁波	长江三角洲	12968224
广州	泛珠江三角洲地区	40549214
深圳	泛珠江三角洲地区	79841649
厦门	泛珠江三角洲地区	7541952
重庆	中西部地区	19718683
武汉	中西部地区	19057403
成都	中西部地区	13855649
西安	中西部地区	7080023

注：2020 年、2021 年的《中国文化及相关产业统计年鉴》未提供副省级城市的相关数据。

资料来源：国家统计局于 2019 年 12 月发布的《中国文化及相关产业统计年鉴（2019）》。

将以上四个区域主要城市的"规模以上文化及相关产业企业营业收入"进行加总，计算以上四个区域在全国范围内的占比，如表2-4所示。

表2-4　截至2018年底分区域"规模以上文化及相关产业企业营业收入"及其全国占比

单位：万元，%

地区	规模以上文化及相关产业企业营业收入	占比
渤海经济圈主要城市	161901698	16.73
长江三角洲主要城市	190430059	19.67
珠江三角洲主要城市	127932815	13.22
中西部地区主要城市	59711758	6.17
合计	539976330	55.78
全国	967990330	100.00

　　表2-4数据显示，中国文化产业的空间集聚已经发展到较高水平。对区域文化产业集群的研究表明，东部地区的集聚效应最为明显，西部地区较小，中部地区最小。东部地区文化产业集群的形成，表现为位序规模分布模式（行业规模之间存在明显的等级关系），中部地区表现为均衡分布模式（类似于正态分布），西部地区表现为混合分布模式（前两种模式的混合）[179]。在中国文化产业发展的整体空间格局上，东部地区在规模和效益上均具有明显优势，中部、西部地区还有很大提升空间。造成这种状况的主要原因来自文化产业与区域经济发展的耦合程度的不同。市场的放大效应、价格指数效应、政策的先导作用对中国文化产业的空间集聚过程具有重要影响[180]。对中国不同省份的研究表明，在不同的行业和区域之间，核心文化产业的集聚效应更为明显[181]。文化创意产业中小型企业的集聚，能促进创新性企业家精神的发展，还能产生企业家精神的溢出效应[182]。但是，也有研究指出，在这一过程中，出现了定位重复、同质化建设、资源分散等问题[183]，如长三角文化产业集聚区就存在产业结构趋同和集聚效应有待改善等问题[184]。

二、空间集聚的主要影响因素

　　有学者对2009~2015年中国文化产业的整体创新、知识开发、经济转化效率进行了测量，发现中国文化产业的整体创新效率较低。在整个创新过程中，知识开发效率优于经济转化效率，并具有较为明显的正向空间溢出效应。对相关影响因素的分析表明，市场结构、第三产业发展水平、社会包容度、政府支持力度对知识开发效率具有明显的提升作用[185]。

对文化产业在中国城市之间的产业集聚现象进行的实证研究表明，人力资本、多元化的产业结构、良好的交通通信基础设施，能有效促进文化产业的发展和集聚。对文化产业集群的研究表明，文化环境、创新系统、政务环境、企业互动等因素对集聚效应具有重要影响[186]。文化产业的发展能够在城市之间产生明显的空间溢出效应，使得不同城市间的文化产业发展产生良好的互动[187]。文化产业的集聚还与相关产业的分布相关，有研究指出，中国文化产业中的领先企业与相关的先进生产者服务商（Advanced Producer Services）具有类似的空间地理区位模式，并且具有复杂的互动关系[188]。

三、地方文化产业的发展

在环渤海区域，北京市高度重视文化创意产业的发展，大力发展以动漫、游戏、软件为代表的文化产业集群[189]。对北京市19个文化产业集群的案例研究表明，文化产业集群的发展取得了显著进展，但在生产研究和创新、综合效应和公共服务方面仍需进一步改进[190]。对天津市的分析表明，强制性政策和激励性政策对促进该市文化产业与科技产业的融合发展具有显著作用。激励性政策工具的作用要大于强制性政策工具[191]。对山东省城市群的分析表明，不同城市之间文化产业的发展，必须重视差异化的资源定位、多层次的市场需求、积极高效的政策干预，这对实现区域文化产业的协同发展具有重要意义[192]。

对长江三角洲城市群的研究表明，影响地方文化产业发展的主要因素有：创意产业的经济基础、创意阶层的规模与质量、城市便利性、城市休闲设施[193]。自20世纪90年代末以来，上海市明确提出了打造"创意城市"的理念，投入了大量资源发展文化创意产业，重构了城市的空间布局和产业结构[194]。对上海市文化创意产业的分析表明，依据技术性和文化性的相对重要性，技术型创意部门和文化型创意部门在全球价值链环节中的运行方式存在差异。这种差异主要体现在合作关系、劳动力市场和消费市场[195]。对苏州市和长沙市刺绣产业的比较分析表明，适应能力和网络化能力是促进传统文化产业转型和发展的关键因素[196]。

在中部地区，湖南省在文化产业发展中具有自己的特色和优势。研究表明，影响湖南省文化产业发展的主要因素包括文化生产要素、文化需求要素、相关产业、政策支持四个方面[197]。在湖南，文化产业的发展呈现出企业集团化、产业园区化的特征，品牌化运营、差异化发展是提升湖南文化产业竞争力的基本路径[198]。在西部地区，对陕西省文化产业发展的研究表明，文化产业的发展需要政府更加强有力的支持[199]。

第五节　讨论

以上分析表明，数字化对中国文化产业数字化的基本方式产生了重大影响，中国文化产业正在经历一场根本性的转型与重构过程。数字化、产业融合、空间集聚是过去十多年来中国文化产业转型和可持续发展的三大核心力量，这三个要素之间有着密切的内在联系和相互作用。更为重要的一点是，在数字技术的推动下，经过创意转化过程的"文化"，在人类历史上首次成为一种生产要素，并与技术、资本、人力资源等其他生产要素有效结合，创造价值，促进经济发展。

由于文化产业的规模和构成的复杂性，将文化产业视为一个产业族群，从其子产业的角度来理解数字化的影响具有重要意义。根据出现的先后顺序和数字技术应用程度的差异，文化产业可以划分为传统转型产业和新兴产业两大类别。传统转型产业主要是指在数字技术全面应用之前就已经存在的文化产业形态。这些产业在数字技术全面应用以后，原有的生产方式和产业结构发生了巨大变化，整个产业开始向数字化转型，如电影、电视、音乐、出版、新闻，逐步向数字电影、数字电视、数字音乐、数字出版、网络新闻等产业形态转型。新兴产业主要是指基于数字技术和互联网，新近产生的文化产业形态。这些产业在文化内容的创意、生产、传播、消费等环节，完全或部分实现了数字化和互联网化，如动漫、游戏、网络视频、网络音频、网络文学、虚拟现实等产业形态。传统转型产业和新兴产业在产业结构和运行方式上存在较大差异，这种划分为我们观察中国文化产业的可持续发展与转型过程提供了一个简单、明晰的参考框架，也为相关的公共政策制定提供了参考。中国文化产业的转型和可持续发展是世界文化产业发展的重要组成部分，未来将进一步融入全球价值链，进一步推动中国文化与世界文化的深入交流。

第三章　数字创意产品多业态联动开发的理论分析框架

数字创意产品的价值链运营对其市场成功具有十分重要的意义，是数字创意产品开发与运营的基本方式。下面将分析一般文化产品的价值链结构，进而分析数字创意产品的价值链结构及其价值循环过程。在此基础上，讨论数字创意产品的多业态融合发展问题。

第一节　一般文化产品的价值链结构

2006年，厉无畏探讨了创意产品价值链的一般结构[200]。2009年，刘友金等基于波特价值链理论，分析了创意价值链的组织方式[201]。2014年，杨永忠和林明华发展了创意价值链的系统理论，并将其应用于创意产品开发理论的建构。指出文化创意产品的本质是文化、技术、经济要素的有机融合，这种融合是通过创意价值链实现的。这一价值链由文化资源、内容创意、生产制造、市场推广和消费者五个环节构成[202]，如图3-1所示。

图3-1　一般文化产品的价值链结构①

① 引用自：林明华，杨永忠．创意产品开发模式——以文化创意助推中国创造［M］．北京：经济管理出版社，2014.

一般文化产品的价值生成路径是单向进行的。第一步，对文化资源进行发掘和评估，确定可供进一步开发的文化资源。第二步，基于特定文化资源进行内容创意，形成文化内容产品的核心价值部分，如电影剧本、动画脚本等。第三步，应用具体的技术实现手段，将内容创意转化为具体的内容表现形态，如音乐、电影、电视、动画、游戏等。第四步，根据目标市场的具体特性进行市场推广。第五步，消费者根据自身偏好进行购买决策，完成对文化内容产品的消费体验过程，并进行反馈。

第二节 数字创意产品的价值链结构

数字创意产品是传统文化产品在高技术条件下的进一步发展，与一般文化产品相比，其价值生成过程主要是依托互联网环境完成的。在互联网环境下，由于网络效应的存在，数字创意产品的价值链结构发生了显著的变化，价值生成过程由单一线性流动过程演变为网状双向流动过程，其价值链逐步演变为一种双向价值链结构。[①]

如图 3-2 所示，数字创意产品的价值链由内容、平台、终端、衍生品、消费者五个环节组成[203]。下面，将基于这一模型，对数字创意产品的价值链结构和价值生成过程展开分析。

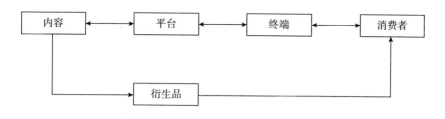

图 3-2 数字创意产品的价值链结构②

---

① 关于一般文化产业价值链结构在互联网环境下的演变与构成，相关研究包括：第一，陈睿，杨永忠. 互联网创意产品运营模式——"互联网+文化创意"的微观机制 [M]. 北京：经济管理出版社，2016；第二，高薇华. 由价值链到价值链：动漫产业的内生增长模型 [J]. 现代传播（中国传媒大学学报），2013（8）：100-105.

② 陈睿. 推动我国数字创意产业发展研究 [M]. 北京：中国经济出版社，2019.

一、内容

"内容"是数字创意产品的文化内核,是整个价值链条的起始环节。在产品界,拥有较大规模消费者群体、具有较强的盈利能力、具备较强的形态转化能力,相对稳定的内容体系又常被称为 IP(Intellectual Property)。根据在价值链条上位置的不同,内容可以分为原创性内容和再创性内容;根据交互性的强弱,内容可以分为交互性内容和单向性内容。此外,根据呈现媒介的不同,内容可以分为二维、三维、四维内容,并表现出不同的体验特性。反过来,特定的媒介形态也会影响内容的创意、制作和传播方式。

内容的生产主要包括"创意"与"开发"两个步骤。"创意"是内容生产的源泉,创意的质量决定了数字内容产品核心价值的高低,创意绩效直接决定着数字创意企业的整体绩效。创意可以分为个人、团队和组织三个层次。在互联网环境下,团队和组织可以是实体机构或团队,也可以是通过网络进行沟通的创意人员群体。"开发"是指通过一定的技术手段,如程序编码、3D 视频、虚拟现实技术等,将文化内容进行封装,将抽象的文化创意转化为具象的文字、图像、声音、视频、程序、虚拟现实等内容形态,从而形成在价值链中可以进行销售、分发、传播的产品形态。对互动性较强的数字内容而言,程序代码所设定的互动模式将成为消费者内容体验的有机组成部分。在双向的价值链上,内容的创意与开发过程和消费者的体验过程在一定程度上是重合的。

二、平台

"平台"是数字创意产品的运行载体,是数字内容的分发渠道,整个价值链上的中心环节。从技术角度来看,平台表现为高性能服务器、超大型数据库系统、业务逻辑的中央控制程序等信息技术基础设施,是各种类型的内容形态、用户信息、管理策略的汇集与处理中心,集中了数字创意产品生产、运营和消费的各类数据资源。从经济角度来看,平台表现为"双边市场"或"多边市场",连通了价值链上的各类行为主体,具有典型的"网络外部性"等经济特征。从管理角度来看,平台表现为内容分发渠道,是进行各类应用分发、数据流量导入导出、用户行为分析、营销策略实施的基本载体。总之,在数字创意产品中,各类平台是价值的汇集点,是数字创意产品生产运营的重要基础。

在消费者一侧,平台是以网站、客户端程序、移动 App 的形态出现的,是消费者访问数字内容的流量入口与交互中心。以最为典型的移动 App 为例,截至

2021 年底，我国移动互联网接入流量达到 2216 亿 GB，我国国内市场上检测到的移动应用 App 达到 252 万款。

三、终端

"终端"是数字创意产品的硬件载体，是整个价值链条上的关键环节，是数字内容呈现的物理载体，也是消费者访问数字内容的硬件设备与流量入口。内容通过平台汇集，通过终端呈现给消费者，并与消费者产生交互。当前，终端屏幕是内容与消费者的主要界面，是吸引消费者注意力的主要窗口。终端主要有智能手机、智能电视、平板电脑、笔记本电脑、台式电脑、专用游戏机、可穿戴智能设备等类型。

终端的物理形态与消费者使用的具体场景密切相关。不同终端的使用场景具有显著差异，如智能手机主要应用于轻度办公、碎片时间休闲等场景，智能电视主要应用于家庭娱乐场景，台式电脑和笔记本电脑主要应用于办公、学习场景，电子书主要应用于学习、休闲等阅读场景，可穿戴智能设备主要应用于外出运动场景等。截至 2021 年 12 月，我国网民使用手机上网的比例为 99.7%，使用笔记本电脑上网的比例为 33%，使用平板电脑上网的比例为 27.4%，使用台式电脑上网的比例为 35%，使用智能电视上网的比例为 28.1%。[①] 这说明我国互联网用户主要采用移动智能终端接入互联网。一方面，终端是消费电子行业的主要产品形态，具有自身的价值链结构；另一方面，终端发挥着流量汇集和流量引导的重要作用，是构成数字创意产品价值链的重要一环。

四、衍生品

"衍生品"是数字创意产品的扩展领域，是整个价值链条上的融合环节。衍生品的实质是数字创意产品的价值链条延伸至设计、工艺品、玩具、服装、家具、餐饮、旅游、农业、消费电子、汽车等相关产品而形成的，承载文化创意内容的实体商品，是数字内容的对象化与实体化。品牌授权是支撑衍生品开发与运营的重要机制。衍生品是数字内容价值增值的重要环节，是重要的收入来源与利润中心。由于数字创意产品价值链的主体部分主要是在互联网环境中进行延伸，衍生品的存在将这一价值链条从线上虚拟环境拓展到了线下实体环境，并进一步

---

① 中国互联网络信息中心．第 49 次《中国互联网络发展状况统计报告》［EB/OL］．［2022-02-25］．http：//www.cnnic.net.cn/hlwfzyj/hlwxzbg/hlwtjbg/202202/t20220225_71727.htm.

实现从线下实体环境向线上虚拟环境的反向引流。因此，衍生品的开发与运营至少具有三个层面的重要意义：一是数字创意产品与相关产品的融合发展。二是线上虚拟环境与线下实体环境的价值贯通与闭环。三是数字创意产品价值链在形态、内容、功能、时间、空间上的扩展与延伸。

五、消费者

"消费者"是数字创意产品的发展基础，是整个价值链条的最终环节，是决定数字内容的价值能否实现的最终决定力量。需要指出的是，在数字创意产品的双向价值链条中，消费者并不是价值生成的终点，而是新一轮价值循环的开始。拥有较大消费者规模的特定数字内容产品，可以通过版权交易的方式向其他内容形态转化。当前，我国数字创意产品的几种主要内容形态已经拥有了相当庞大的消费者规模。截至 2021 年底，我国网络视频、短视频、网络新闻、网络音乐、网络游戏、网络文学，这些与数字文化产业高度相关的互联网应用，其用户规模分别达到 97471 万人、93415 万人、77109 万人、72946 万人、55354 万人、50159 万人，用户使用率分别达到 94.5%、90.5%、74.7%、70.7%、53.6%、48.6%。①

消费者通过"注意"过程获取和选择数字内容产品的基本信息，通过"体验"过程进行数字内容产品的消费。消费者对数字内容产品的消费是"经验性"的，消费者对效用的评价具有强烈的主观感受性。与一般文化产品相比，在数字创意产品的价值链上，消费者既是数字内容产品的最终体验者，也是新的创意和内容的重要生产者，还是价值链条上相关环节的重要参与者。消费者与内容的创意者、生产者之间存在较为密切的交互作用，并通过这种交互影响整个价值链的运行过程。

第三节　数字创意产品的价值循环过程

数字创意产品的价值生成过程具体表现为沿着双向价值链进行的价值循环过程。按照是否包括与相关产品的价值链交融环节，可以将数字创意产品的价值循

---

① 中国互联网络信息中心. 第 49 次《中国互联网络发展状况统计报告》［EB/OL］.［2022-02-25］. http：//www. cnnic. net. cn/hlwfzyj/hlwxzbg/hlwtjbg/202202/t20220225_71727. htm.

环过程分为两种典型的循环模式：基本价值循环过程和扩展价值循环过程。两类循环都是以内容生产作为起点，消费者检验作为终点。IP 在两类价值循环过程中都起着重要作用，是版权交易与品牌授权的基本对象。

一、基本价值循环过程

数字创意产品的基本价值循环过程包括"内容—平台—终端—消费者"四个基本环节。对电影、出版等传统文化产品形态而言，由于不需要消费电子终端作为内容呈现媒介，则只包括"内容—平台—消费者"三个基本环节。基本价值循环过程的具体环节包括：内容的创意—内容的制作与产品化（软件化）—产品平台上载和分发—终端推送和呈现—消费者注意和购买决策过程—消费者体验过程—消费者反馈过程，如图 3-3 所示。

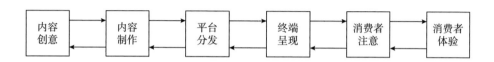

图 3-3 数字创意产品的基本价值循环过程①

在基本价值循环过程中，消费者可以通过基于互联网的各类平台客户端、移动 App、社交应用对价值链各环节施加影响。消费者反馈的各类信息和消费偏好数据将被业务逻辑系统记录和存储在平台数据库中，用于后续产品调整。更为重要的是，如果一个内容创意能够完整地通过一轮基本价值循环过程，通过市场检验，获得一定规模且较为稳定的消费者群体，那么该内容创意就有可能实现 IP 化，吸引内容生产商和投资者的注意，获得新一轮的迭代开发机会。这时，版权交易机制将在跨内容形态的迭代开发中发挥重要作用，新一轮的基本价值循环过程将由此开始。

二、扩展价值循环过程

数字创意产品的扩展价值循环过程包括内容、平台、终端、消费者、衍生品五个基本环节，是基本价值循环过程在产品融合条件下的扩展。同样，对于电影、出版等传统文化产品形态而言，由于不需要消费电子终端作为呈现媒介，扩

---

① 陈睿.推动我国数字创意产业发展研究［M］.北京：中国经济出版社，2019.

展价值循环过程只包括内容、平台、消费者、衍生品四个基本环节。扩展价值循环的具体环节包括两条主线：第一，基本价值循环的全部环节：内容的创意—内容的制作与产品化（软件化）—产品平台上载和分发—终端推送和呈现—消费者注意和购买决策过程—消费者体验过程—消费者反馈过程。第二，衍生品开发与运营的相关环节：内容创意—内容符号化与品牌化—品牌授权—相关产业价值链—消费者注意—消费者体验，如图3-4所示。

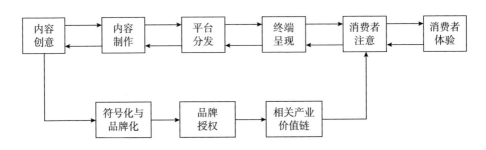

图3-4 数字创意产品的扩展价值循环过程①

扩展价值循环过程得以开展的前提是基本价值循环过程能够顺利实现价值增值并取得消费者认同。需要指出的是，在基本价值循环过程取得成功的前提下，衍生品的开发是可以与基本的内容产品开发同步进行的。基本方式是将已经取得一定市场影响力和消费者认同的内容创意体系符号化和品牌化，再通过品牌授权机制注入设计、工艺品、玩具、服装、家具、餐饮、旅游、农业、消费电子、汽车等相关产品的价值链环节，如创意设计、产品开发、市场营销、品牌运营等，最后通过消费者运营实现衍生产品的市场价值。

三、两种价值循环过程的相互关系

数字创意产品的基本价值循环过程与扩展价值循环过程之间存在紧密的内在联系。基本价值循环过程主要是在数字创意产品内部展开的，而扩展价值循环过程是在数字创意产品与相关产品之间展开的。基本价值循环过程是扩展价值循环过程的前提和基础，扩展价值循环过程是基本价值循环过程的延伸与创新。从产品发展的角度来看，必须尽力取得基本价值循环的成功，在此基础上，推动基本价值循环过程向扩展价值循环过程转化，这是实现更广泛、更稳定、更持久利润

来源的必然要求。总之，两种价值循环过程是数字创意产品实现自身发展的基本运行方式。

第四节 数字创意产品多业态联动开发的基本过程

从上述分析可以看出，数字创意产品的基本价值循环过程必然导致内容形态的多次迭代开发。从产品层面来看，这种多次迭代开发必然导致数字创意产品的多种子产品形态之间出现融合发展的趋势。因此，多业态融合发展是数字创意产品价值循环过程的表现形态和承载方式，也是数字创意产品发展的内在逻辑和基本方式。

从当前数字创意产品发展的实践来看，数字创意产品的多业态融合发展主要是沿着子产品融合与相关产品融合两个方向实现的。子产品融合主要是指数字创意产品内部各子产品之间以版权交易、运营为主要载体而实现的融合发展。相关产品融合主要是指数字创意产品与外部相关产品之间以创意设计、品牌授权为主要载体而实现的融合发展。在相关产品融合的过程中，设计产品是数字创意产品与相关产品实现融合发展的重要中介，提升我国工业设计和产品设计能力，是提升我国制造业整体发展水平的重要手段。下面聚焦分析数字创意产品的子产品形态之间的融合发展问题。

一、基本原理

创意本身具有"一意多用"的特性，特定创意来源可以通过产品开发过程转化为网络文学、动画、游戏、电影、电视剧、舞台剧、工业设计、虚拟现实等多种产品形态，并通过产品形态的演化，实现价值链的不断延长和价值的持续增值。《"十三五"国家战略性新兴产品发展规划》第六部分明确提出："鼓励多业态联动的创意开发模式，提高不同内容形式之间的融合程度和转换效率，努力形成具有世界影响力的数字创意品牌，支持中华文化'走出去'。"从数字创意产品本身的特性来看，多业态之间的有机联动与融合发展是其高质量发展和价值持续增值的关键环节，也是其核心竞争力的关键构成要素。

"业态"一词最早应用于零售业领域，中华人民共和国国家标准《零售业态分类》（GB/T 18106—2004）对零售业态所下的定义是："零售企业为满足不同的消费需求进行相应的要素组合而形成的不同经营形态。"从产品经济学的角度来看，"业态"一词更接近"产品组织形态"的概念。在以往研究中，"多业态"更多作为一种经营模式来进行讨论，且相关研究多集中于零售流通领域。在本书中，使用"业态"一词来指代数字创意产品内部的多种子产品形态，多业态融合发展主要指数字创意产品内多种不同产品形态之间在价值链层次的融合发展。

探讨数字创意产品的多业态融合发展，既要考虑数字创意产品价值链结构与价值循环过程的特点，又要考虑不同业态之间存在的相互作用与影响。数字创意产品的多业态融合发展主要建立在两个维度上：第一，纵向维度。建立在数字创意产品价值链结构与价值循环过程的基础上，主要考虑特定业态内，构成数字创意产品价值链的三大核心要素内容、平台、消费者之间的相互作用关系。第二，横向维度。建立在不同业态之间相互影响的基础上，主要考虑不同业态之间"内容—内容""平台—平台""消费者—消费者"相互作用的一般过程，如图3-5所示。

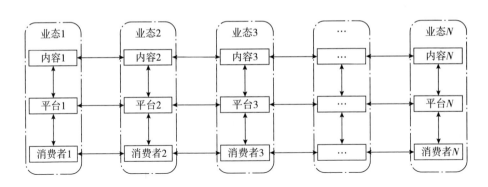

图3-5　数字创意产品多业态融合发展的分析框架①

在内容环节，同一原始创意或创意体系可以通过多次迭代开发，转化为多种不同的内容形态，从而在不同业态之间产生相互影响；在平台环节，处于不同业态中的内容分发平台之间会产生相互影响，产生交叉网络外部性，并对内容生产与消费者选择产生影响；在消费者环节，不同业态中的消费者群体之间存在时间上和空间上的相互影响与转化关系。需要指出的是，数字终端设备一般能对多种不同形态的内容进行数字化统一处理与呈现。因此，从价值生成的角度来看，终

---

　① 陈睿.推动我国数字创意产业发展研究［M］.北京：中国经济出版社，2019.

端环节对数字创意产品的多业态融合发展影响力较弱，且部分子产品不包括消费电子终端的价值链环节。因此，以下分析主要考虑内容、平台、消费者三个方面的因素，具体探讨数字创意产品多业态融合发展过程中内容转化、平台交互、用户迁移三个方面的过程。

二、内容转化

如图 3-5 所示，在数字创意产品多业态融合发展的过程中，处于不同业态的多种内容形态之间构成了一条创意转化链条。这说明在多业态融合发展的条件下，内容创意超出了单一线性产品开发过程的范畴，体现为内容的多次再创意和内容形态的持续转化。

第一，从创意过程的角度来看，如果把一次、两次、三次、N 次的内容形态转化过程视为一个整体，就形成了一条创意转化的链条。可以将这一过程视为一个全版权开发与 IP 运营的过程。在这条链条上，整体叙事（创意）的统一性和具体业态环境下特定叙事结构之间是存在差异性的。这时，统一性与差异性之间的矛盾可能给多业态融合发展条件下数字创意产品的开发过程带来不同程度的影响。

第二，从传播过程的角度来看，当基于特定创意的数字内容形态从一种形态转变为另一种形态时，将在故事情节、叙事主体、叙事方式、传播载体、受众接收与参与方式等方面存在不同程度的差异性。可以考虑使用传播学中的跨媒介叙事理论，为分析这一现象提供基本的理论参考框架，具体可以应用内容分析方法、创意产品语义量表等工具对这一转化过程进行深入讨论。

第三，从产品生命周期和产品线延伸的角度来看，数字创意产品的多业态融合发展，可以在一定程度上被视为从原始产品形态向后续产品形态的产品线延伸的过程，这种延伸增加了数字内容产品生命周期的长度。具体而言，从单一业态到双业态，再到多重业态的内容转化所需要的基本条件、影响因素、时间接续和周期规律性还需要具体探讨。

三、平台交互

如图 3-5 所示，在数字创意产品多业态融合发展的过程中，处于不同业态的多个平台之间构成了一条平台交互链条。这说明在多业态融合发展的条件下，平台网络外部性的作用范围超出了单一平台的范围，体现为多个平台之间的综合网络效应。

当前，对平台网络外部性的研究多侧重于对单一平台条件下的直接、间接或交叉网络外部性的探讨，但对于平台之间的网络外部性研究较少，且多从竞争性平台的视角展开。数字创意产品多业态融合发展过程中的平台交互，主要通过平台间的网络外部性来实现，是一个典型的互补性平台交互过程。对这一交互过程，可以从以下三个方面进行分析。

第一，从平台间效应的作用方式来看，基于网络经济学关于网络外部性的一般原理，可以具体考察处于不同业态的双平台、三平台之间交互作用的介质、主要影响因素、基本作用机制。在此基础上，将处于交互链上的多个平台视为一个平台链，分析该链条上平台间相互作用的一般规律。

第二，从平台间效应的作用时序来看，既要考虑同一时间范围内的平台交互过程，也要考虑接续时间条件下的平台交互过程。处于不同业态中的平台，有一些是在同一时间范围内进行交互作用的，一些则是在前后接续的时间段产生交互作用的。对于这两种情况，平台交互作用的具体方式可能存在差异和特殊性，有待深入探讨。

第三，从平台间效应的外部影响来看，处于不同业态中的平台之间的相互作用，将对处于不断转化过程中的数字内容的再创意过程、生命周期、定价策略、用户选择行为产生显著影响，这种影响的具体机制还有待深入探讨。

四、用户迁移

如图 3-5 所示，在数字创意产品多业态融合发展的过程中，处于不同业态的多个消费者群体之间构成了一条用户迁移链。这说明在多业态融合发展的条件下，用户运营超出了单一市场用户开发与维系的范畴，体现为消费者群体的多次转化与更新过程。

第一，从产品开发与运营的角度来看，将原有业态的消费者群体迁移到目标业态中，是在多业态融合发展条件下，实现数字创意产品多业态联动开发的关键环节。消费者群体的迁移可以最大限度地减少新业态中数字内容产品的运营成本，能提供相当规模的初始用户群体，能引导和促进潜在消费者转化为现实消费群体。

第二，从消费者选择的角度来看，原有业态中的消费者群体，并不会自发转化为目标业态中的有效消费群体。在这一转化过程中，原始消费者群体虽然较其他群体具有更高的转化成功概率，但是，消费者同样会经历"感知—态度—行为"三个阶段的选择与决策过程。这一过程有哪些主要影响因素，其运行的内在机制和基本方式是什么，还有待深入探讨。

第三，从创新扩散和产品扩散的角度来看，这一迁移过程实际上是一个多代创新产品扩散条件下的消费者相互作用过程。可以考虑应用系统动力学的基本思想，构建数字创意产品用户迁移过程的数理仿真模型，并对这一过程进行模拟仿真。针对这一过程，还需要深入研究消费者从一种业态迁移到另一种业态的一般模型和规律，包括影响因素、数量分布、周期规律、保有率分布、提升转化成功率的基本策略等。

可见，数字创意产品的多业态融合发展主要通过内容转化、平台交互、用户迁移三种机制来实现。在理论层面，其实现机理和模式还存在众多待探究的问题，涉及经济学、管理学、传播学的许多基础理论，需要从跨学科的视角加以深入探讨。关于这些问题的深入探讨将在后续章节展开分析。

第四章　数字创意产品多业态联动
开发的内容转化机理

按照前面总体分析框架，本章将对数字创意产品多业态联动开发过程中内容转化的基本原理进行分析，主要涉及跨媒介叙事、互文、故事世界与 IP 运营三个方面的内容。

第一节　跨媒介叙事的基本模式

一、背景分析

21 世纪 10 年代以来，我国数字经济高速发展，文化产业和传媒产业的结构发生深刻变化。在互联网的推动下，产业融合、业态融合、媒介融合深入发展。随着文化内容的创作、生产，传播进程的不断发展与创新，"跨媒介叙事"作为一种结合内容创造和产业链运营的模式，对文化产业的发展有着重要的推进作用，引起了学者的高度关注。另外，由于新媒介的不断涌现，单一叙事媒介已无法满足作品的叙事需求，也无法满足消费者偏好，因此，跨媒介叙事的兴起是一种市场需求。①

从文献统计来看，截至 2020 年 8 月，在中国知网上以"跨媒介叙事"为关键词检索出的期刊文献共计 139 篇；在 Web of Science 上以"Transmedia Storytell-

---

① 本节主要内容前期已在中文期刊发表，具体题录信息为：陈睿，陈之奕. 作为 IP 运营策略的跨媒介叙事：机理与应用［J］. 西华大学学报（哲学社会科学版），2021，40（2）：51-59.

ing"或"Transmedia Narrative"为关键词检索出的期刊文献共计 134 篇①。从趋势上看,相关研究于 2014 年后明显增多,并在近几年保持相对稳定。

跨媒介叙事的理论研究可以追溯到 20 世纪 80 年代。1983 年,德国学者汉森·沃夫提出了"跨媒介性"的概念,认为文学的跨媒介性是渐进的,并一直受到多种媒介的影响[204]。2003 年,美国学者亨利·詹金斯首次提出"跨媒介叙事"的概念[205]。其后,他以这一概念为基础,提出和阐述了基于不同消费者群体的"参与性文化"理论[206]。2006 年,詹金斯继而提出了"融合文化"理论,分析了融合文化中消费者群体从旁观者到参与文化生产,媒介与消费者关系以及媒介生产方式的转变过程[207]。此后,学者大多基于这条理论脉络对跨媒介叙事进行研究。2008 年 8 月,江西省社会科学院中国叙事学研究中心举办了"跨媒介叙事"学术研讨会,会议认为叙事学研究已经出现了一种跨媒介趋势。此后,国内学界对跨媒介叙事的关注度不断上升。

学界对跨媒介叙事理论本身的研究已成果显著,但在跨媒介叙事策略建议和实际应用方面大多只停留于对单个作品的针对性研究,仍缺少系统性、完善性的归纳和解析。随着文化产业和文化生产的不断发展,跨媒介叙事策略亟待有益的理论指导和启示。

二、跨媒介叙事的内涵与兴起动因

(一)跨媒介叙事的内涵与辨析

1. 跨媒介叙事的内涵

在不同的学科背景下,"媒介"有三种主要含义:一是指传播信息的技术设备,二是指携带信息的载体,三是指语言工具,因此,"跨媒介"叙事也可以被分为改编型、延伸型和圆融型三种[208]。其中,改编型也就是文本改编,将同一故事文本在尊重原著的前提下通过不同媒介来创作;延伸型指通过不同媒介传播的不同文本共同构成一个故事世界,各个媒介与文本之间各司其职,相互补充;圆融型指在同一媒介中,通过媒介交互的叙事方式对同一文本进行阐述,如同单个媒介阐释单个文本时模仿多种媒介特征来使文本更加生动的"出位之思"[209]。根据媒介传播中的符号和技术角色,媒体可以被分为内容、媒体形式和媒体渠道

---

① 说明:对中国知网的检索范围限定为"期刊全文数据库",方式为"篇名检索",时间范围不限,检索关键词为"跨媒介叙事"。对 Web of Science 的检索范围为"Core Collection",方式为"TITLE",时间范围不限,检索关键词为"Transmedia Storytelling"或"Transmedia Narrative"。

三个层次，分别对应跨媒体叙事、跨媒体及多媒体[210]。

美国学者詹金斯认为，跨媒介叙事是将同一个故事文本展现在不同的媒介平台之上，各种媒介相互配合、各司其职，但又对整个故事的最终呈现分别具有其独特的价值和贡献。这是目前学术界最广受认可和广为引用的关于"跨媒介叙事"的定义[205]，詹金斯提出这一概念时以"黑客帝国"系列为例，他所阐释的是以好莱坞电影为中心的文本开发。

对于这一定义，学术界也有一些讨论。其一，詹金斯对于"跨媒介叙事"的定义其实更倾向于提供一种"理想化的目标"，而叙事学家玛丽—劳拉·瑞安提出的定义更为准确。玛丽—劳拉·瑞安指出，"跨媒介叙事"并非只是讲述了一个单独的故事，而是诸多文本汇集并共同架构起一个独特的故事世界。对此，她做了一个经典的奶酪比喻——各式文本填补整个故事世界仿佛奶酪上的小孔[211]。其二，跨媒介叙事虽常被看作故事叙述未来发展的方向，却也可以找到过去类似跨媒介叙事的产物，比如《西游记》，虽然常被认为是几百年前开始传播的中国小说，但现今大多数人却是通过电影、漫画或游戏来熟悉它。所以，詹金斯所提出的"跨媒介叙事"的概念太过笼统和宽泛以致无法理解，如果用罗兰·巴特所称的动态文本来进行理解和分析，且可以通过使用树形图和动画来创建故事元素的可视化地图，则可以具体演示出这种叙事工具的运作机理[212]。

完备的跨媒介叙事作品需满足以下四个方面的条件：故事世界的高度完善、情节的连续性和叙事的细节感、观众的沉浸感和泛在感、消费者参与的开放性和多元性[213]。

2. 概念辨析

跨媒介叙事作为一种内容上的运营，是以 IP 或以文本为核心进行再创作，这种方式非常类似于传统意义上的文本改编，其区别辨析更有利于我们深化对该概念的理解。

首先，詹金斯提出"跨媒介叙事"与"跨平台"等概念最大的不同在于，这些连续的文本构建的是否是同一个故事世界，"跨媒介叙事"的文本指向同一个故事世界，而其他概念则不具备这一特征[214]。其次，詹金斯将"跨媒介叙事"和"改编"做了一定程度上的区分，使跨媒介叙事的定义更加明确。他认为"改编"是利用不同的媒介叙述同一个故事，而"跨媒介叙事"是在同一个故事世界的平台之上，来叙述不同的故事[205]。具体而言，两者的区别在于：

第一，新作品对原著的忠诚度。"改编"非常注重文本在故事层面的相似性和文本之间的亲缘关系。"改编者"在很长一段时间内始终是"被改编者"的附庸；相比之下，"跨媒介叙事"下的每一个文本都具有其独特性，作为整个故事世界体系的"线索"，不刻意追求与原文本的相似性，但注重文本与文本之间的相关性，强调在心理上建构起一个独特的"故事世界"[215]。

第二，版权的转移方式。"改编"是指文化企业间的版权转让活动，当某一热门作品推出市场，文化企业开始购买其版权，然后获得该作品周边的特许经营权，这个过程可以被看作"改编权的流转"。而"跨媒介叙事"是指文化企业从一开始就通力协作，利用不同媒介对一个故事的叙述做出贡献[216]。

（二）跨媒介叙事的兴起动因

1. 内在动因——文本互文性的推进

在文本的跨媒介流动与转化过程中，互文性是其核心驱动机制，它作为一种文本相互迁徙的意指游戏贯穿于跨媒介叙事的过程中。通过互文衍生，跨媒介叙事实现叙事延展和媒介延展，形成彼此关联而又互不冲突的叙事网络，引导受众，尤其是知识型社群获取价值认同，产生"粉丝经济"或"社群经济"，使故事具有生生不息的"文化吸引力"和"生命力"[217]。

2. 外在动因——厂商与市场的协同

第一，内容生产商的促进作用。内容生产商出于经济利益最大化的需求，在文本的媒介多元衍化过程中，一方面利用媒介各自的特征与优势，实现文本叙事的完善，使文化产品最大限度地发挥影响力；另一方面可以通过这一过程实现产业链的延伸和盈利渠道的多样化。

第二，读者的心理动因。从接受美学的角度来看，故事世界的产生具有读者心理动因的催化[218]。接受美学中的"召唤结构"理论指出，文本本身是非自足和未完成的，对于那些"空白"和"未确定点"，需要读者积极主动、富有创见性地进行填补。对于一个文本跨媒介的体验可以刺激人的想象力，激发人的同理心，引发其对具体媒介的控制感或热情。并且，当读者沉浸其中的时候，会觉得时光飞逝。这被一些学者称为"情绪力量"（Emotional Power）[219]。

事实上，读者的心理动因也有其产生根源。大众文化中充满了跨媒介的故事讲述，即从一种媒介到另一种媒介的叙事普遍性的适应，许多作者较为关注离散媒介的受众使用和满足，但对于受众从一种媒介到另一种媒介的转移动机则了解不足。跨媒介叙事中读者的心理动因主要出于：一种更为外在和共同的取向，即特许经营权和粉丝群体接受"大屏幕治疗"作为健康、福利和文化合法性的标志；目标媒体同时考虑满足的来源和参照物，使媒介本身成为一种满足的事物[220]。

三、跨媒介叙事的内在机理

跨媒介叙事的两大研究方向是原文本的跨媒介创作和 IP 的跨媒介传播与产业链延伸。在创作层面，文本的跨媒介创作是为了建构完善的故事世界[221]；在产业层面，产业链的延伸本质是 IP 的开发。如果将跨媒介叙事看作一张幕天席地的大网，那么人们所熟知的 IP 则是一根根串联成这张网的绳子，故事世界则是这张大网所包裹的整个空间。二者的关系是：IP 存在于故事世界中并被提炼出来作为产业之间的联系，并起着增强故事世界建构的作用；故事世界是原文本的初始构建，为 IP 运营和后续产业链的发展提供不竭原动力。

（一）文本创作目的——故事世界

1. 故事世界的内涵

传统的文本是以故事为边界的，不同的故事和文本有所区分，而跨媒介叙事是以故事世界为边界的，多个文本共同建构一个丰富完善的故事世界。

叙事学家戴维·赫尔曼在《故事世界：叙事研究学刊》中首先提出"故事世界"的概念，将其称作一种"被重新讲述的时间和情景的心理模型"，他认为这是跨媒介的叙事内容。跨媒介叙事不应仅仅专注于对单个文本的细读研究，而应关注文本的互文性、构建意义以及社会文化思考，着重于对"故事世界"的讨论[222]。

玛丽—劳拉·瑞安进一步指出：故事世界是随着事件的不断发生和故事的不断发展形成的一个"想象整体"。这是一种心理模型建构，即人们在心理上模拟和演练故事世界中的变化。如果说故事世界建构了一个"时空"，那么"故事"是在此"时空"中发生变化的事件，世界则隐喻了一个语义域[211]。比如，播客创造了一种独特的叙事方式，虽然由于其内容的跨媒体结构和多平台策略，引发了传统广播语言的断裂，但播客可以在多种平台上提供信息，包括数字平台和模拟平台，因此它们在功能上是相辅相成和相互补充的。此外，播客提供了多种多样的内容，这些内容并不是孤立的，而是符合逻辑和连贯的语法的[223]。

2. 基本分类及特征

以结构为标准，可以把故事世界分为两层：一层是故事世界的内在结构，即用户心理上建构出的一个世界，但这个世界并非只是虚幻的世界，也可以和现实相近，依靠作品的想象力和结构的完整性来吸引读者；另一层是故事世界的外在结构，这是指构成一个故事世界的数个文本之间的互文性关系[215]。

以与现实的关系为标准，故事世界可分为两类：虚构性强与现实性强。前者叙事性不强，须多引入互动性强的媒介，以增强受众的体验和参与；后者与现实的区别并不显著，因此要借助多种媒介平台，充分发挥其叙事功能[224]。

故事世界的核心特征在于不断扩张，但扩张的方式不尽相同：鼓励读者钻研的"可钻性"和"涂抹性"，保持前后故事衔接的"持续性"以及文本与文本之间的"互文性"和"超文本性"。在扩张故事世界之时，强调将粉丝分为完善故事世界框架的"编纂学士"与沉浸和游历其中的"骑士"两类[214]。如果依据这样的特征来判断，现今大多数的文本跨媒介传播实则只做到了在不同媒介平台上改编和传播，而并非真正形成故事世界的建构，但也有较为成功的例子，比如漫画改编电影的实践[225]。

3. 用户与故事世界建构

搭建故事世界的目的在于：用户可以在互动叙事中产生心理上的愉悦，产生"沉浸感"。对此，玛丽—劳拉·瑞安认为这种沉浸感由五个部分组成，分别是支撑史诗级叙事的空间，具有无尽求知欲望的人们的认识，产生了好奇心、意外和悬念的时间，玩家和虚拟人物之间产生的情感以及用户形成的虚拟社群中的社交。以电子游戏这种数字叙事文类为例，其既包含科学技术的部分，同时又有作为娱乐媒介的人文学科的部分，其艺术价值却常常被人忽略，因此在现实中，某些叙事艺术的诗学体系和批判体系尚不完善，亟待发展[226]。

但是，故事世界的边界又在何处？跨媒介叙事的开发应该到何处停止？对此问题的解答依然要回到用户或消费者选择上[227]。对于建构故事世界来说，市场热度最高和质量口碑最好的那个或那组作品往往容纳了最详尽与最流畅的细节，真正构成了一个故事世界的基本结构，因此才可以被纳入整个故事世界的"标准化等级"乃至成为"标准核心"。而故事世界的边界就在于消费者是主动参与，抑或只是被动接受，当大部分消费者产生了粉丝式的主动索取乃至积极参与建构，作品就仍然具有继续开发的价值。

（二）产业链运营基础——IP

1. IP 的内涵

相比故事世界，IP 的概念更加为人所熟知。"IP"是跨媒介叙事的核心概念，是跨媒介叙事的内核，目前我国文化产业中经常提及的"IP"概念正是"跨媒介叙事"在产业层面的具体体现。"IP"具有法律意义和经济意义上的两重含义。

在法律意义上，"IP"一词是知识产权（Intellectual Property）的缩写。IP 所指涉的不仅仅是版权或产权，泛 IP 是一种无形资产，覆盖的部分也包含了故事和粉丝[228]。传统意义上的版权仅指作品著作权的经营许可，然而随着互联网文化生产的发展，文化产品的版权交易形态日趋丰富，从原先单纯的著作权转变为思想创意、人物乃至名称，这是由文化生产的转型而引发的[229]。在文化遗产 IP 数字化过程中，知识产权主要与文化遗产的搜索、收集、描述、文献、保存/保护和恢复、数字化以及其商业用途和推广用途的知识成果的所有权有关[230]。

在经济意义上，IP 是指文化产业和传媒产业中的共有文化资源，蕴含着创造者和读者的思想情感，以情感经营为运营本质。因此在现代社会中，我们所熟知的 IP 泛指那些具有品牌效应和可开发商业价值的智力创造物（creation of the mind）[229]。当前，网络 IP 在文化产业的发展中扮演着越来越重要的角色，IP 也可以指网络文学，包含指涉网络游戏、动漫改编电影等的叙事类 IP、试听综艺的节目类 IP 和流行语、Logo 的概念类 IP 等[231]。例如，随着地区流行文化的演变和漫画产业（manhwa industry）在过去 15 年中逐渐从零食文化向大银幕文化推进[232]，网络动漫也可以作为跨媒介叙事的资源，成为文化 IP[233]。

2. IP 发展历程及现状

IP 的发展历程经历了以下三个阶段：传统文学改编的 IP 1.0 时代；商人和跨界经营者将有价值的优质 IP 用于市场交易的 IP 2.0 时代；以 IP 为核心打造文本、媒介和受众之间多维立体的"跨媒介叙事"生态圈的 IP 3.0 时代[234]。

当前，我国文化与传媒产业中的 IP 运营已经打通了"生产—流通—消费"三大环节。在生产环节，国内主要以现有内容的改编为主，建构跨媒介故事世界，同时由企业利用全版权入股或是共同投资出品的方式合作完成 IP 的开发；在流通环节，IP 产品通过直接和间接两种渠道完成授权，利用技术手段完成跨媒介叙事的扩张；在消费环节，消费者参与形成了一种强大的力量干预文化 IP 的开发[213,235]。

值得注意的是，IP 的创作者不仅仅是文本的作者或是"参与式文化"语境下的消费者，还可以是文化中间商（transcreators）。以在 Webtoon 上《奶酪陷阱》漫画文本的跨媒介叙事为例，文化中间商是指在创建 Webtoon 文本的新版本时享有某些（尽管有限制）自由的运营商。这些中间商的文化力量在于，他们中的许多人正以自己的身份成为名人。在文本的跨媒介流动与转化过程中，互文性是其核心驱动机制，它作为一种文本相互迁徙的意指游戏贯穿于跨媒介叙事的过程中，这种用户主导的活动强调了 Webtoon 平台作为文化中介推动 Webtoon 生产、流通和消费的重要地位，以及韩国流行数字文化通过翻拍和改编的持续流动[236]。

四、跨媒介叙事的策略与应用

实践表明，跨媒介叙事是在文化内容的创作、生产、传播和消费过程中具体实现的。在文本创作层面的研究更多采用文学、艺术学的视角和方法，在产业链运营层面则包括生产、传播和消费环节，相关研究更多采用传播学、经济学、管理学视角和方法。因此，跨媒介叙事的策略也主要分为文本策略和产业链策略两部分，文本创作策略的重心在于建设故事世界，产业链运营策略的重心在于运营IP，以下对二者具体应用进行阐述。

（一）创作层面策略及应用——故事世界建设

文化内容创作是跨媒介叙事的核心部分，是产业能否实现长期盈利的关键，因此，文本创作的最终目的是完善并拓展故事世界，为产业链开发提供原动力。按照与原始文本相互关系的紧密程度，建设故事世界主要有以下两种方式。

1. 强调尊重原著——完善故事世界

尊重原著并不意味着一成不变的跨媒介文本移植，这种方式包含对原著的策略性保留和技巧性取舍两个方面。

第一，策略性保留。以网络IP为例，在网络文学改编的过程中，应充分尊重原著的网络文化特征，不能脱离其原有精神内核，即不失去"网感"，"网感"是指原文本出处具有的网络文化的内容、风格及传播特征[231]。总体来说，创作过程中尽量保有原著的节奏感和文本气质[237]，尽量实现语境的统一，即通过经典情节、场景、人物乃至音乐旋律与故事逻辑的互文重现，达到不同媒介之间的互文，增加语境工具的投入，为消费者呈现一个"和而不同"的世界[208]。例如，漫威系列电影作品的创作很好地保留了原著中的世界观与价值观，因此获得市场的认同，实现了文本跨媒介创作的成功。同时，漫威中的超级英雄形象也是通过不同作品中的互文重现来塑造的，一个人物同时在自身为主角的电影和其他同系列电影中完成整个成长过程，显得叙事完善、人物丰满。

第二，技巧性取舍。简单的文本复制和故事迁移已无法满足受众的审美需求，跨媒介叙事的要求是，充分了解不同媒介间的话语性差异，并对"故事世界"的各个文本进行再创作和创新[222]。可以取消在视觉呈现过程中的过多内在心理描写和外在情境描述，浓缩故事情节，强化故事张力[231]。实现主题统合与意义增值，适当加戏和强化奇观化场景，实现剧情的重组和浓缩[225]。例如，在《哈利·波特》电影系列作品的创作中，导演对于主人公的心理变化及导致变化的动因进行了大刀阔斧的删减，并不是因为对于原著的不熟悉，而是为了压缩情节、增强剧情节奏感和张力。

就具体措施而言，创作者应充分注意角色、情境、影像三方面的再创作。首先，在角色层面，人物设定与人物关系的取舍增删，是为了更好地服务于情节与主题的表达和重构[238]。因此，在跨媒介叙事时应注意角色的数量增删、地位变化、功能沿承，对角色进行历史性拓展[208]。普通读者认识一个人物的过程是一个新旧媒介交替的过程，因此创作者在跨媒介创造人物 IP 时，必须清晰地认识到新旧媒体的差异性。其中，特别重要的是认识到跨媒介娱乐方式的动态转变（power dynamic）[239]。其次，在情境层面，必须根据需要灵活进行置换，如在时空、人物关系和戏剧冲突方面进行置换，可以衍生出不同的故事世界[208]。最后，在影像层面，由于媒介的话语性差异，在跨媒介叙事时，应注意化用相异类型的试听元素进行空间重塑，以此服务于主题[238]。同时也要倡导媒体之间的多元协作，实现文本在媒介与媒介之间的协调转移[235]。

2. 强调突出创新——拓展故事世界

除尊重原著导向下的创作以外，还应强调在原著基础上的创新，可以从以下两个方面来具体实现。

第一，从作者的立场来看，应体现本土化策略。易于被消费者认同的故事世界必然是建立在文化认同的基础上的。比如，在引进海外动漫知名 IP 时，借助于海外知名动漫 IP 的影响力光环，应在契合动漫原著风格的基础上，将此优势与本土化情境相结合，更有利于吸引广泛的影迷[240]。应积极开发与本土文化相融合的创新型 IP[235]，通过文化创意，在发掘本土历史文化资源的基础上对 IP 进行创新性转化，使之成为热门文化现象[241]。在这一过程中，应注重利用多媒介优势，保持叙事逻辑的统一和连贯，实现跨媒介协同叙事[242]。

第二，从市场的方向而言，不应一味迎合年轻消费群体的偏好，而应做到拓展题材与内涵，尽量涵盖全年龄层用户，尽量扩大市场[243]。拓宽用户群和市场的本质事实上就是故事世界边缘的扩张，这种扩张行为是对用户与用户行为的包容，有助于实现产业盈利。比如电影《哪吒》成功地将成年人群体由"陪伴式观众"转变为"参与式受众"，扩大了市场群体，实现了口碑和票房的成功。

（二）产业层面策略及应用——IP 运营

故事世界实现一定程度的开发时，相关产业链就开始形成。产业链的运营须立足于故事世界中 IP 的发掘，IP 的运营则可以从供给和需求两侧出发，分别着力于与品牌的协作开发和消费者市场的耕作[244]。

从品牌方的角度来说，可着重于故事世界中 IP 的开发和品牌化衔接，实现商业品牌联动。具体而言，是把文本中的 IP 元素与商业品牌进行授权联合，借助 IP 本身对于受众的吸引力，延长相关产业链，开发相关衍生产品，实现多样化产业链的同步传播和跨界运营[245]。例如，漫威将英雄人物从原始漫画文本中提取出来，形成人物 IP，甚至将人物 IP 深化为符号表征，对各大衍生品品牌进行符号授权，实现商业联合。

从消费者的角度来说，跨媒介叙事在运营层面呈现出一种独有的特征，即消费者的广泛和主动参与形成的"参与式文化"。粉丝在互联网平台不断聚集，并参与文本创作，拓展了跨媒介叙事的范畴，粉丝与创作者之间随时随地的互动又催生了"文化盗猎者"的出现[246]。

针对这样的特征，可采取两种策略：第一，针对圈层用户进行垂直化生产，所谓垂直化生产是指对网络 IP 用户进行市场细分，然后进行目标市场的一体化深耕。由于其特有的聚合性和传播性，可以充分利用核心受众所带来的圈层效应，锁定用户，随后在情境和情感共鸣的不断互文中获得用户的价值认同和情境代入感，以此实现 IP 的运营[231]。第二，进行元媒体故事叙述（metamedia story-telling）。① 以连续剧"homestack"为例，创作者构建和实现了超媒体故事讲述，通过强迫读者重新评估正在发生的事情，以及读者与故事内容之间的中介关系，不断动摇读者对文本的理解和他们对故事世界的投资[247]。再比如，电子游戏传奇《魔兽世界》（*World of Warcarft*，WoW）畅销书呈现了一个真正复杂的跨媒体范式。它通过跨媒体故事讲述、跨媒体营销、跨媒体广告、跨媒体品牌或品牌故事，可以帮助我们更好地理解一种商业、沟通和体验现象，其成功是建立在围绕品牌 WoW 构建的元媒体故事的战略管理基础上的[248]。

以上策略的最终目的是构建两种及以上媒介叙事体系，让原文本所表达的文化融入消费者日常活动之中，使之产生沉浸式体验，并延展粉丝参与的广度和深度[249]。

五、讨论

在原始意义上，跨媒介叙事是一个典型的叙事学理论命题。近年来，在互联网与数字经济高速发展的背景下，跨媒介叙事已经逐步超出了纯文学的研究范

---

① 元媒体故事叙述（metamedia storytelling）：指利用受众对多种媒体形式的故事讲述的熟悉程度来操纵他们的小说体验。

围，成为理解文化产业和传媒产业内普遍发生的媒介融合与业态融合的重要理论工具与范式。许多传播学、经济学和管理学研究者对这一领域表现出越来越浓厚的兴趣，使得对这一领域的研究呈现出越来越明显的多学科交叉与相互支撑的态势。跨媒介叙事的理论探讨主要集中于对其概念的阐释辨析和对其兴起动因的表述。跨媒介叙事是涉及原文本的跨媒介创作和 IP 的跨产业联动，因此对于跨媒介叙事的策略讨论可以分别从创作和产业两大层面，分别着力于故事世界建设和IP 运营。文本创作的目的在于完善和拓展故事世界，在尊重原始文本的基础上不断创新，为产业链的后续衍生提供不竭的原动力；产业链运营必须立足于 IP 的开发，致力于实现商业品牌联动和用户市场开发。

从文献回顾来看，已有研究对于跨媒介叙事的理论阐述已进行了诸多探讨，初步构建起一个关于跨媒介叙事的基本研究框架。但是，相关研究还较多地停留于一般性的理论探讨，对许多关键问题的研究还有待进一步深入。比如，故事世界的概念探索与架构模式、IP 形象研究、媒介组织与生产机构在跨媒介叙事中的合作机制、粉丝的跨媒介消费与再生产等，都是尚需继续发掘的领域。由于跨媒介叙事研究的跨学科特征，期待在多学科的共同支撑下，更多的研究成果不断涌现。

第二节　互文的内在机理

互文是跨媒介叙事的内在重要机制之一。下面将以网络综艺节目《明星大侦探》为例，具体分析互文的内在机理。

《明星大侦探》系列是芒果 TV 推出的互联网普法教育推理节目。其中，《明星大侦探》第六季取得了豆瓣评分 9.1 分的好成绩。该节目自 2016 年开播至今，在保持着一年一季的节奏下，节目评分还平均稳定在 8.9 分以上，打破了"综 N 代"发展到后期质量逐渐下滑、口碑趋向崩坏，最后不得不草草收场的魔咒。究其原因，是因为节目组独到而长远的目光，有意识地将"跨媒介叙事"的商业营销模式应用于其中，打造了属于自己的"故事世界"。跨媒介叙事是为了创建一个统一而和谐的娱乐体验，使文本的各个构成要素在不同的传播途径下，有系统地分布。在理想的情况下，每个媒体对故事的发展都有其独特的影响[250]。也就是说，一个元 IP 通过不断地发散和完善，形成一个独立于现实世界的虚构世界，在其所设定的同一世界观下，随着节目的播出和故事的发展不断丰富着这个世界的内容。此前，在这方面取得巨大成功的案例就是"漫威宇宙"，它可以说已经成为21世纪以来最成功的电影产品。这种由一系列作品组建为一个完整的故事世界的叙事模式也开始成为行业标杆，如今文化市场的风向越来越趋向于对跨媒介产品的挖掘与探索。

可以发现，在第六季节目中，每一个案件故事都能找到在之前播出的节目中故事的影子，或是相同的题材，或是关联的故事，又或是反复出现的人物，一切的设置都在促使观众串联出自己对于节目的情感和记忆。最后一期中，节目更是借案件故事内容明确提出"明侦宇宙"这个概念，表明了打造叙事宇宙的野心。六季的节目内容通过互文的方式形成了纷繁交织的故事关系网络。除此之外，明侦IP还不断向外拓展，衍生出电视剧、广播剧、线下主题旗舰店以及网络社交平台等多个多级文本来发散和巩固"明侦宇宙"。本节将从文化研究学者约翰·费斯克（John Fiske）在研究电视文化中提出的"互文"理论出发，分析综艺《明星大侦探》第六季是如何在此前节目的基础上以互文的方式进行故事世界搭建与内容联动，以期为后续成熟的叙事宇宙制作提供一定的启示和建议。

一、关于费斯克的双向互文性

"互文性"是法国后结构派克里斯蒂娃提出的一种文化哲学概念，她在《符号学》一书中提道："任何文本的建构都是引用的镶嵌组合，任何文本都是对其他文本的吸收与转化。"[251] 可以说，只要有文本的存在，就有互文性的发生。在关于大众文化的研究里，文化研究学者约翰·费斯克（John Fiske）在其著作《电视文化》中以互文性来解读和阐述电视文化。费斯克将互文分为水平互文和垂直互文。水平面的关系指的是或多或少有明显联系的初级文本之间的关系，这些文本通常沿着类型、人物、内容的轴线发生联系[252]。水平面的互文是发生在初级文本内部自身的，而除初级文本之外，费克斯又划分出二级文本、三级文本。所谓的垂直互文，讨论的就是它们之间的关联。垂直面互文性是由初级文本和与之特别有关的其他文本的关系所构成的。这些二级文本，比如批评或者宣传，所起的作用是推动初级文本倾向性意义的流通。三级文本是这种流通最后的，也是最关键的阶段，因为它们存在于观看者及其社会关系层面上。对三级文本的研究使我们能够接近在任何时间中流通的意义[253]。

在费斯克的阐释和举例中，他将一级文本定义为节目本身，二级文本指的是相关的评论、电视杂志和新闻报道等，而三级文本指的则是观众之间的口头交流或闲谈。媒介发展日新月异，在科技的加持下，如今的新媒介实现了更多种可能，也完成了更多途径的信息传播与交流。本节要分析的一级文本《明星大侦探》就不再是一个传统的电视节目，而是一档网络综艺节目。这种依赖于网络连接的节目类型将具备更快的更新频率，所以能将文本的内容更加充实。当然，比起后两者的变化，一级文本的内容与形式总体还是比较固定的。二级文本在过去一般是以海报、唱片等形式出现，它是明显带着逐利性质的。二级文本明确地就是在为一级文本引流和促销（当然也可以是互相的）。如今的二级文本种类繁多、渠道广泛。本节所涉及的二级文本就包括衍生电视剧、广播剧、官方主题旗舰店等。至于三级文本更甚，从前的交流和讨论碍于物理距离的限制，只能集中于现实生活中周围的朋友与同好，而如今随着互联网的发展，媒体实现了变革。

观众可以因为相同的爱好聚集到一个由网络连接的兴趣"部落"中。虽然每个阶段大家喜爱使用的社交媒体并不同，但其实现的本质诉求即交流与讨论的作用并没有发生变化，如图 4-1 所示。

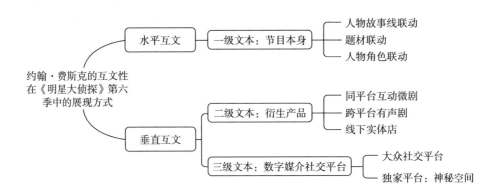

图 4-1　费斯克的互文性在《明星大侦探》第六季中的展现方式

二、水平互文：节目自身的内部联动

故事世界最终考验的是讲故事的能力，是如何建立起受众与文本之间的心理模型。六季节目横跨六年的播出时间，想要在这样长时间的跨度中留住老观众并且持续吸引新观众，节目就需要将熟悉感和新鲜感相结合。以一个看似熟悉的内容切入，再在讲述的过程中铺开新的叙事内容，给予观众耳目一新的感觉。节目内容自身即一级文本就是在这样的一种相互关联、相互指涉的过程中交织在了一起。

（一）人物故事线联动

当一个精彩的故事出现时，它的前因后果也会格外引起观众的注意。在《明星大侦探》中，节目制作有意将故事文本的发展前后关联起来，营造出接续统一的时空，创造出连贯完整的故事。可以说，只要有文本的存在，就有互文性的发生。比如其经典的酒店系列、古代系列都是通过对某个人物的故事线进行发展，衍生出新的故事，这个故事人物可能并不是下一个故事的主要人物，他的存在是为了作为线索人物让故事发展有迹可循。

最新一季中的"夜半酒店"一案可以说是衍生节目《名侦探学院》第二季第二案"圣 MG 学校'杀人'事件"和《明星大侦探》第三季第一案"酒店惊魂"的前传。它填补了这两个故事留下来的叙事空白，完善和丰满了其背景信息。某一案中的支线人物可能在另一案件中成为主线人物，将这几个故事巧妙地结合在一起。几个角色成为三个故事的衔接点，而其他人物故事围绕于此相继展开，使得故事世界在互文的结构下愈加丰满。另外，共同人物和相同道具的重复出现，也让故事彼此在遥相呼应中有了更紧密的联系。在这里，每个故事侧重的线索不一样、故事中的主角也不同，但都通过互文统一于整体故事世界。

这样的联动其实在前几季中也多有出现，但值得一提的是，这一季中首次出现了前一个故事影响到后一个故事走向的情况。在"夜半酒店"中推理的最后阶段，当嫌疑人最终锁定在了两位玩家身上时，其中一位玩家与第三季的"酒店惊魂"一案的一个角色的人物关系使他被排除了嫌疑。这个线索信息跨越于多个故事之间，彼此辅助达到最后的解密，让互文不再是简单地提及或带过，而是实打实地产生了影响，故事世界中的人物和事件得到了真切的关联。

（二）题材联动

故事的题材是构成文本的材料，即是指一个作品中具体描写的现象或事件。这里的"题材"取的是其广义，即文本创作的取材范围，如酒店、医院、学校等。

在《明星大侦探》中，某些题材在第一次出现之后就引起观众的热烈反响，于是节目组索性就将这些主题做成一个系列。以"整形医院"为例，六季节目共出现了三次以此为题材的案件，分别叫作"都是漂亮惹的祸""又是漂亮惹的祸"和"还是漂亮惹的祸"。这些故事都将背景设置在了"甄漂亮整形医院"，但每个故事的具体内容又不相同，想要传达的主题也不同。观众在最初看到节目时，会产生天然的亲切感，并且有一个自己对于文本的期待视野。这个期待视野是基于观众观看此前同系列主题的节目而产生的审美经验，当观众再打开相关系列的新一期节目时，就会在观看的过程中不断打破自己原有的期待视野，收获新的体验和惊喜。

这种延续的主题会不断地唤醒受众的情感与记忆，也是互文的一种展现方式。故事世界的魅力并不是拼凑一个个故事，而是引导受众走入一个世界并享受其中。

（三）人物角色联动

所谓人物联动，就是指同一个玩家角色出现在好几个不同的故事案件中。

这和第一点提到的"人物故事线联动"有相似之处，它们都属于人物之间的相互联系。但区别在于，前者中的人物只是作为线索出现，而不会真正成为新一个故事中的主要角色。而这里的人物角色联动则是指同一个人物角色在多个故事中都成为主要人物，拥有完整的故事线和作为玩家的投票权。在节目前期，这样的出现多有客串或彩蛋的意味，对于故事的推进并没有直接帮助。而在第六季的最后一案"芒城风云"中，节目组做了大胆的尝试，先是在"芒城风云1"中设置了"何二月"和"撒参谋"两个曾经分别出现在第二季第十案"花田醉"和第一季第十一案"帅府有鬼"中的角色，并且他们的故事和人物性格特点也在一定程度上实现了接续。而在最后一案"芒城风云2"中，更是将所有玩家角色都设置为以往案件中的凶手玩家角色。每个玩家带着自己本来的故事记忆来到新的故事空间里，让故事变得错综复杂的同时更有趣味性。

三、垂直互文：多级文本间的相互建构

（一）二级文本：衍生产品

费斯克认为，当那些狂热的读者购买了次级产品时，他们不仅成了商品化的消费者，而且成了活跃的参与者，并且为基本文本意义的传播做出了贡献[254]。不得不说，二级文本本身就是带有逐利性质的，作为一级文本的衍生品，它们之间互相引流并创造价值，在这种关联中，互文的垂直性便体现了出来。观众当然知道他们以消费者的名义被文化工业的产品所消费着，但这同时也能给他们带来愉悦体验的快感，因此他们可以欣然接受。

互文性是对静态的、固定的结构主义视角的文本的打破，将文本置于一个宏观的环境之中，从动态的、交互的视角观察文本[255]。二级文本与初级文本的互动就是这样一个动态十分鲜明的过程，二级文本跨越了元文本的传播媒介，以新的媒介形式多方位地发展和传播故事，让其更加深入人心，也让故事世界愈加丰满。

1. 同平台互动微剧:《明星大侦探之目标人物》

《明星大侦探之目标人物》是先于《明星大侦探》第六季上线的衍生互动微剧,同样也是由芒果TV平台推出,是和原综艺本身联结最紧密的项目。在同一平台播出,可以节省观众切换平台的时间和精力,甚至可以通过相互之间设置跳转链接等方式吸引观众的点击。在统一世界观的设定下,互动剧让明星玩家们又在新的故事中扮演新的角色,继续上演离奇悬疑的故事。值得一提的是,网络技术革命为该剧带来了沉浸式交互体验。因为它是以互动剧的形式出现的,这种新奇的体验给了观众更大的选择权和参与感,在置身其中的观看体验中,观众通过自主选择会导向不同结果。在剧情设置上,它延续了"明侦宇宙"世界观下M城的故事。在主演阵容上,该剧邀请了明侦的核心嘉宾,让观众感受到在平行时空的M城中侦探们不同的宿命,这将一个原本虚拟的明侦宇宙变得真实起来。而在《明星大侦探》最后一案中,节目将凶手设置为了"目标人物"中的两位主演。这其实在该期故事中已经有所铺垫,但等到真正公布答案的时刻,看过"目标人物"的观众会惊喜于这种联动,而好奇这个故事的观众会打开该剧进行观看,从而实现双向引流。

2. 跨平台有声剧:《明星大侦探》悬疑有声剧

影视剧重在画面感的塑造,因此需要观众有大段集中的时间来进行观看,但在如今快节奏的生活下,很难有充裕的时间看剧。有声剧的出现为大众提供了便利。只需要靠"听",不需要再"看"的模式使得其使用门槛更低,使用场景也更多,因此有声剧的市场也在近年来不断壮大。喜马拉雅是国内规模最大的在线移动音频分享平台,在该行业的市场占有率早已超70%。此次,《明星大侦探》将其有声剧项目与喜马拉雅合作推广,找到了优质的平台,实现了强强联合。

《明星大侦探》悬疑有声剧是于《明星大侦探》第六季收官后上线的,和之前推出的互动剧一前一后相呼应,这样不仅维持了节目的热度,延长了IP的生命周期,还将明侦宇宙的网越织越紧。有声剧并不是简单地将视频内容转化成音频内容,而是会因地制宜地进行二次创作。在《明星大侦探》的有声剧中,为了方便听众接受和理解,会从原本综艺节目中的群像视角改为个人视角,新增一个主线人物来串联起所有的故事。除经典的案件以外,有声剧里还有番外的设置吸引着本就对明侦宇宙中的故事好奇的观众。所谓探索"故事之外的故事",就是以互文的方式,持续不断地衍生出新的故事。这些故事可以独立存在,也并不一定会对原来的剧情产生多大的影响和作用,但是它们的存在,会使故事世界的内容更加充实和丰满。例如其第一案"消失的新郎"+番外"卧底爱情"就是对第一季第五案的回顾，同时又延伸了主要人物的其他故事，给人一种熟悉又陌生的感觉。

3. 线下实体店：《明星大侦探》官方主题旗舰店

最近一段时间，剧本杀和密室逃脱已经成为现代年轻人休闲娱乐的热门选择，该行业也肉眼可见地在近些年越来越火，因此《明星大侦探》也推出了自己官方的线下主题旗舰店。由于版权优势，线下的门店可直接复刻节目中的经典场景，它拥有首个"NZND"实景舞台，还有节目里的同款圆桌讨论室。玩家可以在这里体验风格不同的主题空间，还能生成属于自己的明侦角色。粉丝可以亲身体验到节目中明星玩家的乐趣，这种高度还原的在场感，对于观众有着极大的吸引力。

目前，这种主题旗舰店仅在长沙开放运营，因此对于其他城市的粉丝来说，仍然无法方便地参与和体验。因此在第六季播出期间，官方还推出了明侦城市行活动，一共筹备了10个城市30场活动来邀请粉丝们加入。在每一场活动中都为粉丝提供了1∶1的实景还原，使得更多的受众群体能体验到实景搜证探案的乐趣。这样的快闪活动切实拉近了玩家与节目的距离，原本隔着屏幕的不真实感得到了消弭。

(二) 三级文本：数字媒介社交平台

三级文本是从观众的角度出发，所以也在一定程度上反映了受众与文本的互动，甚至是在互动下带来的互相影响。同样是闲谈聊天，观众依托网络的便利寻找到志同道合的粉丝团体，以跨时空的方式消除物理距离带来的交流不便，实现流畅的沟通。粉丝们通过数字社交媒介平台紧密相连，频繁且高效地交换着自己的相关叙事信息心得，或者是对故事版图的解读，并自发地发展出所谓的"粉都层次①"[256]。

除观众自发地在社交媒体上分享自己的观看心得以外，官方还会进行一定的引导。例如明星大侦探官方微博就于前不久发起"#明侦宇宙人物关系#"等相关的话题讨论，引导观众有意识地将节目从共时和历时的角度上连接起来。观众也会乐此不疲地上传和展示自己绘制的人物关系图，并展开激烈的讨论进而不断完善自己的作品。这样一来，不仅节目本身得到了更大范围的传播，观众也从中收获了令人满足的情感体验。

---

① 粉都层次（Fandom）是在互联网场域中，表现在粉丝群体中的等级制度。

在微博、豆瓣等常规的社交平台之外，《明星大侦探》还借助自身平台优势，通过自家的视频播放平台芒果TV开辟了专属的网络社交空间——神秘空间。这样的设计既是迎合视频平台全方位开发的战略诉求，又为用户开放了更多样化的功能。在这里，类型化的设计可以让用户更容易找到自己感兴趣的内容，以答题进入社区的方式在提高准入门槛的同时，也保证了社区内的生态质量。粉丝得以在一个更加友好的网络环境中谈论自己的兴趣爱好，交流节目或者游戏心得。消费者要想完全体验这个虚拟的世界，就必须扮演"寻求者"和"采集者"的角色，通过不同的媒介，从不同的媒介中搜寻相关的细节，并在网上进行讨论，以验证彼此的研究成果[257]。互文性使得文本中的情景和真实的生活产生互动，从而在真实的文化生活中留下了一个虚拟的故事世界，让受众在某种程度上以自己的方式参与了故事世界的建构。

四、讨论

不管是哪一级文本，我们都能从产品的宣传文案和口号标语中窥见节目组有意将"明侦宇宙"的概念潜移默化进观众和用户的心理印象中，例如主题旗舰店的"合成明侦宇宙"、神秘空间的"你离明侦宇宙只有一个神秘空间的距离"、有声广播剧的"电影级听觉盛宴，带你进入明侦宇宙"等，字里行间都将"明侦宇宙"的字眼反复出现加深用户的记忆，这种"洗脑式"的短平快反复宣传可以起到迅速传播的作用。

电视艺术的发展性需要统摄共时性生产的"创新延展力"和历史性生产的"持久影响力"[258]。在水平互文与垂直互文的共同作用下，文本的意义在无限衍生之间发展出更多的生产力，构建出完备而丰富的故事世界。故事世界并不是一个固定的文本，而是一个想象的整体，它随着故事里讲述的事件不断滚动向前。可以看到，在互文的作用下，文本之间形成了相互连接又各自独立的关系。正如亨利·詹金斯所说，每一个新文本都对整个故事做出了独特而有价值的贡献[259]。如今，《明星大侦探》第六季已经圆满收官，好评不断，而在2021年的芒果TV综艺编排表上，《明星大侦探7》及相关衍生节目的项目赫然在列。由此可见，明侦IP在完备的故事世界之下，具有巨大潜力和资源可供开发。同时也期待在未来的跨媒介叙事发展上，明侦宇宙能为我们提供一个很好的范本。

第三节　故事世界与 IP 运营

一、背景分析

21 世纪以来，随着数字经济与文化产业融合程度的不断加深，IP 作为一种重要的文化与商业的复合载体，得到了越来越多的关注。在法律意义上，它代表了一种受到知识产权法保护的创意、标识或文本。在商业意义上，它代表了一种基于情感的文化资源，具有明显的品牌效应和产业链意义上的可持续开发价值。在 IP 的语境下，文化内容的生产呈现出一种以内容创作为核心，包括生产、传播和消费环节的完整产业链条，构建出一种多媒介参与创作的协同式网络。

在现实的文化内容生产过程中，IP 是通过"运营"来实现自身价值的，而 IP 运营又与"跨媒介叙事"和"故事世界"两个概念紧密相关。可以形象地将跨媒介叙事比作一张非常巨大的网络，IP 就是一根根编织起这张网的绳子，而故事世界就是这张大网所包裹的连续空间。IP 运营就是在这样一个连续空间中用一条条绳子编织这张大网的过程。从本质上看，IP、跨媒介叙事和故事世界是对同一客观过程的不同理论化描述。IP 较为偏重于商业和法律层面的问题，后两者较为偏重于创作层面的问题。当我们联合使用这三个概念时，能够非常有效地观察和分析文化内容从创作，到生产、传播、消费的全过程，并且得出规律性的认识和有意义的结论。

在市场上存在的众多 IP 当中，有一个成功的世界级 IP 非常值得关注，那就是 Marvel。作为一个著名的文化产业品牌，Marvel 的发展大致分为三个阶段：

第一阶段，进入漫画产业。Marvel 的前身是 1939 年由马丁·古德曼（Martin Goodman）成立的时代漫画（Timely Comics），同年 10 月，第一本漫画书 Marvel Comics 诞生。此后经历了一系列的更名和破产重组，成为行业巨头。

第二阶段，涉足其他行业。Marvel 于 20 世纪 80 年代开始涉足其他行业。1986 年 12 月 2 日，Marvel 娱乐集团（Marvel Entertainment Group, Inc.）正式成立，包括 Marvel 漫画（Marvel Comics）和 Marvel 制作（Marvel Productions）。同年，它被出售给新世界娱乐有限公司。之后 Marvel 于 1991 年上市，但美国漫画行业在 20 世纪 90 年代遭受重创，Marvel 股价疯狂下跌，于 1996 年申请破产，次年被 Toy Biz 玩具公司收购。1998 年，新的 Marvel 娱乐公司成立，并确立了影视作品改编和周边产品售卖的盈利策略[260]。

第三阶段，进军影视行业。早在 1996 年，Marvel 影业有限责任公司（Marvel Studios，LLC）就已经成立，并完成了部分角色影片的拍摄。2008 年，首部 Marvel 独立制作的电影《钢铁侠 1》上映，成功获得了 5.8 亿美元的票房，同时开启了 Marvel 宇宙的时代。2009 年，迪士尼公司宣布以 42.4 亿美元收购 Marvel 娱乐后①，Marvel 影业归属于迪士尼集团，但保持相对的独立性，同时由迪士尼承担其生产的大部分电影的发行工作[261]。

在漫长的发展过程中，Marvel 紧随时代的发展和技术的更新，以旗下的漫画文本和超级英雄 IP 为基点，发展和完善自身的产业链，构建起了属于自己的 Marvel 宇宙，最终形成世界级的 IP，具有突出的研究价值。从《钢铁侠》到《复仇者联盟 4：终局之战》，Marvel 获得了全球电影最高的点击量。Marvel 已经制订和宣布了一个到 2028 年的庞大计划，将对旗下的漫画文本进行持续的跨媒介改编，包括电影、网络和在线电视。有学者认为，Marvel 开创的全新审美模式亟须分析和理解[262]。

当前，对于 Marvel 的研究大多采取案例分析的方法，从两个角度出发，其一是从管理学角度，针对 Marvel 运营和营销策略进行探讨，其二是从文学和社会学角度，对 Marvel 中的超级英雄及其背后隐含的文化符号进行分析。综合来看，现有研究更多地关注 Marvel 运营的某一方面，缺乏对 Marvel 价值链和运营过程的整体观察。Marvel 运营的成功实际上是其超级英雄 IP 运营的成功，对 Marvel 系列作品的 IP 运营过程进行系统分析具有重要的理论价值。

二、Marvel 电影宇宙形成的简单回顾

Marvel 宇宙发展的基点是漫画文本和超级英雄的人物 IP，屏幕媒介在其发展过程中扮演了重要角色。Marvel 宇宙系列电影的第一个完整阶段是《无限传奇》（The Infinity Saga），其中又包括了三个具体阶段，分别是：复仇者集结、新世界开启、未知英雄崛起。具体发展脉络如图 4-2 所示。

这个完整阶段从 2008 年《钢铁侠 1》开始，到 2019 年《蜘蛛侠 2：英雄远征》结束，共计 23 部影片。分别介绍了诸多超级英雄及其各自的经历，叙述了

---

① Disney to acquire Marvel Entertainment for MYM4B［N/OL］. Marketwatch．［2012-12-04］. https：//web. archive. org/web/20110608001308/http：//www. marketwatch. com/story/disney-to-acquire-marvel-entertainment-for-4b-2009-08-31.

复仇者集结	2008年5月2日	钢铁侠
	2008年6月13日	无敌浩克
	2010年5月7日	钢铁侠2
	2011年5月6日	雷神1
	2011年7月22日	美国队长：复仇者先锋
	2012年5月4日	复仇者联盟

新世界开启	2013年5月1日	钢铁侠3
	2013年11月8日	雷神2：黑暗世界
	2014年4月4日	美国队长2：冬日战士
	2014年8月1日	银河护卫队
	2015年5月1日	复仇者联盟2：奥创纪元
	2015年7月17日	蚁人

未知英雄崛起	2016年5月6日	美国队长3：内战
	2006年11月4日	奇异博士
	2017年5月5日	银河护卫队2
	2017年7月7日	蜘蛛侠：英雄归来
	2017年11月3日	雷神3：诸神黄昏
	2018年2月16日	黑豹
	2018年4月27日	复仇者联盟3：无限战争
	2018年7月6日	蚁人2：黄蜂女现身
	2019年3月8日	惊奇队长
	2019年4月24日	复仇者联盟4：终局之战
	2019年6月28日	蜘蛛侠2：英雄远征

图 4-2　Marvel 电影宇宙形成的主要阶段

资料来源：笔者根据公开资料整理。

他们团结协作从灭霸手中拯救宇宙的故事。在尚未开启的第四阶段，Marvel 已经有许多定档影片。这些影片将 Marvel 旗下的超级英雄从漫画中转移到现实里，通过先进的技术手段在电子屏幕上将 Marvel 故事中描述的"宇宙"慢慢展开。综合来看，Marvel 发展的整体路径是：从热衷于开发知识产权的漫画商人到独立制片人，最后成为庞大娱乐帝国的一部分[262]。

三、跨媒介叙事与故事世界

如前文所述，跨媒介叙事和故事世界是观察 IP 运营过程的两个有力工具。

下面对这两个概念进行讨论，以便为后续对 Marvel 的案例分析提供理论支撑。

（一）跨媒介叙事

"跨媒介叙事"的概念在近几年受到广泛关注，它是由美国学者亨利·詹金斯（Henry Jenkins）于 2003 年首次提出的[263]。詹金斯的定义成为目前学术界关于"跨媒介叙事"认可度最高的概念。他认为，跨媒介叙事是指利用不同传播媒介的同一故事文本呈现，多种媒介凭借自身特征与优势共同协作完成一个"世界"的建构，不同于传统的每个媒介叙写完整的故事情节的形式。此外，叙事学家玛丽—劳拉·瑞安（Mary Laura Ryan）在此基础上进行了概念性补充，她更加强调一个完整的"世界"而非单个完整的故事文本，她将"世界"中的各个文本比喻为奶酪上的小孔，形象地表达了多个文本对于整个"世界"的补充性质[264]。

在"Marvel 宇宙"中，有原始创作的漫画文本，有动画电视文本，也有被呈现在大银幕上的电影文本，多种文本协同叙事，多方面、多角度地对一个"虚拟宇宙"进行描述与架构。在这个"宇宙"中，每个超级英雄的故事作为不同的支线，展开了一幅以保卫地球和世界为目的、正义与邪恶进行生死较量的宏大画卷，进而构成故事发展的主线。

（二）故事世界及其构成

跨媒介叙事的目的是搭建一个完整的"故事世界"。跨媒介叙事意味着文学不再是传统意义上仅局限于单一媒介的文本，而是实现多种类型文本的整合与协同叙事，对文本全貌进行修补，构成一个庞大包容的故事世界[265]。"故事世界"的概念是由后经典叙事学家戴维·赫尔曼（David Herman）提出的，他将故事世界定义为"或明或暗地激起的世界"，这个范围不仅包括书面文本所传递的世界，还囊括电影、绘画乃至日常对话中隐含与准备讲述的故事[266]。不断扩张和衍生是故事世界最主要的特性，借助内部互文性和外部用户迁移，不断完善自身结构[267]。一个经典故事世界主要由三个嵌套结构组成，如图 4-3 所示。

"跨媒介叙事"和"故事世界"的概念都涉及三个要素：原初的核心故事文本、诸多不同媒介、参与创作过程的用户。跨媒介叙事所依赖的框架主要是由共同的故事世界、多种叙事网络和用户的集体智慧，通过互文性联结而成的。跨媒介的内在运营也主要涉及内容生产、媒介使用和用户创造三部分[268]。因此，IP运营也主要涉及三部分。

首先，如果将故事世界看作是一个多层包裹的洋葱圈，处于洋葱圈最核心的部分就是核心文本。核心文本包含三个方面的要素：第一，世界观。故事世界的架构需要一个规范性的"秩序"，不论衍生文本的创作还是同人文化的发展，都

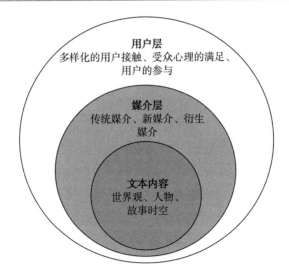

图 4-3 故事世界的构成

资料来源：笔者根据理论研究结果自行绘制。

需要遵循这一价值法则，这种价值法则应是普世的、包容性强的，比如自由、正义、爱、勇敢等。一方面具有可挖掘性，另一方面可以引发不同社群的共鸣，只有核心文本的世界观足够庞大，后续的故事世界拓展才不至于丧失动力[269]。第二，人物塑造。人物除作为故事的有机组成部分以外，还可以形成一种文化符号，成为世界观的实体代表，也可以作为营销符号，附着在媒介上进行传播。第三，故事时空。故事时空是指故事发生的环境和背景，故事中的人物和情节在此场域中不断进行对话与延展，既可以指用户心理建构出的"世界"，也可以指逐步形成的作品体系[270]。

其次，位于故事世界核心外围的是媒介层，这是故事文本所需的传播介质，同时也是观众所接触故事世界的基本途径。具体而言，这种媒介层对应着故事世界叙述所选择的产品形式，故事文本随着媒介延展而逐步扩张。不同的媒介产品具有不同的特征，电影特有的银屏与音效可以给人以震慑人心的体验，电视剧具有充足的叙事时长来塑造人物和渲染气氛，观众的感知也会随着媒介类型的丰富多样而更加深刻[271]，诸多媒介无处不在，从而给人以"沉浸"在故事世界中的体验[272]。对于超级英雄的漫画和跨媒介创作，读者记忆与作品"连续性"有关，即无论创作者（或导演）是谁，在不同媒介上的故事必须坚持一定的互文性和连贯性。因为，读者记忆更关注同一家公司或同一品牌的本地化（localizaed）的产出，仅考虑故事而非故事风格，为了适应这样一种读者记忆的要求，在不同媒介上进行创作时，创作者需要通过特定的故事设定来吸引和保存读者[273]。

最后，故事世界的最外层是用户层。对于跨媒介叙事来说，无论构建的故事世界多么庞大、选择的媒介产品多么丰富，最终都以在用户心中建构一个"心理模型"为目的。用户生产内容（User Generated Content，UGC）与产销合一者（prosumer）的出现催生了用户互动参与的媒介平台，同时也改变着传统意义上文本所构建和传递的世界[274]。粉丝是制作人和表演者，是更大媒体体验中的积极参与者，粉丝的反应是有机的[275]。一般来说，跨媒介叙事的受众都是一个粉丝社群，故事世界用户层的构建方式是促进粉丝社群的主动参与。这种方式可按照互动程度的不同，由浅至深分为三类：第一，多样化的用户接触；第二，受众心理的满足，主要指的是诱使用户在各大媒体上搜寻和补充关于故事世界的点滴，以此获得丰富的体验；第三，用户对于故事文本创作和生产的参与。

四、Marvel 的 IP 运营策略分析

（一）核心文本的运营

1. 世界观的建立

总体来看，Marvel 强调的世界观在于正义和拯救。这种世界观在主线和支线中都得到了贯彻，但在对每个超级英雄的角色故事线的挖掘中存在一定差异。如《钢铁侠》更倾向于体现基于人性自私的抉择中的正义，《美国队长》更强调牺牲和奉献体现的正义。这种正义所体现的方式，在于故事中正邪双方的二元对立，代表正义的超级英雄一方，代表邪恶的洛基（Loki）、奥创（Ultron）、灭霸（Thanos）等反派，这种二元对立在叙事中显得泾渭分明、冲突清晰，更利于观众进入故事。区别于其他文本的"正邪对立"的叙事方式，Marvel 隐射了现实中以美国意识形态为代表的"自我"和与美国敌对的"他者"[276]，后者作为一个易于识别的视觉载体，占据着重要的政治地位，其身份和价值观符合公众的关注[277]。如《钢铁侠1》中的恐怖分子即是现实社会中与美国敌对的势力。此外，每个英雄也体现了美国价值理念中的个人主义，这种个人主义既包括美国文化中的独立与奋斗，也包括美国人对现存社会和旧有秩序的捍卫固守。

这种世界观的实现有赖于 Marvel 独特的制片人制度和导演风格之间的平衡。第一，在制片人制度方面，自《雷神》过后，Marvel 电影的实际掌舵人是其总裁凯文·费奇（Kevin Fiege），他严格把控着 Marvel 电影的主旨与风格，参与大致情节的设定，在这样严格的控制之下，导演风格相对弱化，Marvel 电影倾向于呈现统一的世界观。他认为，Marvel 电影公司对于电影的定义是有机的和不断扩张的。Marvel 电影一直试图采取一种出人意料的方式，而不是简单地遵循一种固定不变的模式。在这一过程中，他们的秘诀是在电影创新和保持足够的连续性之间找到一种正确的平衡，使它们都成为一个连贯的整体的一部分[278]。第二，在导演风格层面，Marvel 也给予了导演很大的控制权，特别是在他们有经验的领域。比如，《银河护卫队》的导演曾凭借小成本恐怖电影而成名。《雷神》导演拥有的古怪喜剧和人物研究的背景，使雷神索尔这一形象在超级英雄中脱颖而出。《钢铁侠》的导演和正处于人生与事业低谷的演员小罗伯特·唐尼（Robert Downey, Jr.）的合作更是一次大胆的尝试和创造性的成功[278]。

2. 人物塑造

Marvel 旗下有 5000 多名超级英雄，超级英雄拥有不同特性的超能力，他们利用这种超能力来行侠仗义、拯救地球，谱写出恢宏磅礴的英雄史诗，他们所体现出的正义与勇敢的精神也正是 Marvel 电影的文化符号。早期的 Marvel 在集结了众多英雄的同时，也不可避免地表现出脸谱化、类型化的特征，导致观众审美疲劳。近年来，Marvel 逐渐意识到这个问题，在塑造英雄形象时开始注意差异化，采取"去脸谱化"的形象塑造策略。例如，在《奇异博士》中塑造古一法师时加入的东方元素，在《蚁人》中表现了社会边缘小人物的生存挣扎，即使是塑造诸如洛基这样的反派人物，也设定了为保护索尔而牺牲的情节，从而体现超能力的神性和有血有肉的人性。还有在女性主义浪潮下对于惊奇队长的人物形象塑造，体现出了性别平等的诉求和对女性群体的关怀。在银影侠的塑造中体现了丰富的宗教元素。有学者认为，其宗教元素发源于基督教和印度教[279]。值得注意的是，惊奇漫画人物金刚狼的形象变化，是为吸引不同观众群体而采取的具体手段[280]。

此外，Marvel 电影中的人物 IP 在营销中也起到了非常大的作用。例如，我们所熟知的钢铁侠的头盔，既可以作为玩具这种较为低端的产品，同时又是钢铁侠的标志，可作为一个营销符号附加在其他商品上，通过品牌授权获取商业利益，同时实现对 Marvel IP 的有效宣传[281]。与此类似，美国队长的盾牌、雷神的锤子等人物身上标志性的物品，虽然只是一个象征性的标志，但代表了人物及人物精神。

3. 故事时空架构

故事时空是指文本所讲述的故事发生的环境，这种环境构造越完善，观众体验到的真实感和代入感就越强。Marvel 使用了一种新的叙事模式——空间叙事。

或者说，空间叙事的本质就是跨媒介叙事[282]。电影是一个平面影像，本身却包含了空间的塑造。空间叙事是指利用叙事中的空间转换，来构建兼具物理和心理上的逼真可信的空间，空间中的人物有其独特的性格和命运走向[283]。这种叙事模式打破了传统的线性叙事，构建了一种跳跃式、节点式的新模式。用户如果只观看其中一部分，就难以获得完整的观感体验，从而触发用户的观看期待，不断吸引和留住消费者群体[284]。例如，在《钢铁侠》结尾时尼克·福瑞（Nick Fury）的台词——"你以为你是世界上唯一的超级英雄"打开了超级英雄的世界，《雷神》中出现"无限宝石"逐渐开始成为贯穿电影系列的线索，最终在《复联4》中作为核心情节得到诠释和落幕。Marvel 宇宙是一个充满神话和英雄的世界，除地球及其守护者外还有诸多行星及他们各自的守护者，每一个小故事都值得被讲述，汇聚谱写了一曲宏大的英雄史诗。

另外，Marvel 在空间叙事中也采取了另一种叙事技巧——融合叙事，这并非 Marvel 首创。融合叙事是指电影中的每个角色除自己的经历外，可以在别人的"经历"之中自由穿梭，还可以对整个故事形成影响[285]。这种技巧既有利于人物情节的发展，也有利于完善宏大的宇宙构建。单个人物背景与性格塑造在统一闭环中进行呈现，既具有内在关联性，又隐含整体结构的呼应技巧。

与其他叙事模式不同的是，Marvel 电影对于观众来说不仅具有恢宏庞大的世界观和跌宕起伏的情节的吸引力，还特别强调视觉效果的真实性，以增加观众的沉浸感和代入感。如《复联4》的拍摄还利用了 Alexa IMAX 摄影机，60%以上的镜头都有特效的加入，具有逼真的视觉效果和强力的审美体验，使观众在观看影片时具有充分的沉浸感和代入感[286]。在 Marvel 电影中还充分使用了 CGI 数字合成技术，使演员"返老还童"，解决时光回溯的问题，更增添了真实感[287]。

（二）媒介层的运营

在跨媒介叙事中，媒介是指文本的传播介质，也是用户进入故事世界的基本途径。可以发现，创作者创造出的文本借助各种类型的具有媒介属性的产品进行传播，用户与故事文本通过多种类型的媒介（产品）产生关联和接触。可以认为，在跨媒介叙事中，媒介的运营在一定程度上也包括产品的运营。创作者利用多种形式和特征的媒介塑造故事世界，使用户产生沉浸感，增强故事世界的真实性和完整性，不断吸引用户。媒介的发展和更新为 Marvel 宇宙的建立和发展提供了技术和商业上的支撑。按照媒介发展的逻辑顺序，下面从传统媒介、新媒介和衍生媒介三个层次展开分析。

1. 传统媒介运营

传统媒介是相对于新媒介而言的，是指互联网大规模普及以前就已经出现的媒介形式，如报纸、杂志、广播和电视等。在跨媒介叙事的语境下，传统媒介传播的主要对象是与故事世界相关的核心文本。

Marvel 宇宙发源于漫画文本，通过影视作品为大众所熟知。Marvel 漫画在占据美国漫画市场最大份额的同时，借助于强大的品牌影响力和市场地位，推出了系列电影作品。最近的一部 Marvel 电影作品《复仇者联盟 4：终局之战》，于 2019 年上映后以 24.85 亿美元的收入稳居全球电影票房第一位。在全球电影票房的前十名当中，有五部 Marvel 系列电影占据榜单。Marvel 系列电影在烂番茄（Rotten Tomatoes）的平均支持率高达 84%（15 家票房冠军的平均支持率为 68%），平均每部电影获得 64 项提名和奖项，具有极强的市场竞争力，也有利于之后的衍生产品开发。

漫画最初是一个交叉点，它可以被视为一个跨媒体的故事，当它涉及媒体多样性时就可以讲述更完整和复杂的故事[288]。Marvel 漫画和影视作品在市场上的成功给产品扩张提供了机会，这将带来更高的收入，也将产生更多的品牌效应。

2. 新媒介运营

新媒介①是指出现时间比传统媒介晚、功能和特征与传统媒介有显著不同的媒介形式。具体是指利用数字技术、计算机技术和信息网络与通信技术建立起来的多种媒介形式，包括互联网平台、手机端等。从 IP 运营的角度来看，新媒介的运营更多是指利用新媒介进行营销活动。

以中国为例，Marvel 采取的新媒介运营策略具有高度的针对性和计划性。首先，在中国，Marvel 的受众主体是年轻人，年轻人聚集的新媒介主要是微博等平台。Marvel 公司于 2012 年注册并认证了新浪微博官方账号，通过多年的运营，迄今已积累了 614 万粉丝。Marvel 通过这个平台整合宣传内容，发布官方影讯。Marvel 电影主演小罗伯特·唐尼（Robert Downey Jr.）等人也开通了个人微博账号，通过与粉丝的互动为 Marvel 电影的宣传助力[289]。值得注意的是，Marvel 还通过在微博上建立针对性话题和开展主题活动，来对电影产品进行针对性营销[290]。《复仇者联盟 4：终局之战》上映期间，微博推出了 Marvel 英雄表情包（emoji），为电影的宣传提供了很大助力。

3. 衍生媒介运营

衍生媒介是指基于传统媒介和新媒介发展出的衍生媒介（产品），如动

---

① 陆雄文. 管理学大辞典［M］. 上海：上海辞书出版社，2013.

漫周边产品等。在跨媒介叙事中，这些产品代表原文本所具有的象征意义，或携带原文本中存在的符号特征，起到了扩大传播广度、增强传播力度的作用。

在衍生媒介的运营过程中，Marvel 通常向其他公司提供生产带有 Marvel 超级英雄 IP（知识产权）的产品许可权，授权其他厂商使用故事中人物 IP 的特征来创造各种各样的产品，如玩具、杯子、食物、服饰等。随着 2012 年《复仇者联盟》问世，Marvel 粉丝数量大规模增加，给 Marvel 自身和得到 Marvel 特许经营权的厂商带来了巨大的商机和利润。这种运营模式扩展了不同年龄、性别和地区范围的粉丝群体，反过来推动了粉丝总体数量的增加，进一步提高了 Marvel 系列作品中许多超级英雄的受欢迎程度。

事实上，自 20 世纪 90 年代起，Marvel 就已涉足漫画外的其他行业。1993年，Marvel 收购了 Toy Biz 玩具公司 46%的股份，这使其拥有了生产玩具的能力。21 世纪初，Marvel 授权 Smith & Tinker 为 Facebook 和苹果移动平台制作一款超级英雄主题的数字收藏游戏。此后，Marvel 进军许多行业，扩展到有脚本的播客系列、生活节目、电视节目等，但仍然继续以前所有的产品生产，且从未停止创新①。在宣布了 Marvel Rising 的品牌战略后，Marvel 计划从动画行业开始，创造着力于年轻人市场的新角色②。

总体来说，针对上述多种形式的产品，Marvel 也相应采取了许多不同的策略，基于全球各个地区的用户需求、偏好和行为的不同，Marvel 做了大量研究和问卷调查，为自己的创新和目标定位找到答案。对此，Marvel 采取的战略包括：全球战略、产品类型划分战略、地域划分战略、功能群战略、创新战略、超级英雄战略、人物营销战略等，这些战略协同合作，构成独特的文化与产业运作模式[291]。虽然采取的策略多种多样，但这些策略都遵循着 Marvel 独特和高度统一的产品运营思路与经营目标，主要包括尽可能生成最佳创意内容、促进创新和利用最新技术、拓展全球新市场③。

---

①　Marvel to Launch Wolverine Podcast 'The Long Night [N/OL]. VARIETY. [2012 - 12 - 04]. https：//variety. com/2017/digital/news/marvel-wolverine-podcast-the-long-night-1202631236/.

②　Marvel Launching Animated Property "Marvel Rising" in 2018 [N/OL]. THE HOLLYWOOD REPORTER. [2012 - 12 - 04]. https：//www. hollywoodreporter. com/heat-vision/marvel-launching-animated-property-marvel-rising-2018-1065463.

③　Adams K., Jarabeck A., Karle M., et al. Marvel Enterprises, Inc. (Marvel Entertainment LLC) Marketing Strategy Case Study [D]. Ferris State University, 2015.

（三）用户层的运营

1. 多样化的用户接触

Marvel 主要采用三种用户接触方式：第一，动漫展宣传。以美国圣地亚哥动漫展（San Diego Comic-Con，USA）为例，不仅包含传统的真人 Cosplay，还包括了主创和演员的剧透和反剧透内容，容易实现与粉丝的现场互动，这是最核心的一种用户接触方式。第二，演员的自我宣传，即演员通过社交媒体对电影细节进行宣传。主创们在"涉嫌"剧透时总怕被"Marvel 狙击手"干掉而噤声——这是著名的 Marvel 笑话之一，反映了吊足粉丝胃口的饥饿营销手段[292]。第三，品牌合作。从优衣库的 Marvel 联名服装到 MINISO 的 Marvel 联名店，都反映了 Marvel 与各个品牌之间的合作，借由各种各样的产品达到宣传效果[293]。

另外，值得关注的是 Marvel 针对中国市场制定的特殊策略。为了拓展中国的市场，Marvel 在电影中加入了一系列中国元素，或者直接在电影中选用粉丝基础多、流量大的中国明星，利用他们增加其在中国的曝光度。在《复联3》上映之前，钢铁侠扮演者小罗伯特·唐尼等演员也通过参加中国当红综艺节目的方式间接进行电影宣传[294]。

2. 受众心理的满足

首先，Marvel 塑造了诸多风格各异的超级英雄，这些英雄具备超能力，在电影中惩奸除恶、匡扶正义，满足了用户对于英雄角色的理想塑造和情感投射。例如，相比其他超级英雄系列的人物设定，蜘蛛侠更加具有青春活力的特点，易于吸引年龄较小的用户，此外，为了吸引不同国家、种族的受众，Marvel 还在电影中加入了其他文化元素，如《奇异博士》中的东方元素和《黑豹》中的非洲部落元素[295]。这些角色与情节设定通过满足不同层次的消费需求，最大限度地吸引用户[296]。

其次，Marvel 关于英雄出征情节的设定缓解了现实生活中的压力，使观众在粉丝群体中找到了归属感和认同感，因此也具有丰富的受众黏性。有学者认为，粉丝具有分享和获取信息的动机、维持和建立人际关系的社交动机，通过在社交媒体"打卡"Marvel 电影，强调自己的粉丝身份，也通过诸如"致敬""凡人之躯，比肩神明""I love you three thousand"等充满感性的语言表达，产生与社群的情感共鸣和互动，增强自己对于社群的认同感和归属感。另外，漫画改编时，为了吸引更多受众和赚取更多利润，编剧会修改某些具有争议的部分[297]。

最后，Marvel 还采取了"情怀"战略，将故事的演化直接作为观众生命历程中经典回忆的一部分。Marvel 十年，从钢铁侠的"I am Ironman"到复联的"I am Ironman"结束，在叙事中完成了结构的呼应，同时也是对粉丝多年守护情怀的回应[298]。

3. 用户的参与

用户的参与表现在两个方面：第一，文学理论家伊瑟尔（Wolfgang Iser）认为，文本中无数的不确定点和空白吸引读者参与文本创作，促使读者不断寻找和拼凑文本的完整意义，促使读者对原文本进行审美和再创造。具体来说，消费者像"拾穗者"一样，将从各媒介中拾取到的情节碎片进行重组和解读，将其交还给生产者。与此同时，生产者不断生产着这些情节碎片并提供访问入口，诱导这些"文本盗猎者"聚集[299]。研究表明，读者在阅读漫画书时，会不断对信息和知识进行收集与整理，并不断通过阅读将收集到的信息运用到自己的生活中[300]。比如，"无限宝石"在电影、电视剧和游戏中的多次互文重现，诱导着受众不断在不同媒介中寻找线索，完成媒介的迁徙。与此同理，人物角色在不同电影的互文、片尾彩蛋的出现，尤其是斯坦·李（Stan Lee）在电影中的客串构成了 Marvel 电影的一大特色，粉丝们常常在观看电影时以寻找"老爷子"的镜头为乐[301]。另外，还有尼克·弗瑞在《钢铁侠 1》结尾的出场和对包含更多超级英雄的更大宇宙的暗示，诸如此类处理庞大和复杂的文本网络的方式[302]，都是对用户好奇心和深度参与的有效激发策略。

第二，在跨媒介叙事中，用户的参与不仅指人们主动进入网络社交平台，在更深一层的意义上，还指"可钻性"（Drillability）①，即用户进入文学的生产、传播和消费全过程，并将这一过程由私人活动转化为集体活动，不断拓展故事世界的疆域[274]。事实上，用户的参与不应仅停留于粉丝同人文化的发展上，而应真正对原著创作产生实质性的影响。除粉丝文化的自我建构之外，Marvel 对于粉丝文化的回应也独具特色。例如，在《复仇者联盟 4》的整体叙事中就利用了同人文化中常见的"平行宇宙"的概念。当美国队长说出"hail hydra（九头蛇万岁）"这句台词时，这种具有强烈反差的情节设定与同人文化产生了极高的贴合度。当观众对于人物的调侃真正被电影官方呈现时，意味着观众在银屏外的讨论已真正对原始文本的创作产生了影响，实现了用户对故事世界的建构[303]。

五、讨论

跨媒介叙事的目的是建构一个完善、完整，具有可钻性、可探性（explor-

---

① Jenkins H. The Revenge of the Origami Unicorn: Seven principles of transmedia storytelling [EB/OL]. http://henryjenkins.org/2009/12/the_revenge_of_the_origami_uni.html.

ability）的故事世界。故事世界由三大层次构成，位于最核心的、同时也是最重要的是核心故事文本，其次为媒介层，最外围的是用户层。

Marvel 在这三个层面采取了有效的运营策略，在核心文本层，建立了"正邪对立，邪不胜正"的世界观，采取了"去脸谱化"的人物塑造策略，采用多种叙事手段有效建构了故事时空。在媒介层，实现了传统媒介、新媒介与衍生媒介三方面的协同运营。在用户层，采取了以用户为核心的营销策略，搭建了多样化的用户接触渠道，有效满足了受众心理需求，提升了用户对创作过程的参与程度。

Marvel 在其几十年的发展过程中，真正实现了故事世界的有效建构和相关产业链的可持续发展，实现了基于超级英雄 IP 的有效运营。在其运营过程中，Marvel 最大的特点是建构起了一个宏大而完整的故事世界，形成了真正意义上的故事宇宙——"Marvel 宇宙"。这也是 Marvel 具有强大市场竞争能力的重要原因。Marvel 的 IP 运营策略和成功经验对于世界范围内文化创意产业中的许多企业具有重要的借鉴意义。

第五章　数字创意产品多业态联动开发的平台交互机理

根据总体分析框架，本章将对数字创意产品多业态联动开发过程中的平台交互问题进行探讨，具体涉及平台交互的基本性质、互动机制、品牌运营三个方面的问题。

第一节　多业态条件下的数字创意产品运营平台交互的基本性质

在数字创意产品开发与运营的整个过程中，平台是价值链上的一个重要环节。在多业态条件下，处于不同业态的平台之间究竟有着怎样的相互作用规律，这种相互作用对另外两个重要的价值链环节——"内容生产""消费者接受"会产生怎样的影响？多业态条件下数字创意产品运营的平台交互具有怎样的基本性质？对这些问题的回答，需要对几个经济学概念进行回顾。

一、经济学中的相关概念

（一）网络效应与网络外部性

网络经济学的研究，是从观察具备网络结构特性的市场开始的。在研究过程中，网络效应、网络外部性等一系列重要概念先后被提出。在一般意义上，梅特卡夫定律阐明了网络效应的基本内容，即"一个网络的价值等于该网络内的节点数的平方，而且该网络的价值与联网的用户数的平方成正比"。① 在经济学意义上，"网络效应"一般是指"消费者通过购买某产品或服务加入某一网络，他所获得的效用依赖于同一网络中使用该产品或服务的人数"[304]，与"网络效应"相关联的一个重要概念是"网络外部性"。在很多场合下，两个概念经常被等价使用。但是，两者并不是同一个概念。从网络效应产生的根源来看，针对网络服务提供商和网络用户而言，这种由节点数量增加所带来的网络价值的增加，一部分是可以实现收益（价值）内部化的；但是，还是有一部分收益（价值）是无法实现内部化的。这时，网络外部性就产生了。网络外部性实质上是指不能内部化的网络效应[305]。

（二）直接网络效应与间接网络效应

网络效应可以分为直接网络效应和间接网络效应。直接网络效应是指"同一产品的消费者可以直接增加其他消费者的效用"[306]。直接网络效应来自产品消费侧的用户网络，这也是网络效应最原始的定义和研究的起点。间接网络效应是指"用户使用一种产品的价值，取决于与该产品互补的产品的数量与质量"。[305]将研究视角由单一产品的消费者拓展到互补性产品的消费者。间接网络效应的提出，是对原始网络效应定义的重大拓展。

（三）直接网络外部性与间接网络外部性

与网络效应可以区分为直接网络效应和间接网络效应相类似，网络外部性也可以分为直接网络外部性和间接网络外部性。直接网络外部性是指：单个消费者获得的收益由两部分构成，一是产品本身带来的效用，二是随着使用这种产品的消费者规模的扩大而带来的额外收益。可以认为，直接网络外部性存在于特定产品的消费者网络中，消费者个人获得的效用（收益）随着网络规模的扩大而增加[305]。间接网络外部性存在于互补性产品的消费者网络之间。在具有互补性的产品集合中，一种产品的功能与质量的提升，将给处于集合中的其他产品的消费者带来额外的效用与收益[305]。间接网络外部性的常见例子包括："操作系统—应用软件"；"接入服务—内容服务"；"游戏机硬件—游戏应用软件"等。

（四）交叉网络效应与交叉网络外部性

直接网络外部性和间接网络外部性都主要从产品的消费侧进行定义。但是，

---

① 百度百科. 梅特卡夫定律［EB/OL］. https：//baike. baidu. com/item/梅特卡夫定律/559840? fromtitle＝梅特卡夫法则 &fromid＝6867434&fr＝aladdin.

存在一种特殊的市场结构，就是双边市场。双边市场的主要特点是：两组参与者需要通过中间层或平台进行交易，而且一组参与者加入平台的收益取决于加入该平台另一组参与者的数量。如果从平台价格结构的角度来分析，当平台向交易相关方索取的价格总额不变时，参与交易的任何一方的价格变化，都会影响到平台的总体交易量和交易金额[307]。因此，交叉网络外部性存在于双边市场（多边市场）结构的生产者网络与消费者网络之间。一方在这个市场结构中取得的效用，与另一方的网络规模大小紧密相关。在这一过程中，平台起到了将网络外部性内部化的作用。[308]

交叉网络外部性同时涉及一个产品（服务）的生产侧和消费侧，两侧都具有网络效应，即随着生产者网络/消费者网络规模的扩大，将给处于生产者网络（消费者网络）中的个体带来超越产品本身的效用。在实践中，我们常常观察到：某些具有双边市场性质的产品（服务），其一侧用户的效用受到另一侧用户规模的影响。交叉网络外部性的常见例子包括广告、电商平台等。有观点认为，平台厂商提供了将用户之间的交叉网络外部性内部化的媒介[309]。因此，平台市场是最为常见的一类双边市场结构。

总体来看，已有研究并没有过多关注这些平台是否处于不同的产业或不同的业态这一问题。在大多数情况下，经典的经济学理论将相关研究默认在同一个产业或相对集中的产业链关联行业当中。而对于两个平台之间的交互作用的研究，则更多地侧重于平台之间的竞争性研究。现有研究很少关注当两个或多个平台分别处于不同的产业、行业或业态时，它们之间相互作用的规律和性质会发生什么变化。

二、数字创意产品运营平台的网络外部性分析

（一）单一业态下数字创意产品运营平台的网络外部性

从文献来看，当前对网络外部性的研究，主要在一个单一产业（行业、业态）的情景下进行。需要特别指出的是，对间接网络外部性的研究，是以"互补品"的理论概念为基础开展的。现有理论对互补品的分析，也主要基于产业链关系，限定在一个较为集中的产业领域，如彩电行业[310]、数字电视[311]、高等在线教育[312]、网贷平台[313]、增值服务[314]、捆绑定价[315]等。

如前文所述，平台是数字创意产品整体价值链条的一个重要环节。作为一种特定的平台类型，数字创意产品的运营平台，也具有一般意义上的直接网络外部性，即平台消费侧的用户规模会对用户效用产生直接影响。同时，由于平台是一

种典型的双边市场结构，所以，交叉网络外部性同样会在数字创意产品运营平台的生产侧和消费侧之间出现。例如，网络文学平台的生产侧与消费侧之间，就存在非常明显的交叉网络外部性[316]。已有研究关注到数字创意产品运营平台的网络外部性问题，例如：在网络视频行业中，竞争性平台之间的交互过程[317]；在特定行业中（如报业），交叉网络外部性究竟是双向的还是单向的；[318] 交叉网络外部性对平台竞争与定价策略的影响[319]；等等。

总体来看，如果在单一业态下对这一问题进行考察，数字创意产品运营平台的相关性质与经典理论的分析结果一致。

（二）不同业态下数字创意产品运营平台的网络外部性

在本书的问题中，需要考虑在数字创意产业（数字文化产业）中，处于不同业态环境下的两个或多个平台之间的交互性质。在上一小节的讨论中，我们分析了处于单一业态（例如网络文学）的数字创意产品运营平台，存在一般意义上的直接网络外部性和交叉网络外部性。那么，是否可以使用"间接网络外部性"的概念，来分析处于不同业态下的两个或多个数字创意产品运营平台的交互性质呢？

为了回答这一问题，必须对我们的研究情景进行仔细地考察。假定存在两个分别处于两个不同业态（网络视频和网络文学）的平台。根据"间接网络外部性"的定义，如果满足如下两个条件，则可以认为这两个平台之间存在"间接网络外部性"。

（1）两个平台为消费者提供的产品（服务）之间，存在明显的互补性关系。

（2）其中一个平台提供的产品（服务）数量和质量的增加，将显著增加另一个平台所提供产品（服务）的用户的效用。

可见，探讨处于不同业态的两个平台的相互关系，首先需要确定两者之间的"互补性/相互替代性"的大小。互补性越强，相互替代性就越小；互补性越弱，相互替代性就越大。与经典的"操作系统—应用软件"范式相比，"网络文学—网络视频"之间的互补关系更弱。在前一个情景中，消费者要使用特定的应用软件，必须选用特定的操作系统。反过来，操作系统如果失去应用软件的支持，就失去了满足用户特定需求的价值。在这种情况下，应用软件和操作系统之间是一种强互补关系。在后一个情景中，消费者观看特定网络视频作品，并不需要一定要去看对应的网络文学作品。对特定网络文学作品感兴趣的消费者，将更可能去观看相关的改编网络视频作品。因此，网络文学与网络视频之间是一种弱互补关系。

从"相互替代性"的角度考虑，操作系统与应用软件之间完全不存在相互替代的关系，而网络文学与网络视频之间则存在一定程度的相互替代关系。网络文学与网络视频在总体上都属于文化消费类产品，都属于文化产品范畴。在产品特征、细分市场和用户体验上存在一定程度的交集。因此，比较合理的推断是：两者都处于数字文化产业的价值链和生态系统之中，存在价值链意义上的上下游关系，两者之间同时存在互补关系和相互替代关系。

对于上面提到的第二个条件，网络文学作品数量和质量的增加，能否显著提升网络视频用户的效用？从一般的产业实践来看，前者数量和质量的增加，可能促进更多、更优秀的网络视频作品的产生，从而在一定程度上提升网络视频用户的效用。

综上所述，间接网络效应不能直接应用于网络视频平台与网络文学平台相互关系的分析。但可以在一定范围内应用，即在互补性的层面上加以应用。而对于相互替代性的这一部分，两者之间的相互关系更多地适用于标准的市场竞争模型。

三、不同业态下数字创意产品运营平台的交互过程

进一步考虑前文讨论的"网络文学—网络视频"的研究场景。网络文学与网络视频各自都拥有一个多边市场结构，这意味着它们各自都存在自身的直接网络效应和交叉网络效应。但是，在本书场景中，它们各自的直接网络效应和交叉网络效应并不是我们关注的重点。我们主要关注网络文学平台与网络视频平台之间的交互过程。这可以从平台本身之间的交互、生产者网络之间的交互、消费者网络之间的交互三个层次展开分析。依据前文的分析，"网络文学——网络视频"的平台交互过程如图5-1所示。

在图5-1中，网络文学和网络视频各自拥有一个多边市场结构，主要涉及消费者网络、生产者网络、广告商三个方面。在展开进一步讨论之前，需要明确这个多边市场的参与主体的归属问题。

（一）单归属和多归属问题

在这一情景中，当用户（这里为广义，指平台的相关参与方）可以同时接入多个平台时（平台没有制定排他性的交易条款），这种用户的"多平台接入"行为，会对平台之间的竞争（如定价）关系产生影响[320]。

消费者：对同一消费者而言，可以同时归属为网络文学平台和网络视频平台的消费者网络。因此，这里的消费者可以是多归属的，也可以是单归属的。消费

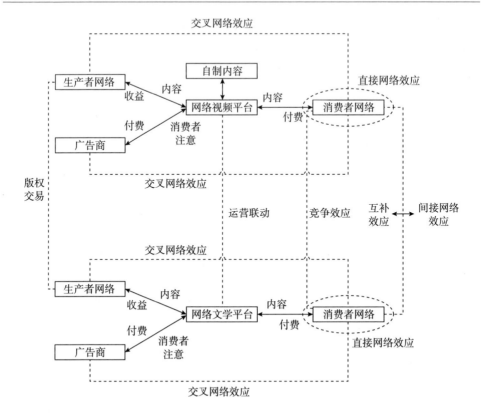

图5-1　多业态条件下的数字创意产品运营平台的交互过程

者的多归属或单归属属性可以根据消费者的选择而变化。

生产者：从内容生产的角度，网络文学和网络视频的生产是完全异质的。虽然网络文学可以为网络视频提供剧本或脚本，但两者的生产方式具有根本性区别。网络文学的生产者网络主要由网络作家个体构成，网络文学作品的生产方式以个人创作为主。在一些较为特殊的情况下，也存在小规模团队创作的情况。网络视频的生产者网络主要由专业影视制作团队（第三方团队或平台自制）组成，涉及制片、导演、演员、化妆、布景、场务、摄像、后期等多个工种，网络视频作品的生产方式以团队创作为主。因此，从这一意义上看，生产者网络是单归属的。

广告商：广告商在网络文学（网络视频）的多边市场体系中扮演着重要角色。在网络文学（网络视频）产业的发展过程中，在用户付费的商业模式成熟以前，广告收入曾是维系平台运营与发展的主要收入来源。对于广告商而言，只要能达到宣传效果，网络文学或网络视频平台的差异性不大，只是不同的广告投放渠道。可以认为，在本书情境下，广告商是多归属的。

（二）平台（运营商）之间的交互

平台本身之间的交互主要体现为平台运营商之间的交互关系。如前文所述，网络文学与网络视频的运营商处于同一条产业链上，也处于同一个价值网络中。平台（运营商）之间的互动关系主要体现为平台企业之间的竞合关系。

一方面，基于市场竞争或企业发展战略的需要，部分网络文学企业可能会实施后向一体化战略。同时，部分网络视频企业也可能会实施前向一体化战略。通过市场运营或资本运营，还可能形成横跨多个业态的巨型数字文化企业。在这一场景下，企业或合作企业之间会基于同一文化 IP，进行联动产品开发和市场运营。

另一方面，网络文学企业与网络视频企业之间也可能在一定程度上出现竞争性市场行为。尽管由于业态的阻隔，两者之间不存在直接的竞争关系。但是，由于具有部分重合的用户群体，在特定的市场条件下，可能会产生用户争夺的企业行为。

（三）生产者网络之间的交互

从网络文学与网络视频的相互关系来看，两个产业之间存在明显的产业链上下游关系，但又相互独立。有很大一部分网络视频的创作剧本，来自网络文学作品。网络文学作品通过市场检验，部分优秀作品得以进一步改编为网络视频作品。这种机制是一种自发的市场试错与选择机制，也促进了产品的形态演化和迭代开发。这种机制与 ACG（Animation、Comic、Game）产业的"漫画—动画—游戏"的三级产品迭代开发非常类似。在这样一种机制中，网络文学与网络视频的生产者网络在事实上形成了一种较为紧密的合作共生关系。

需要指出的是，近年来网络视频平台开始直接进入内容制作领域，制作和生产了大量的"自制内容"。自制内容与传统意义上的生产者网络形成了"竞合"的态势。平台本身转变为内容生产者，在一定程度上削弱了网络视频的原有生产者网络与消费者网络之间的交叉网络外部性。

（四）消费者网络之间的交互

如前文所述，网络文学与网络视频平台之间同时存在互补关系和相互替代关系。在这一情况下，可以把"互补性—相互替代性"纳入一个理论框架进行分析。

1. 互补性交互

对于两者关系中的互补部分,可以考虑应用间接网络效应的相关理论来进行分析。根据"间接网络效应"的定义,网络文学与网络视频不属于典型意义上的"互补品"范畴。但是,由于两种产品之间存在价值链的上下游关系,对于消费者而言,两种产品具有一定的互补效应。如前文所述,网络文学作品数量和质量的提升,将促进更多优秀网络视频作品的产生,从而间接提升网络视频用户的效用。在这一意义上,网络文学用户与网络视频用户存在一定程度的间接网络效应。

2. 竞争性交互

对于两者关系中的相互替代(竞争)部分,可以适用标准的竞争模型来进行解释。网络文学与网络视频处于不同市场(行业、产业、业态)中,两个平台分别为其用户提供的功能(效用)总体上是异质的,两个平台之间的关系以差异化竞争关系为主导。因此,可以在一定程度上应用 Hotelling 双寡头垄断模型的基本思想来进行均衡分析。将网络文学产品的差异化特征记为 tx,则网络视频产品的差异化特征可以表示为 t(1-x),用户的效用水平在(0,1)空间上均匀分布。在竞争关系中,还需要考虑用户在不同平台之间的转换成本。从产业实践来看,用户在网络文学平台和网络视频平台之间的转换成本非常低,因此,转换成本不会对两者的竞争关系产生太大影响。

下面,我们将对产业实践中具有代表性的网络文学平台和网络视频平台之间的交互作用进行分析。

第二节　数字创意平台之间的互动机制

一、背景分析

本节主要分析数字创意平台间的互动机制,以网络原创小说平台"起点网"和网络视频平台"腾讯视频"为案例进行对比分析。"起点网"全名是"起点中文网",创办于 2002 年 5 月,是中国最早的一批网络文学平台之一。网站内的小说作品种类丰富,覆盖有玄幻、言情、悬疑、体育、游戏等小说类型,在网站中诞生过许多热门的文学 IP 先后被改编成影视作品,例如《雪中悍刀行》《赘婿》

《斗罗大陆》等。"腾讯视频"是腾讯旗下的视频网站，于 2011 年 4 月正式上线运营，截至 2022 年 3 月腾讯会员用户数已经有 1.24 亿。将"起点网"和"腾讯视频"作为研究对象具有一定的代表性。

二、文献回顾和分析框架

随着网络化发展，文化传播的平台也逐渐增多，各个平台都注重 IP 的开发与转化。"IP"是英文"Intellectual Property"的缩写，翻译为"知识产权"，主要包含三部分：著作权、专利权、商标权。当前我国热议的 IP 主要是针对著作权，特指有核心创意、广泛受众，能够被文化产业吸纳的著作载体，包括文学、影视作品等[321]。对于文学和视频网络平台，国内有许多相关的研究，也从各个方面对这些平台进行了分析和探讨，下面对这些分析展开讨论。

（一）文学平台的相关研究

在互联网时代，文化传播平台的种类众多，有短视频、新闻资讯、网文小说等，网络文化的传播具有传播交互性、范围广、主体去中心化的特点[322]，与之相应的网络文化平台也具有这些传播特点。伴随着互联网文化的多样性，平台之间的发展也不尽相同。文学网络平台的创作更加注重文化 IP 的打造[323]，因为一个成功的文学 IP 能更加"出圈"和进行改编创作，实现资本的二次转换。在 IP 转变的过程中也难免出现整体质量参差不齐的情况[324]，从根本上说这是两种媒介之间的转换，同时也是一次平台之间的文化互动。

从当前网络文学平台的发展特点来看，主要是以 IP 打造为核心、版权运营作为主要营收、免费阅读模式吸引网络读者[325]。这种运营方式主要是因为在互联网时代文字传播相对于视频传播而言有明显的劣势，相对于文字阅读需要一定的门槛限制，更多的人会选择视频媒介作为娱乐方式。从相关研究中可以看到，文学平台的用户分布也较为分散，文学平台内容呈现出多元化的发展[326]。多平台的发展也带来了更多的作品需求量，文学的创作在网络时代也发生了变革，从"写作"走向"生产"[327]。这种批量化的生产一方面能满足市场的用户需求量，另一方面作品数量的增加也增大了文学 IP "出圈"的可能性。但同时这种"生产"式的创作模式也带来了一定的弊端，出现文学平台"异化"的现象，包括对内容生产的影响以及创作门槛设置等[328]。除内容创作上遇到的问题之外，网络平台发展也带来了更大的监管难度，盗版和侵权现象也是平台面临的实际问题[329]。网络文学平台给文学带来了新的发展生机，同时平台还存在发展潜力和优化的空间。

（二）视频平台的相关研究

从视频平台的研究中可以看到，网络平台承担消费者和网络文化之间的桥梁作用，文化 IP 的诞生源自平台孵化，IP 的改编发展源自网络平台的互动。平台在网络文化的发展传播中起到了重要的作用，随着"互联网+"以及"元宇宙"概念的兴起，当前网络媒介的发展更加趋向融合、"去中心化"发展的模式[330]，平台之间的联系与互动研究也是未来的发展趋势。视频平台的研究更加集中在短视频平台，有对于短视频平台的成功探索研究[331]，也有对视频内容[332] 以及著作版权等的相关研究[333]。

（三）关于平台互动研究

目前国内对于文化传播平台更多的是关注在某个产业内的不同平台间的互动关系研究。以视频平台为例，有对平台内容进行对比分析的研究，例如对日剧在平台的传播现状进行研究[334]、以"快看漫画"和"腾讯漫画"对比研究分析动漫 App 的功能特点[335]。平台运营是除内容之外能够体现平台特点的第二个特征，通过对"哔哩哔哩"和"腾讯视频"这两大头部视频平台进行对比研究发现，不同平台之间的运营都有自己的特点，同时各有优劣[336]。内容上的研究更多偏重的是平台生态发展上不同的理念，运营比较更加显示出平台特征的不同，最后市场表现体现在消费端。对视频平台的用户偏好特征进行分析，将不同平台的用户特征归纳总结，从消费者偏好上也能反映平台间的区别[337]。除上述研究领域之外，创作者端的研究也是平台间的关注重点。以文学平台为例，从多个文学平台的作家培养制度发现，文学平台在作家培养上形成了体系共识[338]，这是平台在发展过程中形成的一种默契。可以看到，平台的研究可以分为平台内容、平台运营、平台用户、平台创作四个方面，但是过往的互动往往集中在相同产业内的对比，缺乏跨产业的对比研究。文学平台讨论的是文学平台间的互动关系，视频平台讨论的是视频平台互动对比，更多关注产业内的单一分析，也有从图书营销的角度对短视频平台进行研究分析的[339]，总体来说还是以视频平台为主题，缺乏对两个平台的互动分析。

（四）研究评述

从现有的研究中可以看到，当前国内对文学平台和视频平台的研究大多都聚焦在单一行业，缺乏行业间的比较研究。就目前市场现状而言，文学和视频产业之间互动频繁，许多文学 IP 被改编成电视剧，可以看到两个平台之间有长期的互动，因此对于平台之间的互动研究具有一定的必要性。随着"互联网+"和"元宇宙"概念的兴起，行业之间的融合互动也会更加频繁，将二者进行对比研究也有利于将来行业的整合发展，弥补平台之间的缺陷。

三、研究设计与实施

（一）研究方法的选择

从当前的研究现状来看，针对网络文化传播平台的研究有很多，但是将平台进行结合对比的研究较少，此外由于网络平台的种类和数量都偏多，因此本书采用案例研究的方法，选取具有代表性的相关案例进行研究，通过案例综观行业发展。并对案例的相关文字材料进行人工智能和质性化分析，分别获得数据结果，将两个平台数据分别整理对比分析，最终在数据结果中找到平台发展的关联与区别之处。

（二）案例选择

本书是对互联网文学网站平台和视频网站平台进行对比研究，将以"起点网"作为文学平台的研究样本，"腾讯视频"作为网络视频平台的研究样本。选择的原因主要是"腾讯视频"和"起点中文网"是国内视频和文学的知名平台，有庞大的用户基础以及较为成熟和完善的运营机制，因此选择这两个平台作为研究样本具有一定的代表性。

（三）数据来源

研究样本是选用的网络平台，在数据的选择上主要采用的是两类数据作为分析基础：第一类是网络平台创始人的采访记录，通过采访记录从平台的主观评价看网络平台的构建特点。第二类是在社交平台对"起点网"和"腾讯视频"进行搜索，最终将搜索得到的数据进行收集，将网友的客观评论作为研究分析的数据来源。

（四）数据提取

本书数据分为平台工作人员采访和社交平台评价两部分，第一部分采访资料是从各大媒体网站获得的，第二部分用户评价来自中国最大的网络社交平台——新浪微博。首先从互联网上收集"起点网"与"腾讯视频"相关创始人的采访素材。对"起点网"数据收集情况如下：起点网总经理、起点网总编辑、起点网白金作家等相关工作人员采访共五篇，以及一篇起点网相关政策文章，总字数46195字。对"腾讯视频"收集情况如下：腾讯视频首席执行官、视频动漫负责人等相关工作人员采访共五篇，总字数16038字。其次是用户评价部分，在微博上搜索"起点网"和"腾讯视频"这两个词条，分别获得526条和874条用户讨论数据，在所获得的初始数据中去除点赞、转发、刷屏等无效数据之后，最终与"起点网"相关的评论数据 322 条，与"腾讯视频"相关的评论 503 条。

对于获得的初始数据，我们采用人工加机器的方式对数据进行筛选，机器筛选的方式是添加停用词，对获得的初始文本中一些没有意义的主题和词语进行筛选，例如"一个""可以"等。人工筛选主要是针对微博中获得的评论刷屏数据的去处，由于微博超话中许多相关话题都有刷屏现象，为了避免影响数据分布，进行了删除处理，具体的数据来源如表 5-1 所示。

表 5-1   "起点网"和"腾讯视频"采访素材

标题	受访者	来源	字数（字）
IP 运营与网络文学的主流化	起点中文网创始人罗立	《创始者说》	21908
起点中文网的"总设计师"	起点中文网创始人之一商学松	《创始者说》	3741
网络文学崛起的历史细节	阅文集团高级副总裁林庭锋	《创始者说》	16538
网络文学粉丝文化时代到来	起点总编辑杨晨	每经网	1800
采访起点中文网白金作家跳舞	作家跳舞	中国数字娱乐节	4056
长视频进入"成年期"，腾讯视频如何做好"建设者"	腾讯视频首席执行官孙忠怀	深响原创	2639
人民日报《问道》采访腾讯视频韩志杰谈网剧破局	腾讯视频总裁韩志杰	北青网	5760
韩志杰谈腾讯视频"剧集之道"：保持敏锐嗅觉，精细化布局赛道	腾讯视频总裁韩志杰	流媒体网	4034
对话腾讯在线视频动漫频道负责人：原创当先，助推国漫走向成熟	腾讯视频动漫负责人徐媛媛	《新京报》	1506
专访腾讯 COO 任宇昕：全力以赴做好微视	腾讯视频任宇昕	界面新闻	2099

对获取的处理后的数据本团队采取的是背对背编码的方式对素材文本进行编码，编码团队完成对"起点网"和"腾讯视频"评论素材的编码。在完成全部数据编码工作后，编码指导团队对该数据库进行了逻辑检验、极端值检验以及一致性检验等工作，以确保数据的信度与效度。

四、内容分析和编码结果

（一）主题分布

关于采访素材的研究采用的是数据挖掘软件 Orange 3.33 来进行主题分析，在进行采访数据分析之前先用训练数据对预先设置的文本数据进行机器训练，测试结果匹配度为 92%，符合训练要求。将采访结果进行主题分析，对"起点网"

采访材料的主题分析获得六组主题词，对每组主题次进行分类统计，结果如表5-2所示（主题是对主题词的概括归类）。对"腾讯视频"采访材料进行主题分析，一共获得七组主题词，对每组的比例进行分类展示，结果如表5-3所示。

表5-2　"起点网"主题词

主题序号	主题	占比（%）	主题词
主题1	平台生产	23	游戏、玄幻、网文、书、奇幻、小说、文学、产品
主题2	创作者	11	作家、收入、稳定、编辑
主题3	平台优化	23	Wap、平台、体系、移动、版本、功能、手机、中国移动
主题4	消费者	20	书单、书架、00、90、阅读、内容、粉丝
主题5	平台运营	14	VIP、收费、渠道、IP、价格
主题6	面临问题	9	盗版、砸钱、价格

表5-3　"腾讯视频"主题词

主题序号	主题	占比（%）	主题词
主题1	平台生产	9	原创、视听、节目
主题2	关于评分	9	豆瓣、评分、产品
主题3	创新尝试	22	Pcg（电脑游戏）、女团、综艺、短视频、Ugc（用户生产）、微视、原创
主题4	动画扶持	6	定格动画、动漫
主题5	平台拓展	19	开发、IP、小说、开发、网站、改编
主题6	发展前景	22	行业、业务、出海、创新、未来、增长、原创
主题7	面临问题	13	竞争、版权、资源、技术

分析结果显示"起点网"采访主题主要有六个点：平台生产、创作者、平台优化、消费者、平台运营、面临问题。"腾讯视频"的采访主题主要有七个点：平台生产、关于评分、创新尝试、动画扶持、平台拓展、发展前景、面临问题，从主题分布上来看，二者有相同之处也有区别之处。

（二）消费者讨论

从微博获取的消费者评论材料由于用户群体较为分散，文本主题相关性不强，因此本书采用NVivo质性分析的方法对研究材料进行编码分析。首先是起点网消费者评论的编辑情况，在对评论进行手动编码之后获得两个一级节点、五个二级节点、十四个三级节点，如表5-4所示。

表5-4 "起点网"一级节点及其下属二级节点的编码参考点数

一级节点	二级节点	编码参考数量
拓展评价	平台互动	123
	文化讨论	19
	消费者感受	39
小说文本	小说作品	58
	平台创作端	31

将"起点网"消费者讨论的五个二级节点细化分为十四个三级节点，分别代表消费者讨论的不同主题，通过 NVivo 软件将每个三级节点的讨论主题和所占比例进行可视化分析，最终的分析结果如图 5-2~图 5-5 所示。

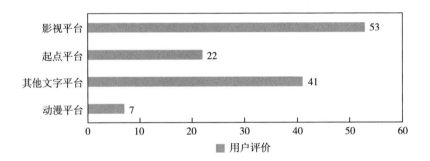

图5-2 平台互动的编码参考点比较

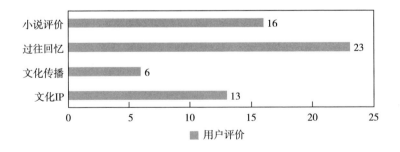

图5-3 文化讨论和消费者感受的编码参考点比较

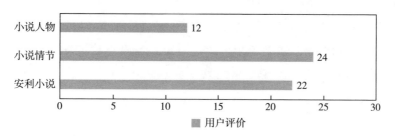

图5-4　小说作品的编码参考点比较

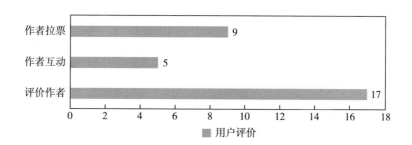

图5-5　平台创作端的编码参考点比较

下面是对"腾讯视频"消费者评论的编辑情况，在对评论进行手动编码之后获得两个一级节点、七个二级节点、十五个三级节点，如表5-5所示。

表5-5　一级节点及其下属二级节点的编码参考点数

一级节点	二级节点	编码参考数量
网站内容	动漫作品	25
	短视频	11
	影视作品	131
	综艺节目	61
平台讨论	平台优化	127
	平台运营	118
	其他平台	50

将"腾讯视频"消费者讨论的七个二级节点细化分为十五个三级节点，分别代表消费者讨论的不同主题，通过 NVivo 软件将每个三级节点的讨论主题和所占比例进行可视化分析，最终的分析结果如图5-6~图5-8所示。

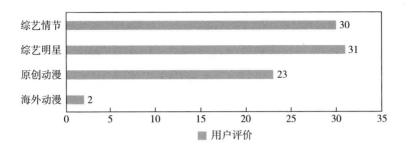

图5-6 动漫作品和综艺节目的编码参考点比较

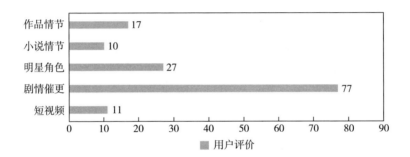

图5-7 短视频和影视作品的编码参考点比较

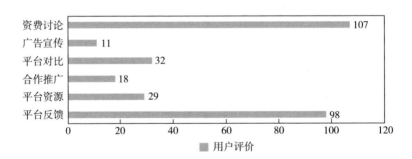

图5-8 平台优化、平台运营、其他平台的编码参考点比较

五、讨论

（一）平台运营上的差异发展

从采访资料中更能看到平台决策者对于平台当前和未来发展的规划，由于媒介传播方式不同，平台在发展过程中存在区别特征。首先最明显的是平台生产的

讨论中,"起点网"代表的文字平台讨论的是文字文本,而在"腾讯视频"的主题词分布表中更多的是视听文本的讨论,这也是平台间的根本区别。在平台发展上,在"起点网"平台优化主题中可以看到,读书平台更加聚焦于读者体验,对于版本、体系、功能、使用端等各方面都高度关注,注重对产品的纵向开发。"腾讯视频"则是更加注重平台的产业拓展,在平台拓展和创新尝试主题中可以看到"Pcg(电脑游戏)""女团""短视频""Ugc(用户生产)"等关键词,在平台拓展主题下可以看到"开发""小说""改编"等关键词,更加注重平台的横向拓展。从"起点网"和"腾讯视频"的主题对比可以看到,平台间的发展区别,一方面是因为创始者的决策,另一方面也体现了平台的发展模式不同。以"起点网"为代表的文字平台,从媒介特性来讲用户更加需要产品带来的人性化体验,帮助用户更好地实现文字阅读,读者更加关心细节和舒适性。以"腾讯视频"为代表的视频平台则更加注重产品的多样性,视频消费者更加需要多样性来满足好奇心和维持新鲜感,同时视频平台更加容易与其他媒介产生互动。在面临问题这一主题上,平台间也有差别,盗版问题一直是困扰文字平台的难题,还有产业规模带来的资金问题。而视频平台面临的更多是版权问题,由于多家视频平台的并肩发展,影视资源、版权归属就成了行业竞争的首要目标,这也是多家视频平台面临的共同难题。

(二)平台生产侧的双边关系构建

除媒介平台运营的明显差异之外,二者之间也有着联系合作的关系。对比"起点网"和"腾讯视频"的主题分布,"平台生产"是两个平台都比较关心的主题。"起点网"和"腾讯视频"作为国内两家文化传播的头部平台,虽然分别是文字与视频平台,但是二者同样都重视平台内容的建设。两个平台在应对平台内容的建设上都有类似的规划与政策,"起点网"集中讨论了创作者的情况,对作家的收入、稳定情况、编辑情况都有相关的讨论;"腾讯视频"也在内容上有相关的扶持政策,例如在创新尝试主题下的Ugc(用户生产)、短视频、原创等,都是平台应对市场变化时在平台内容上的发展部署。二者都注重内容的原创性,从创作方入手对平台内容进行改善和关注,内容也是平台赖以生存的秘密武器。在"起点网"有IP相关主题词,同时在"腾讯视频"中也有IP主题词,这体现了不同平台之间IP的深度开发。

近年来随着小说改编影视作品的大热,IP打造成了文字平台的重点关注项目。平台打造出成熟、优秀的IP故事文本,经由影视平台改编创作,最终呈现在荧幕之上,拓展消费群体,实现平台间的合作双赢,例如《赘婿》《甄嬛传》

《斗破苍穹》《人民的名义》等改编剧的大热，IP 改编实现了粉丝资源的整合。在以往平台发展中，视频平台只是作为视频的一个传播载体，但是从平台运营的部署可以看到，近年来随着行业整合，平台更加注重文化 IP 的开发[340]，以及不同平台间的 IP 合作关系，最常见就是对文学 IP 的改编。将文学 IP 开发成影视作品，实现"场域共振"，能够更好地推动文化产业发展，将文学 IP 的价值扩大化[341]。而文学平台也为视频平台提供了更多的文化 IP 素材，实现了两者在生产侧的互动关系。

（三）平台消费者体验与互动联系

从用户评论的三级编码来看，以"起点网"为代表的小说平台用户更加集中在对平台内容的讨论上，占比最高的影视平台讨论中部分是小说改编的影视作品引发的讨论，另一部分则是两个平台的共同用户展开的讨论。而"腾讯视频"的用户讨论范围更广，除作品剧集讨论外，更多分布在平台的资费问题、平台使用问题、短视频、综艺明星等方面，这一点体现了平台用户多样性的区别，这也与前面所探讨的平台发展模式的不同相匹配。值得关注的是，在"腾讯视频"的相关词条讨论中，平台反馈的占比最高，主要反馈内容集中在 App 使用上的问题，同时其他视频软件也有类似问题，这反映出视频平台由于横向拓展导致了平台在个人体验上的不足，在"起点网"的相关讨论词条中就没有类似的情况，这也反映出平台在发展过程中遇到的问题和弊端。资费讨论也是两个平台间最大的区别，由于视频行业激烈的竞争关系，视频版权成了平台间最大的竞争对象，当获得视频版权之后如何盈利成了视频平台的首要思考问题。这一点也引起了视频消费者的不满，在资费讨论中不少消费者对 VIP 业务、超前点播业务以及广告推广问题表达了不满，由于高额的独播权版权费，最终平台推出各种付费服务也引起了消费者的争议讨论。关于这一点是"起点网"中较少讨论的部分，这也体现出文字平台与视频平台发展现状的不同，相对于影视平台版权之争，文字平台面临更多的是盗版问题，同时平台间的竞争也没有如此激烈。

除上述的区别之外，文学与视频平台之间还有着密不可分的联系。从第 49 次《中国互联网络发展状况统计报告》中可以看到，截至 2021 年 12 月，中国网民视频用户使用率占全体网民的 94.50%（见图 5-9），中国网民网络文学用户规模及使用率占全体网民的 48.60%（见图 5-10），由此可见，视频平台与文学平台间的用户呈现高度重合的现象。

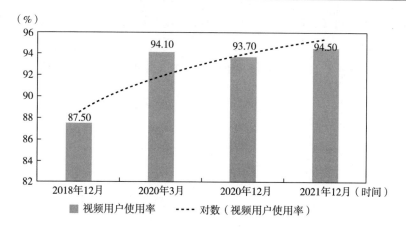

图 5-9 中国网民视频用户使用率

资料来源：中国互联网络信息中心发布的第 49 次《中国互联网络发展状况统计报告》。

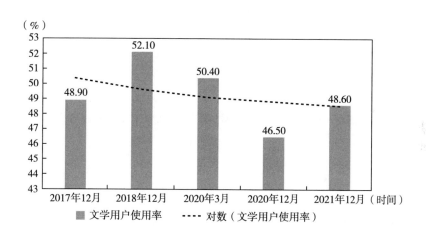

图 5-10 中国网民网络文学用户规模及使用率

资料来源：中国互联网络信息中心发布的第 49 次《中国互联网络发展状况统计报告》。

　　针对此现象本团队采取了问卷调查的方式，对互联网用户关于"起点网"和"腾讯视频"的看法进行统计，共计回收 202 张调查问卷，其中有 7 张无效问卷，排除无效问卷之后，最终获得有效调查问卷共 195 张。从调查问卷的统计结果中可以看出，在对"起点网"和"腾讯视频"是否都了解的这一问题中，有35.15%的用户选择二者都了解（见图 5-11）。在对两个平台的使用频率统计时，有 12.82%的用户选择了两者相近，只有 8.21%的用户选择两者都不使用，剩余的用户选择了其中之一（见图 5-12）。并且在对平台满意度的评分曲线上二者的表现也是几乎相同（见图 5-13、图 5-14），反映出平台用户在消费习惯和消费期待上的共同点，同时也表现出用户之间的关联性。由此，报告可以看到许多"起点网"的文字平台用户也经常使用"腾讯视频"来作为自己的娱乐消遣方式。

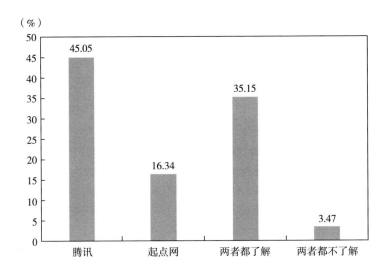

图 5-11　用户对"起点网"和"腾讯视频"的了解程度

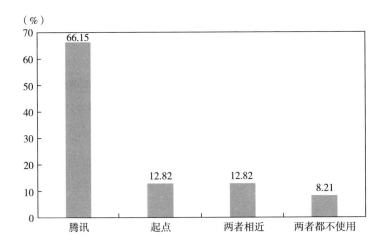

图 5-12　用户对"起点网"和"腾讯视频"的使用频率

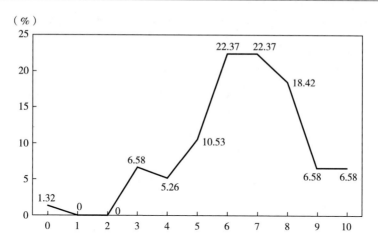

图5-13　用户对"起点网"的评价曲线

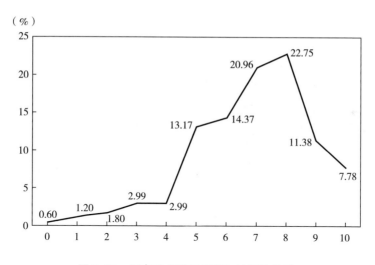

图5-14　用户对"腾讯视频"的评价曲线

　　另外，第49次《中国互联网络发展状况统计报告》显示，截至2021年12月，中国总体网民的规模数量为10.32亿人。而"起点网"和"腾讯视频"的用户注册量分别为5亿和7亿，由此可以推断出，以"起点网"为代表的网络文学平台和以"腾讯视频"为代表的视频平台间存在部分重合用户。

　　从本次研究的编码结果中也可以观察到这一现象，"起点网"占比最高的讨论分布是"影视平台"，造成这一现象的原因首先是二者用户的高度重合，不少的视频用户同时也是文字平台的用户，或者曾经是文字平台的用户。很明显的特征就是这些用户喜欢用"起点网文"这个词来形容一些电视剧,例如"看李准基新剧,编剧怕是起点网找的灵感吧""村田版一拳超人已经不能更拉垮了,超庸俗,起点网文都比这有看点"。这反映出文字平台的用户与视频平台的用户呈现出高度重合的状态,并且大部分都是文字平台向视频平台的迁移,因为在"腾讯视频"的节点中并没有出现这种情况。其次是在平台内容上也有着合作关系,在"腾讯视频"的节点分布中,"小说改编"也是其中的节点之一,正如前文所述,许多优秀的影视作品都是由文字平台的优秀文本改编而来,"起点网"中的文化 IP 节点也与之呼应,从内容上二者是有相关联系性的,这一点在用户体验上也能够充分感受到。

以上分析表明,文学平台与视频平台之间是一种互动关系,二者既有区别又有联系,主要体现在三个方面:平台运营、平台生产侧、平台消费者。首先是平台运营方面。平台的发展模式不同,文字平台更加注重平台的深化发展,不论在 IP 打造还是用户体验上,视频平台则更加注重平台的拓展开发。在内容上二者有着类似的相关部署——对内容原创性的追求。从材料中可以看到无论是文字平台还是视频平台当前都在追求原创内容和原创 IP 的打造,从"起点网"的作者扶持到"腾讯视频"的原创动漫、用户创作等,这一点也符合我国目前的发展规划,注重原创,提高产品质量。其次是在平台生产侧。二者都高度重视文化 IP 的开发,文学平台的原创 IP 也能改编成影视作品,实现 IP 价值的最大化,在生产侧形成互动关系。最后是在平台消费者的联系。从中国网络发展报告可以看到,国内大多数网民同时参与多种媒介的消费,从文学平台的相关讨论中也可以看到,文学平台与视频平台的消费者有部分重合。总的来说,在"互联网+"与"元宇宙"概念的背景下,平台间的合作关系会逐渐深化,尽管在这个过程中会遇到一些难题,但是最终将给消费者带来更好的文化体验。

第三节　数字创意平台的品牌运营

下面将以微博账户@ iPanda 熊猫频道为例,分析数字创意平台的品牌化运营规律和基本模式。

一、背景分析

熊猫（学名 ailuropoda melanoleuca）是一种哺乳动物。据考证，熊猫已经在地球上生存了至少 800 万年，但由于存活率低、栖息地遭到破坏等多种原因，截至 2021 年 1 月，全球熊猫总数量不超过 2000 只，被列入《华盛顿公约》CITES Ⅰ级保护动物和《中国国家重点保护野生动物名录》Ⅰ级保护动物。大熊猫是中国特有的动物，主要栖息地为中国四川、陕西和甘肃的山区，即长江上游地区的高山深谷之中。长久以来，熊猫可爱的外表深受各国人民的喜爱。同时它也是中国旅游产业和文化产业中具有重要和特殊价值的资源之一。因此，凭借着熊猫这一动物形象，中国创造出了特有的文化传播品牌。

在中国，与熊猫相关的品牌是多样的，有基于熊猫这一动物建立的文化旅游目的地品牌，也有基于熊猫这一形象设计的相关文化创意产品品牌等。虽然种类繁多，涉及的行业数量也较多，但相似之处在于它们都利用熊猫作为一种文化标志，来实现品牌的传播。2013 年，中国网络电视台（CNTV）与四川成都大熊猫繁育基地合作建立了《熊猫频道》，该频道以熊猫的纪录片、图片、视频等为主要内容，集合了网站、社交媒介等多种形式的新媒体集群，是全球唯一以熊猫为主题的网络频道。截至 2021 年 4 月，@ iPanda 熊猫频道微博账户共发布内容超20000 条，拥有粉丝 1181 万余人。在该账户发布的内容中，大多是对熊猫日常生活的直播与剪辑。熊猫生活的长时间、慢节奏、无高潮的直播似乎显得冗长而无聊，却有意缓解了观众在快节奏的城市生活中的压力，安静缓慢地予以观众陪伴和安慰，这种缓慢的节奏契合了观众的心理，受到了大众欢迎。

新浪微博的用户是@ iPanda 熊猫频道重要部分。微博是一种通过用户关系实现多类别的简短实时信息分享、传播的社交媒介。由于其具备的用户互动性和参与性，@ iPanda 熊猫频道成功地塑造和传播了熊猫品牌形象，对研究熊猫品牌在社交媒体上的形象塑造与管理提供了有益参考，品牌影响力大，研究价值高。当下，中国品牌的生长环境面临数字化的转型，品牌发展需要寻找到有效利用新的媒体技术来为自己服务的方法[342]，因此，对于熊猫频道的品牌运营研究具备一定的理论和实践价值。

二、理论基础

一致性理论是由查尔斯·埃杰顿·奥斯古德（Charles Egerton Osgood）和罗伯特·坦南鲍姆（Robert Tennenboum）于 1955 年提出。他们认为，这个理论是指人在接受新事物和新信息后，会主动调整原有态度和看法，以保持内部的一致性。品牌作为组织的战略资源和资产，在企业发展过程中是非常值得重视的[343]。一致性理论在品牌中的应用表现为，为了提高消费者的认知程度，品牌的核心价值和品牌一致性需要被创造。具体来说，品牌的产品组合需保持一定的视觉连续性，才能在消费者心中建立可识别的身份，促进一致的联想，使品牌可以随着时间的推移而不断被感知[344,345]。

品牌的一致性可以被分为内部一致性和外部一致性两类。内部一致性指的是涉及品牌核心价值、产品、品牌风格、营销组合等，由生产者主导的品牌形象本身的一致性。外部一致性指的是品牌体现出的总体形象与外部消费者认同之间的一致性。在这里，品牌形象指的是存在于消费者记忆中的对品牌的感知和相关联想，其中，品牌的类型、消费者好感度、强度和独特性（Type，Favorability，Strength，and Uniqueness of Brand Association）是品牌形象的重要组成部分[346]。

（一）品牌内部的一致性

由生产者主导的品牌内部要素是多样的，包括品牌风格、品牌标识等多个方面，这些要素的统一性共同构成了品牌内部的整体性和一致性。

这些品牌内部一致性要素包含许多种类：首先，品牌标识。品牌标识具有双重属性，一方面满足消费者的理性诉求，另一方面满足消费者的情感诉求[347]。对于品牌来说，独特的可识别特征是一个重大挑战。许多品牌将一些特征性设计融入品牌识别之中，建立一个清晰的产品标志，以区别于其他产品[348]，有利于塑造品牌形象，构成品牌一致性。熊猫品牌采取熊猫的形象作为符号标识，具有明确的视觉化特征和正面、自然、亲切的形象，并且具备广泛的知名度和辨识度[349]。其次，品牌风格。当涉及品牌形象时，品牌风格显得尤其重要。品牌风格的一致性会根据其产品生命周期各个阶段的特征而有所不同[350]。建立品牌固定风格也是品牌增加消费者认知度的重要途径之一，因为人们将品牌产品分配到某一风格的方式依赖于他们之前对这一品牌风格的了解[351]。最后，产品特征、营销组合、产品相关服务、品牌的具体思想、品牌消费者的性格和环境变量等因素都可能促成品牌形象的形成和促进品牌形象的提升。在大熊猫品牌的建设中，中国曾推出以大熊猫为品牌标识，树立城市品牌形象，将大熊猫的栖息地生态、文化价值、公园城市建设三者结合起来，带动文化旅游发展，这一举措是从品牌标识、品牌产品、品牌核心价值等方面实现了品牌内部一致性的建设[352]。

品牌内部一致性的要素建设是为了品牌整体形象的塑造，品牌形象一致性塑造的最终目的在于在消费者中完成品牌的传播，促使消费者对品牌的关注和消费，因为良好的品牌形象对消费者推荐、交易溢价和接受品牌的意愿有正向影响[353]。

这种品牌传播中的形象一致性塑造主要可以分为两个渠道：第一，在品牌销售的过程中，利用品牌的一致性和整体性提高消费者的品牌个性维度和品牌熟悉度。对于消费者而言，他们对品牌的个性维度和品牌熟悉度可以有助于品牌形象的提升，品牌形象又可以通过品牌个性维度和品牌熟悉度促成消费者对品牌的认知[354]。良好的品牌形象表明产品质量超出了消费者的一定预期水平，相反，较差的品牌形象或没有品牌形象则表明消费者对品牌商品没有信心[355]。第二，在品牌发展的过程中，提高品牌延伸环节的一致性。品牌在消费者心中的形象创造既可能是通过直接体验，也可能是通过品牌传播[356]。品牌延伸会影响消费者心中的品牌形象，新推出的产品与其他产品的契合度或与品牌形象的契合度会强化消费者的品牌态度[357]。

除此之外，这种品牌一致性建设的渠道是多样的和适时而变的。针对社交媒体和视频产品来说，品牌融入节目的内容对品牌形象有显著影响。随着人们观看的节目数量变多，品牌形象和节目形象契合度则变高[358]。年轻消费者从社交媒体和影视的渠道来获得特定产品或品牌的认知，从社交媒体上获得品牌的外观和特征的相关知识，然后在产品或品牌之间的对比中清晰地辨识特定的产品或品牌[359]。另外，在品牌建设活动中，管理者可以采用本地消费文化或祖国文化为构成要素，调整品牌定位，达到适应国家形象的品牌目标，这对品牌发展来说是有益的[360]。在熊猫品牌的建设中，生产者将大熊猫这一旅游资源和相关的中国传统文化结合，如将都江堰水文化、道教文化结合，进行统一的对外宣传，塑造出了"世界熊猫家园"的品牌形象[361]，这对于品牌的发展和建设都是有益的。

（二）品牌外部的一致性

品牌外部的一致性主要指的是品牌形象与消费者感知之间的一致性。需要指出的是，品牌内部的一致性目的指向为消费者，而在品牌外部一致性中，消费者不仅作为一致性建设的目的，而且直接作为一个和品牌并列的要素存在。

品牌的外部一致性建立可分为多个部分，由于这种外部一致性涉及品牌与消费者的关联，品牌一致性的建设也与消费者有关，构成品牌外部一致性的因素包括：

第一，消费者的品牌认同。消费者品牌认同被定义为消费者看到自己的自我形象与品牌形象重叠的程度[362]，或是顾客感知和重视的他们与品牌之间的归属感的心理状态[363]。消费者对品牌的认同感越强，对品牌的忠诚度就越高[364]，更倾向于分享关于品牌及其产品的正面信息，且更愿意为品牌争取新的客户。消费者认同理论大多借鉴了社会认同理论及其在组织认同中的应用。当消费者对他们所感知到的品牌形象与其自我形象之间一致性越高，他们则对品牌形象持有更积极的态度[365]。消费者对于品牌的认同程度构成了他们对品牌的评价，继而构成了品牌声望。品牌评价与品牌声望有紧密联系。品牌声望是指个人对品牌的评价，反映的是品牌在市场上受到人们尊重、欣赏的程度。一般来说，消费者更加倾向于将自己的身份与他们认为比其他人更有声望、更好、更有吸引力、更受尊敬的实体联系起来[366]。品牌声望常常被认为是消费者评价和彰显社会地位、增强身份认同的一种象征性手段[367]。在电影《功夫熊猫》中，制作方将熊猫作为品牌营销的重点，注入大量熊猫和中国文化元素，但明显只是涉及了熊猫这一外部形象和中国建筑场景的表象性文化特征，内核还是美国价值观，降低了消费者的认同，在中国电影市场上遭遇了失败的口碑[368]。

第二，消费者的品牌参与。消费者品牌参与有三个维度——认知（Cognitive）、情感（Affective）和行为（Behavioral）[369]，分别指的是消费者建立品牌意识、产生品牌相关情感到做出消费行为甚至主动向周围的人宣传推广。在品牌认知的环节，品牌意识指的是消费者在不同条件下识别品牌的能力，可分为品牌识别（Brand Recognition）和品牌召回能力（Brand Recall Performance）。在品牌情感的环节，品牌意识可通过品牌人格化来强化。"人格化（Anthropomorphism）"是来自希腊的词汇，是一种文学修辞手法，意指将事物人格化。消费者可以将企业和产品赋予类似人类的特征，并将属于人的个性、生活方式和个人特质转而赋予品牌[370,371]。品牌人格化指的是消费者根据自身的整体行为，将品牌视作具有自身动机、意图和情感的实体，将人类的特征赋予品牌[372]。研究显示，品牌人格化对品牌信任、品牌承诺等结果具有有效的预测作用[373]。在品牌行为的环节，当消费者将一个品牌拟人化后，他们会如同认可某个人或爱某个人一样来认可和爱一个品牌[355]。品牌爱指的是消费者对品牌的强大情感依恋，包括对品牌的需求、风险、积极评价、积极回应和感受等几个部分[374]。品牌爱是消费者品牌之间的一种长期关系，当消费者将自己从产品或品牌中获得的愉悦转化为品牌爱时，他们就会体验到情感体验上的满足[375]。品牌人格化和品牌声望对消费者产生品牌认同有积极的促进作用，继而也可以促进消费者的参与[376]。品牌人格化增加了消费者倾向于与品牌合作的程度[377]。品牌形象对品牌爱有显著的正向影响，且与品牌承诺具有正相关的关系[378]。熊猫承载了四川的传统文化，易于唤醒人们的记忆，一些与熊猫相关的文化创意活动致力于对故事系列的打造，让熊猫拟人化，使品牌文化更易传播[379]。在熊猫的故乡之一——四川成都的城市文化旅游宣传中，就采用了熊猫品牌的建设。设计者通过诸如大众文化、本地特色、社会心理等多个角度，采取人格化的手段，用熊猫可爱的人格化形象，塑造出了成都这一城市融合生态环境、人文历史、科技创造等特征为一体的个性开放的文化旅游品牌[380]。

对于品牌形象建设与管理来说，产品、服务、消费者联系等都不能再实现完全的企业独立自主和与消费者的脱离，它们更应当在与消费者的互动中实现共同创造[381]。

目前，对于品牌一致性的研究大多是对传统品牌建设模式的研究，较少涉及新媒体上品牌的塑造模式分析，也较少从生产商、消费者两个角度来探讨品牌建设一致性问题，基于此，本书提出以下三个问题：

Q1：熊猫频道在社交媒体上塑造出的品牌形象是什么样的？

Q2：熊猫频道在用户心中的品牌形象认知和接受是怎样的？

Q3：熊猫频道的品牌在社交媒体中塑造的品牌形象和该品牌在用户心中的形象是否是一致的？这种形象是基于怎样的塑造模式和运营策略？

三、研究样本与方法

（一）研究样本

根据品牌一致性假说，对于品牌形象塑造的成功与否可从品牌内部一致性和品牌外部一致性的塑造是否完成来评价，因此，对于研究样本的选择主要涉及以下两个方面：

第一，生产者对品牌的界定、认识以及与品牌相关内容的发布。在这一部分，本书提取生产者发表在社交平台微博上的内容。微博是中国最大的网络社交平台之一，是一种基于用户互相关注关系基础实现的简短、实时信息共享、传播与获取的社交网络平台。随着 5G 网络覆盖范围的逐步扩大、手机用户数量的不断增加，在社交平台上，品牌社交媒体账户的开通成了大势所趋。品牌相关内容通过品牌社交媒体账户发布，从而接触到更加广泛的用户和消费者，扩大品牌影响力和传播范围。因此，本书提取了@iPanda熊猫频道 2021 年 1 月在微博上公开发布的所有内容作为样本。

第二，用户或消费者对于品牌的认识。根据国家统计局发布的《中国人口普查年鉴 2020》，截至 2019 年末，中国人口共 14.0005 亿。在 2020 年举办的中国新媒体大会上，新浪微博副总裁曹增辉介绍，微博作为中国最大的全媒体社交平台之一，目前月活跃用户有 5.23 亿人，日活跃用户有 2.29 亿人，分别占据中国总人口的约 1/3 和约 1/7。因此，微博用户群体具有广泛性和代表性。本书选择微博用户@ iPanda 熊猫频道 2021 年 1 月在微博上公开发布的所有内容下方的用户评论作为样本，采集了每一条内容下热度最高的评论，代表和反映用户和消费者对于熊猫品牌的看法。

（二）研究方法

本书采用了 2 个样本，所有数据提取于 2021 年 4 月：

为解决 Q1 中的品牌内部一致性问题，样本（1）包括微博账户@ iPanda 熊猫频道自 2021 年 1 月 1 日至 2021 年 4 月 11 日发布的所有内容。然后，这些数据经过了手动筛选，删除其中表意不明和被该账户重复转发的无效部分，共计 1533 条。

为解决 Q2 中的品牌外部一致性问题，样本（2）包括上述样本（1）中微博账户@ iPanda 熊猫频道发布的内容下的用户最高赞同的评论。然后，这些数据经过了手动筛选，删除其中表意不明和具有攻击性的无效部分，共计 1530 条。

最后，针对 Q3 中提出的问题，本书将 2 个样本的编码结果进行比较和分析，得出关于品牌在新媒体运营模式的最终结论。

本书采取 NVivo 软件对挖掘到的内容进行文本分析和编码。为确保编码结果的可靠性和科学性，编码过程邀请了研究团队的另一名成员，在详细培训和充分沟通后，各自进行独立的编码和构念组合。两人编码结束后，使用 NVivo 中的编码比较 kappa 系数对编码结论的信度可靠性指数进行检验。经过对两个编码结果的对比和验证，检验结果显示：样本（1）的 kappa 系数为 0.75~1，编码结果至少具备高度一致性（Substantial Perfect）；样本（2）的 kappa 系数为 0.58~0.93，编码结果至少具备中等一致性（Moderate Perfect），符合检验要求。对于两人编码结论不一致的情况，再次讨论并确定编码方案，最终得出编码结果。

四、分析

（一）品牌内部一致性

品牌内部一致性由生产者主导，因此，为了解读生产者在品牌形象塑造时采取的策略和生产者本身对于品牌的认知，本书将采集到的品牌运营方发布内容进行编码。编码结果总共涉及 289 个参考节点，其分布如图 5-15 所示。

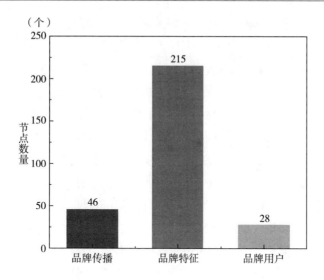

图 5-15　品牌运营方发布内容的编码结果

编码结果将生产者发布的内容分为三部分。通过这三部分，可以对生产者的品牌形象运营策略有大致的了解和推断。在生产者发布的所有内容中，关于品牌特征的描述是最多的，其次为品牌传播内容，最后是品牌用户的内容。

首先，品牌特征。品牌特征指的是生产者发布的涉及品牌相关形象特征的内容。在微博用户@iPanda 熊猫频道中，其品牌主要对象是熊猫。因此，在发布内容之中，品牌特征主要指涉及熊猫的形象。具体来说，如表 5-6 所示。生产者对于品牌特征的塑造大致从两个方面着手，分别是熊猫活动和熊猫形象。

表 5-6　品牌特征的维度

一级节点	二级节点	编码参考点数	一级节点	二级节点	编码参考点数
熊猫活动	熊猫和吃	36	熊猫形象	熊猫憨气	4
	其他活动	36		熊猫可爱	23
	熊猫和工作人员	23		熊猫淘气	3
	熊猫和树	5		熊猫身材	13
	熊猫之间的活动	52		熊猫外表	20

就熊猫活动而言，相比直接描述熊猫的形象特征，不如通过一些事实来对这些特征进行有力证明。生产者通过熊猫相关活动的记录来塑造熊猫贪吃、好玩的

可爱形象。在"贪吃"方面，用"享用美食""天生的吃货"这样的词语来描述熊猫这一对象。在"好玩"方面，生产方发布的内容主要涉及熊猫的不同玩伴：一是熊猫之间的玩耍，其中主要包括了熊猫妈妈和熊猫宝宝的活动、熊猫之间的"打闹"等；二是熊猫和工作人员之间的活动，包括了熊猫对饲养员——常被称为"奶爸"或"奶妈"——的撒娇，熊猫和摄影人员之间的互动等；三是熊猫和树之间的互动，由于熊猫爱爬树这一习性，树常常成为在介绍熊猫活动时不可缺少的一项。因此，在发布的内容中，生产者常常将树拟人化，将树称为"小树君"，作为熊猫的玩伴之一。这是一个可爱的称呼，这种表达方式也可以侧面烘托熊猫的可爱。就熊猫形象而言，生产者一方面使用形容词性的描述来直接塑造熊猫的形象，如"憨态可掬，顽皮娇痴""做啥都很可爱""大熊猫吃饭有多萌""费头子"等来形容熊猫；另一方面通过对熊猫外表和身材的描述来间接塑造熊猫的形象特征，如"白白胖胖""黑眼圈""小短腿""又胖又圆"，这些词语无不表达了熊猫的憨厚可爱。

其次，品牌传播。品牌传播指的是生产者发布的涉及宣传、推广的内容。但是，在所有品牌宣传的内容中，不仅包括熊猫相关知识和信息的宣传，还包括一些其他方面的信息，如表 5-7 所示。生产者对于品牌宣传大致包括两个方面，分别是科学文化宣传和文化产品宣传。由于微博用户@iPanda 熊猫频道的公益性和非营利性，相关品牌宣传在产业产品方面的比例较少，而科学文化知识宣传方面的占比较多。

表 5-7　品牌传播的维度

一级节点	二级节点	编码参考点数
科学文化宣传	其他野生动物	18
	熊猫相关新闻	12
	中国文化植入	13
文化产品宣传	—	3

第一，文化产品宣传主要指的是熊猫相关的文创产品的宣传，包括以熊猫为主题的定制台历等。通过抽奖赠送用户、用户反馈和分享图片的方式介绍相关产品。第二，科学文化宣传指的是发布内容中对熊猫及其他动物的相关知识和相关新闻的普及与宣传，也包括文化宣传。这一部分主要分为三个方面：一是对熊猫相关新闻的报道，有对成都以外其他动物园中的熊猫的报道，也有对野生大熊猫

生存状态的报道。二是相关野生动物的宣传。这一部分主要对一些和熊猫一样的濒危野生动物进行了面向大众的科普，如高山兀鹫、雪豹等，意在借助@ iPanda熊猫频道的高关注度和年轻化受众特征，倡导野生动物保护和生态环境保护。三是中国文化植入，每逢中国传统节日和节气，发布内容中都会与相关习俗进行宣传和与熊猫的联动，如"小寒"节气意喻团圆、归家等。

最后，品牌用户。品牌用户指的是生产者发布的内容中与用户相关的部分，如表5-8所示。在这一部分中，包括情感表达和用户互动两个方面的内容。熊猫频道通过情感，深化社群互动，实现精准传播[382]。

表 5-8　品牌用户的维度

一级节点	二级节点	编码参考点数
情感表达	我爱熊猫	2
	想拥有熊猫	8
用户互动	—	18

第一，情感表达指的是生产者拟用户的话语模式，表达对熊猫的喜爱之情，对于用户情感有积极的导向作用。这一部分主要分为两个层面：一是对熊猫的爱的表达，如"我爱熊猫""太招人喜欢了"；二是对想拥有熊猫的表达，如"让熊猫去我家做客""偷走一只（熊猫）不会被发现吧"。第二，用户互动指的是采取问答对话方式与用户互动的内容，如"忙了一周的你辛苦啦！熊宝温馨提示：记得好好吃饭""你的小宝贝（指熊猫）已经吃完早餐，来叫你起床啦"等。

（二）品牌外部一致性

品牌外部一致性的塑造主要基于用户对品牌的认同程度，因此，本书将采集到的用户评论内容进行编码，以客观地呈现用户对品牌的态度。编码结果总共涉及223个参考节点，其分布如图5-16所示。

编码结果将用户评论内容分为两部分。通过这两部分，可以对用户对品牌形象的认知和接受有宏观的了解和推断。在用户的评价内容中，对于品牌认同占最大的部分，其次为用户的品牌参与。

首先，品牌认同。品牌认同指的是用户对于品牌形象的基本认识和接受。具体来说，用户的品牌认同分为两个方面，分别是品牌特征认识和品牌宣传认识，如表5-9所示。

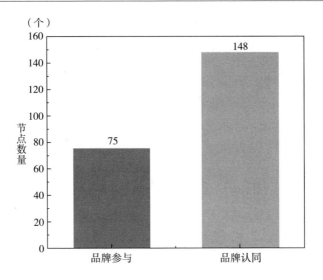

图 5-16 用户评论内容的编码结果

表 5-9 品牌认同的维度

一级节点	二级节点	编码参考点数	一级节点	二级节点	编码参考点数
品牌特征认识	熊猫和吃	13	品牌宣传认识	环境保护认识	7
	其他活动	4		文化认识	7
	熊猫和工作人员	10		野生动物认识	10
	熊猫和树	11			
	熊猫之间的活动	13			
	熊猫憨气	5			
	熊猫可爱	24			
	熊猫淘气	9			
	熊猫身材评价	6			
	熊猫外表评价	29			

就品牌特征认识而言，用户主要产生了对熊猫相关活动和熊猫形象特征的两个方面的评价，这种评价有益于品牌认知的建立。用户注意到熊猫贪吃、好玩的特征，注意到熊猫之间的打闹玩耍，注意到熊猫和工作人员之间的互动。此外，熊猫可爱、淘气、憨气的特征以及"又白又胖"的身材、"芝麻汤圆"一样的黑白外表也被用户所关注。在这些熊猫进行的活动以及用户对熊猫特征的统一性评价中，用户建立起对熊猫形象的基本认知。就品牌宣传认识来说，基于 @ iPanda

熊猫频道发布的内容，用户分别对中国传统文化、其他野生动物、生态环境保护产生了对应的认知。用户在节日时会在评论区互道节日祝福，会通过品牌的科普宣传感受到自然环境的美丽，认识多种野生动物，了解到保护陆地与海洋生态环境、保护生物多样性的重要性。

其次，品牌参与。品牌参与指的是用户与品牌之间的互动参与模式。具体分为品牌互动和情感表达两种模式，如表 5-10 所示。

表 5-10　品牌参与的维度

一级节点	二级节点	编码参考点数	一级节点	二级节点	编码参考点数
品牌互动	建议反馈	9	情感表达	拟人化表达	36
	运营互动	19		想拥有熊猫	11

第一，品牌互动指的是用户与生产者的互动。这些互动以程度的深浅为依据分为运营互动和建议反馈。运营互动是用户回答生产者在发布内容中提出的问题，或指出内容生产者错认了熊猫，"小编你又翻车了，这一看就是绩美美"，还有回复自己品牌活动的中奖情况，对品牌表示感谢，这种互动是不需要编辑回复的、较为浅层的互动；建议反馈则指的是一种深层次的互动，渴望和需要引起品牌生产者的重视，如用户要求看到某一只熊猫的照片或视频，"小编，能申请去耿达拍拍煤煤吗？煤煤的吃播百看不厌"，以及对其他动物园熊猫的关注。

第二，情感表达指的是用户在阅读生产者发布的内容之后，有感而发进行的情绪化表达。主要包括如"宝贝来，到我家来，我家有竹林！"的想拥有熊猫的表达，间接表露的是对熊猫的喜爱。还有一种较为特殊和普遍的是用户在假设自己作为熊猫或与熊猫相关联的事物的角度上，对相关事件做出评价，如站在熊猫的立场上说"团子：秋千快点荡起来，不然熊家咬你！"以表现熊猫的贪玩，站在树木的立场上对熊猫说"小树君：愿意为你，我愿意为你，放弃我性命！"以表现熊猫的淘气等。这种品牌参与模式是建立在将品牌人格化的基础之上，用户将熊猫看作类似于人的个体，观察它们，表达自己的情感。

五、讨论

（一）生产者运营和用户接受的品牌形象

针对 Q1，根据编码结果，从生产者运营的角度来看，@ iPanda 熊猫频道在社交媒体上塑造出的品牌形象是以熊猫这一现实生物为对象。就外表和身材特征来说，大熊猫拥有令人印象深刻的外表：黑白相间的皮毛，鲜明的"黑眼圈"，圆滚滚的身材；就形象特征来说，熊猫可爱的、贪玩的、淘气的性格令人难以忘记。总体来说，这种品牌形象是基于对熊猫的人格化，在通过低龄和可爱的标签的加入与统摄，形成一个完整的熊猫拟人化形象[383]。这一形象同时通过直接的特征表述和间接的现实例证来结合表现。除此之外，基于品牌的公益性质和环保宣传性质，熊猫的品牌形象还与中国传统文化宣传、环境生态保护、生物多样性保护有关，成了一种独具特色的文化符号。这也影响了@iPanda熊猫频道的网页页面设计风格——主要以熊猫皮毛的黑、白两色和象征环境生态的绿色为主色调，以中国传统水墨画为主要风格，如图5-17所示。

图 5-17　@iPanda 熊猫频道网页页面

　　针对Q2，根据编码结果，用户对品牌形成了品牌认同和品牌参与两个层面的接受。首先，在认同方面，用户认为熊猫是可爱的、贪玩的、憨气的，与此同时，熊猫的外形又白又胖，圆圆滚滚，像糯米团子。用户对于熊猫形象的整体认识都是较为积极的，观察仔细的用户甚至可以分辨出每一只熊猫以及正确掌握它们的名字。除熊猫之外，用户也通过生产者发布的内容，在中国传统文化、生态环境保护、野生动物保护等方面有了一定的认知。其次，在参与方面，基于用户对于熊猫的喜爱，他们更多地发出想要拥有熊猫的情感表达，与生产方发布的内容进行互动。另外，值得注意的是用户参与品牌形象建构的方式——拟人化的情感表达。用户站在熊猫或与熊猫相关事物的角度做出评述，重复和加强了品牌形象。更甚的是，用户还对生产者提供了一些反馈和建议。

　　针对Q3，综上所述，熊猫频道的品牌在社交媒体微博中塑造的品牌形象和用户心中的形象是基本一致的。这种形象包括多个方面：有的以熊猫为主题，描述了熊猫的相关体貌特征；有的以科学和文化为主题，对相关知识进行了宣传和科普。因此，可以得出，在熊猫品牌@iPanda熊猫频道的新媒体运营与创新过程中，品牌内部和外部都成功构建了一致性，提高了消费者的品牌认知，对于品牌的宣传与建设有着良好的推动力。那么，品牌内部与外部一致性的塑造有哪些策略？

（二）品牌的内部和外部一致性运营策略

根据@iPanda熊猫频道的品牌运营案例分析与研究，可以得出品牌一致性的主要运营策略有以下三点：人格化的品牌塑造、价值统一的品牌宣传和用户互动与用户表达的重视。这三项在品牌内部和外部一致性建设中的所在环节如图5-18所示。人格化的品牌塑造作用于品牌内部的品牌标志、品牌风格层面；品牌宣传属于生产者与用户的接触层面，因此价值统一的品牌宣传作用于中间层；用户互动与用户表达的重视作用于消费者的品牌认同和品牌参与层。

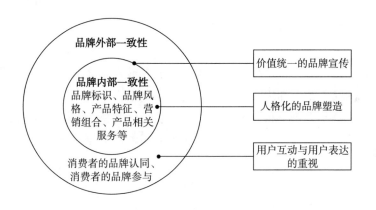

图5-18　品牌一致性运营策略示意图

1. 人格化的品牌塑造

在品牌一致性运营过程中，最常用和最普遍的策略是品牌人格化。如前文所述，人格化品牌形象指的是将品牌人格化，赋予其人的个性特质与生活方式，将品牌视作具有人为动机、意图和情感的实体，从而使消费者产生品牌认同和品牌爱。这种方式的优势在于：品牌人格化可以增强消费者对品牌内在价值的认知能力[384]，促进消费者群体的品牌认同，提升品牌声望和品牌形象，增加消费者与品牌合作的意图，继而激发消费者的品牌参与。

微博账户@iPanda熊猫频道在塑造品牌形象时用到的最普遍的策略是人格化

的品牌塑造。在其运营过程中，其品牌对象是大熊猫，人格化对象也是大熊猫，生产者将大熊猫及其周围相关事物视作类人的存在，借以阐释相关对象，表达相关情感，完成品牌的传播过程。熊猫是一种特殊的珍稀动物，其可爱、淘气的形象深入人心，这同时也构成了品牌形象的一个重要部分。为了实现品牌形象的统一性和整体性，生产者在发布内容时，所使用的措辞风格也与这种形象趋近。这种做法是对品牌风格潜移默化的延续，通过言语风格来拓宽消费者想象的余地。因为品牌人格化依赖于消费者的想象力，管理者必须通过多种方式控制消费者对品牌的想象，使人格化的品牌对消费者具有持续的吸引力，比如追踪和管理其对品牌的意见等，因为它会影响到品牌爱[385]。此外，需要指出的是，随着消费者感知的品牌形象与自我形象之间的一致性的提高，消费者对品牌会持有更加积极的态度。在这里，生产者惯于将熊猫的生活方式与人的现实生活方式关联，通过拟人化的情感表达传递消费者的心声，本就是一种品牌形象向消费者自我形象的自觉靠拢。当消费者将品牌视为值得信赖的伙伴时，人格化的品牌比非人格化的品牌更易获得消费者的喜爱[386]。

2. 价值统一的品牌宣传

在品牌一致性的运营过程中，品牌宣传是使生产者与用户接触的重要手段，也是生产者的品牌塑造和用户的品牌认同的中介方式。采取统一的价值宣传是对品牌内容的总结与升华。越是普适和简洁的品牌价值观，越能够构成最普遍的认同。对于文化产品而言，最重要的核心竞争力是内容资源。只有实现内容资源的有效开发，才能使产品具有可持续的竞争力[387]。这种运营方式具有以下优势：其一，建立一致的品牌标识，提高品牌可识别性，基于此，提高品牌在消费者面前的曝光度和在消费者心中的可识别程度；其二，有利于品牌统一风格的建立，使品牌在后续的产品特征、营销组合、产品相关服务设计方面有统一的规则可循，并且，品牌价值可以通过市场导向来间接地提升品牌竞争力[388]。对社会和自身都有好处的品牌是由它们所具备的核心价值观驱动的，通过特定方式可以了解和考察品牌的核心价值观需要具备什么品质[389]。

在@iPanda熊猫频道的运营中，核心的品牌价值是对于生物多样性、野生动物保护和中国传统文化的宣传。第一，在生物生态保护方面。研究表明，企业的社会责任承担能够提升品牌价值，而企业违背社会规范、价值观和伦理的不负责任的社会行为会对品牌声誉产生不利影响[390]。在熊猫频道的官方网站上，生产者介绍其为"对民众普及关于大熊猫和其他珍稀物种保护的知识，向民众展示近年来中国对生物多样性保护和生态环境保护的成果"。熊猫频道是具有社会责任感的生产运营方，在社会责任和人格化品牌两方面条件具备的情况下，品牌的消费者可以感受到更大的温暖感和品牌消费乐趣[391]。第二，在中国传统文化宣传方面。熊猫品牌的生产者"通过熊猫向世界传播和平、友爱理念，提升国家形象"。国家社会文化背景对消费者对品牌价值的主观感知具有重要影响，也就是说，个体的社会文化属性可以影响到个体对品牌价值的感知。在国际传播的场域，熊猫频道通过这种方式提升和传播国家形象，将建构完善的生态传播体系上升为践行生态文明建设的应有之义[392]。这种在内容中加入中国文化元素的措施，更加容易得到中国用户的接受和认同。在这样的品牌价值观导向下，生产者设计以绿色、环保、文化传统为核心的品牌标志和品牌外观，生产以宣传环境生态保护和生物多样性保护为核心的内容产品和相关服务，形成特殊的品牌风格。因此，品牌生产和传播实现了一致性和整体性，提高了消费者对于品牌的识别程度和认同程度。

3. 用户互动与用户表达的重视

企业在与消费者和利益相关者的互动中实现品牌价值共创。当消费者将品牌人格化后，他们通过社交媒体的使用，使品牌口碑得到更广泛的传播[393]。为了实现品牌形象内部和外部的一致性，用户管理形成了外围的最重要方面。在此，用户管理指的是重视用户互动和用户表达，分别意味着生产者在发布内容中与用户进行问答等多种互动方式，关注、模仿和回馈用户的多种表达。这种运营方式的优势在于：其一，在互动的过程中，增强用户的品牌认同，美化品牌声望；其二，通过品牌人格化的塑造，从品牌认知、情感和行为三个层面来强化用户对品牌的参与。

事实上，熊猫频道本质上是一个小众化的平台，它根据用户兴趣来不断完善和改进。这种差异化和小众化的运营使该平台具备了独特的品牌辨识度和用户黏性。@iPanda熊猫频道在用户管理方面有着重要的借鉴意义和研究价值，生产者采取的具体策略是对内容的重视和对用户的关注。品牌发布的内容不仅需要有所关联，还需要具备娱乐性和视觉吸引力，才能促进用户对品牌的参与和互动[394]。情感价值和社会价值可能导致用户继续使用在线社交媒体，尤其是社交增强和趣味性可能导致用户的延续使用和关注的意图[53]。具体来说，生产者在运营方面不设置预设立场，让用户成为平台内容的监督者和审查员。熊猫频道采取24小时直播的形式，使用户全面获得关于熊猫的内容与资讯，再根据用户的反馈，将素材进行加工整理，做成短小精悍的片段在微博上播放。并且，这些内容以用户的口吻来表达对熊猫的喜爱和评价，使用户观点占据了最大的主动权。此外，还以问答、抽奖等形式不断地与用户进行互动，得到用户的多方面反馈[395]。

通过@iPanda熊猫频道在新媒体平台微博上的运营，不难发现这种品牌一致性不仅体现在品牌内部的品牌传播、品牌特征和品牌用户互动之间的内部一致性，还体现在品牌外部用户对品牌的认识和参与之间的外部一致性。

案例分析表明，在品牌的新媒体运营过程中可以采取的策略有：实现人格化的品牌塑造，使品牌在用户心中建立起一个与用户自身形象相近的、受用户认同的品牌形象；重视内容运营，有效开发内容资源，建立独特的品牌价值观，使产品具备核心内容的一致性和可持续性；强调用户管理，重视用户互动与用户表达，从用户的反馈中增强品牌一致性的表达。

第六章　数字创意产品多业态
开发的用户迁移机理

根据总体分析框架，本章将对数字创意产品多业态联动开发过程中的用户迁移问题进行探讨。具体涉及这一过程中的用户认知、用户持续使用的影响因素、用户迁移的系统仿真三个方面的问题。

第一节　联动开发中的用户认知问题

下面我们将以基于文化遗产的数字创意产品开发为例，分析数字创意产品多业态联动开发中的用户认知问题。

一、背景分析

文化遗产指的是人们从前人处承袭的文化或文化产物，是历史留存在现今社会中的宝贵财富，具体形态可分为物质文化遗产和非物质文化遗产。根据《世界遗产公约》（*Convention Concerning the Protection of the World Cultural and Natural Heritage*），物质文化遗产即有形文化遗产，包括具有有形实体的历史文物、单立或连接的历史建筑和考古文化遗址；根据联合国教科文组织（UNESCO）《保护非物质文化遗产公约》（*Convention for the Safeguarding of the Intangible Cultural Heritage*），非物质文化遗产即无形文化遗产，包括口头文学及语言、传统艺术、民俗、传统手工艺等。世界文化遗产是人类历史发展、进步的见证，是历史上某种文化终结时传承给后继文化的遗留，具有特殊的文化价值和社会意义，保护世界文化遗产始终是人类社会的重要命题和任务。

传统意义上对于文化遗产的保护仅局限于国家立法和社会公益宣传，近年来，由于不断发展的各类技术和不断形成的新媒介环境，对于世界文化遗产的保护和宣传也有了新的路径，如文化创意产品的开发与电子商务平台的销售，以手机 App 和网页为载体的虚拟博物馆、数字化展品等。其中，基于文化遗产的数字化叙事与受众参与受到广泛关注。

二、背景与研究现状

文化遗产在提高人民生活质量、了解历史、促进人民凝聚力、推动经济增长、开放就业机会以及支持教育和艺术事业等更广泛发展方面具有巨大潜力[396]。现代工业文明的发展给文化遗产的保护与延续带来许多变化，一方面，就文化遗产保护的内部变化而言，它们由传统社区向现代消费社会变迁，同时也导致了它的性质由社会公益性向现代商业品牌性的转化，为了获得足够的发展资源和赞助，文化与文化遗产只能不断证明并增加其生存价值，才能长久生存[397]。只有在文化遗产被视为具有成本效益的情况下，才有可能开展一项旨在保护文化遗产的活动。

另一方面，就文化遗产的外部条件而言，对于它们的保护和开发也引入了许多技术性办法。这些办法大致分为两个层面：其一，在保护文化遗产方面，人们利用技术工具来记录具有高质量图像的文化遗产由各种元数据模式描述的数字对象组成的文化遗产收藏[398]，并且，数字技术可以提供在虚拟世界中恢复这些建筑原貌的可能性——显示目前仅作为考古遗址遗迹存在的物体的原始外观[399]。计算机图形学、可视化和重建、虚拟和增强现实等，都是如今数字文化遗产的艺术呈现现状[400]。数字技术和文件共享的方式也使公共获取信息更加容易。其二，在开发文化遗产方面，当今社会图书馆、档案馆和博物馆等越来越多地为文化遗产内容设计移动应用程序（App）。在大众旅游方面，引入智能旅游目的地的概念，设计移动应用程序。这些程序可用于提供官方信息、相关纪录片和当地导游的补充信息[401]，向用户告知遗址的历史意义和文化价值，并且在游客参观访问遗址时对他们进行适时、适当的保护责任教育。据统计，在 App 的设计中，文本、图像和地图信息被实现于每个文化遗产相关的应用程序，音频是第二个最常用的方式，但没有得到普遍使用[402]。文化遗产保护和开发的最新发展是，随着用户的审美意趣和文化需求逐渐多元化，单一的数字化与技术化形成图像、文字等已渐渐不能满足用户要求。事实上，视频是对于文化遗产内容的一种数字化叙事，视频的生产实际上就是对文化遗产内容资源的发掘。人们在对文化遗产的保护和发掘过程中共同构建一个现代国家的连贯形象。因为广告、新闻短片、影视剧等一直在不同时间段以不同的方式提供了多种信息，这些信息呈现了过去和现在的多层次形象[403]。

故宫是中国最著名的历史文化遗产，在中国历史上，它是明、清两大朝代的皇家宫殿，旧称紫禁城，位于中国北京，是世界上保存最为完整和规模最大的古代木质结构建筑群之一。此外，它保存了 180 多万件文物藏品。基于此，北京故宫博物院于 1925 年成立。从 2012 年单霁翔被任为故宫博物院院长以来，故宫一改以往严肃、厚重的形象，变得活泼、生动，利用增强现实等技术开启智慧旅游，开发新媒介平台，设计和售卖文创产品，这些都更加迎合年轻受众的审美意趣。在此之中，凭借其优秀的文化资源和独特的历史"沉浸式"氛围，与故宫相关的影视剧开发也具有极大的代表性和典型性。从 20 世纪末的历史传奇与人物传记，到近年来热门的时空穿越或宫廷斗争电视剧；从以故宫为背景的民间 IP 改编电视剧，到由故宫博物院官方联合了北京广播电视台（China Beijing TV Station）及几家影视制作公司共同出品的文化类电视剧季播节目，与故宫这一文化遗产相关的影视开发已经有了多年的经验。

三、研究样本和研究方法

（一）研究思路

曾经的影视行业重心在于拍摄、播出和收看，如今，观众体验和参与也被纳入其中。近年来，随着各大视频网站、弹幕网站和网络论坛的发展，现象级的影视节目不断出现。用户对这类文化作品的认知和参与可以客观地反映人民对于文化遗产的态度，其中，用户对文化作品的认知和参与通过观众影评得以体现。因此，本书对观众影评进行了相关分析，读取观众对于这类文化作品的态度观念与情感认知，最终获取受众观看并反馈文化遗产相关产品时的身份塑造的实践，它与文化物质事实和文化图像的怀旧联系在一起，一方面保护文化遗产，另一方面塑造民族期待。并得出文化遗产在数字化叙事过程中的利弊借鉴与参考意义。

具体来说，本书的观众认知分析对象分为以下四类，即以故宫为背景的四类影视剧：其一，历史传记与人物传奇类。这种类型的影视剧主要基于史实对某段历史时期发生的事件或围绕某个历史人物进行叙事。在叙事的过程中适度加入戏剧性改编，以达到吸引受众的效果。在以故宫为题材的影视剧中，这类题材影视剧表现为某段历史时期的宫廷、政治故事或某位皇帝的传记故事。其二，时空穿越与言情类。这种叙事题材主要还是以情感叙事为重心，但最具吸引力和最独特的要素是时空穿越元素的加入，使故事具备了奇幻、悬疑的特征，这也是它区别于普通情感叙事影视剧的地方。这类题材影视剧主要体现为主人公穿越到明朝或清朝（清朝时空穿越占大多数）并且发生一段故事。其三，宫廷争斗类。这类题材与第二类有少部分相似之处，主要以明、清两朝某位皇帝的后宫妃嫔为故事主角，讲述她们之间明争暗斗的故事。其四，现实纪录类。这是一种创新的影视题材，与纪录片、综艺节目都有一定程度上的相似。它以故宫的馆藏资源或历史文化为基础并且对它们进行选择性书写和纪录，最终达到保护文化遗产和对历史文化进行公益宣传的作用。

整理出每类题材中具有典型性的影视作品作为研究对象，如表 6-1 所示。

表 6-1　故宫影视开发的相关剧目

题材	播出时间	片名	豆瓣评分	内容简介
历史传记与人物传奇	1999 年	《雍正王朝》	9.1	本片主要讲述雍正皇帝当政后实行的一系列旨在推行新政、抑制贪官腐败和宫廷内部党争的措施，大致描述了贯穿雍正的一生的历史事件①
	2001 年	《康熙王朝》	9.1	本剧讲述了从顺治皇帝哀痛爱妃董鄂妃病故时讲起，直至康熙在位 61 年驾崩为止，刻画了清朝初期康熙皇帝的传奇一生②
	2007 年	《大明王朝 1566》	9.7	以明朝嘉靖四十五年（公元 1566 年）为历史背景，刻画了嘉靖皇帝等一系列历史人物，通过政治势力斗争的讲述来揭示和反思贫富对立的社会矛盾③
时空穿越与言情	2011 年	《宫锁心玉》	6.0	讲述了现代女性洛晴川时空穿越到清朝，经历古代宫廷生活的奇幻经历④
	2011 年	《步步惊心》	8.3	讲述了现代白领张晓因车祸经历时空穿越到清朝康熙年间，成为马尔泰·若曦，被迫卷入皇子之间权力纷争的故事⑤

①　引用自：百度百科．雍正王朝 ［EB/OL］．https：//baike.baidu.com/item/%E9%9B%8D%E6%AD%A3%E7%8E%8B%E6%9C%9D/1378077? fr=aladdin.

②　引用自：百度百科．康熙王朝 ［EB/OL］．https：//baike.baidu.com/item/%E5%BA%B7%E7%86%99%E7%8E%8B%E6%9C%9D/54309? fr=aladdin.

③　引用自：百度百科．大明王朝 1566 嘉靖与海瑞 ［EB/OL］．https：//baike.baidu.com/item/%E5%A4%A7%E6%98%8E%E7%8E%8B%E6%9C%9D1566%E5%98%89%E9%9D%96%E4%B8%8E%E6%B5%B7%E7%91%9E/185646? fromtitle=%E5%A4%A7%E6%98%8E%E7%8E%8B%E6%9C%9D1566&fromid=31194&fr=aladdin.

④　引用自：百度百科．宫锁心玉 ［EB/OL］．https：//baike.baidu.com/item/%E5%AE%AB%E9%94%81%E5%BF%83%E7%8E%89/1224780? fr=aladdin.

⑤　引用自：百度百科．步步惊心 ［EB/OL］．https：//baike.baidu.com/item/%E6%AD%A5%E6%AD%A5%E6%83%8A%E5%BF%83/10819206.

续表

题材	播出时间	片名	豆瓣评分	内容简介
宫廷争斗	2004 年	《金枝欲孽》	8.9	以清代皇帝嘉庆的后宫为故事背景，讲述了众妃嫔在宫廷中为争宠而互相争斗的故事①。
宫廷争斗	2011 年	《后宫·甄嬛传》	9.2	本剧讲述了少女甄嬛的一生——从一个单纯女孩成长为一个善于谋权的后宫掌权者②
	2018 年	《延禧攻略》	7.2	本剧以乾隆的后宫为背景，讲述了宫女魏璎珞化解种种困难，最终成为皇后的故事③
	2018 年	《如懿传》	7.4	讲述了如懿与乾隆皇帝弘历一生从恩爱和睦到关系决裂的婚姻历程④
现实纪录	2018 年	《上新了·故宫 1》	8.2	《上新了·故宫》是文化创新类的真人秀节目，在每集节目中，嘉宾和故宫博物院专家一起进入故宫，带领观众认识某种馆藏文物及其背后的历史文化，并且设计一种与之相关的文化创意衍生品⑤
	2019 年	《上新了·故宫 2》	8.6	

资料来源：笔者整理。

其中，由于播出时间相近、题材一致、历史背景相似，《宫锁心玉》和《步步惊心》具有竞争关系，《延禧攻略》和《如懿传》之间也具有竞争关系，这种竞争关系可能致使粉丝相互攻击，存在故意给竞争对手打低分以达到拉低对方分数目的的不理智行为，因此这四部影片评分的客观性较其他影评低。

（二）样本选择

样本选择上述表格中 11 个题材不同的故宫相关影视剧，首先使用了 ROST Content Mining 6.0 软件，采集并分析了豆瓣网上用户对于这 11 部影视剧的评论。

豆瓣（douban）创立于 2005 年，是中国最大的社区评论网站之一，其自我

---

① 引用自：新浪网　影音娱乐．资料：电视剧《金枝欲孽》故事梗概［EB/OL］．http：//ent. sina. com. cn/v/2004-09-23/1150513578. html.

② 引用自：百度百科．后宫·甄嬛传（2011 年郑晓龙导演古装清宫剧）［EB/OL］．https：//baike. baidu. com/item/%E7%94%84%E5%AC%9B%E4%BC%A0/4701562？fromtitle=%E5%90%8E%E5%AE%AB%C2%B7%E7%94%84%E5%AC%9B%E4%BC%A0&fromid=2455236#viewPageContent.

③ 引用自：百度百科．延禧攻略［EB/OL］．https：//baike. baidu. com/item/%E5%BB%B6%E7%A6%A7%E6%94%BB%E7%95%A5/20481391？fr=aladdin.

④ 引用自：百度百科．如懿传［EB/OL］．https：//baike. baidu. com/item/%E5%A6%82%E6%87%BF%E4%BC%A0/16338718？fr=aladdin.

⑤ 引用自：人民网．《上新了·故宫》首发宣传片温"故"知新［EB/OL］．http：//js. people. com. cn/n2/2018/1027/c360313-32210113. html.

定义为"以技术和产品为核心、生活和文化为内容的创新网络服务,致力于帮助都市人群发现生活中有用的事物"①。它大量为其用户提供关于书籍、影视、音乐等作品的信息,并且,该网站上无论是信息描述还是评论打分都是由用户自身提供。据豆瓣网官方统计,截至 2022 年,豆瓣网的注册用户超 2 亿人,月活跃用户超 4 亿人次。在所有的豆瓣短评之中,由于数量众多、内容质量参差不齐,影片上映或播出前,与内容无关或包含人身攻击的短评都会被屏蔽。并且,为更好反映用户短评的价值,豆瓣会根据其用户的投票加权平均计算后的结果仅公开展示 500 条短评内容,因此,样本共采集豆瓣网短评 5500 条。在内容处理方面,在进行词频分析与情感分析之前人工对样本内容进行了手动、主观地筛选、规范和标准化,如去除不相关、无效或语义模糊的信息等。

此外,由于短评数量较少,用户反馈内容收集不足,还使用了问卷调查的方法对前者的分析过程进行细节性补充。调查问卷主要分为三部分:第一部分为受访者个人信息,第二部分主要对大众对北京故宫的文化价值认知与其媒介渠道进行调查,第三部分着重调查大众对故宫相关的影视剧评价和建议。此次问卷调查采用网络投放的方式进行,利用在线问卷调查网站"问卷星"(https://www.wjx.cn/)制定并发放问卷,最终收集问卷 426 份,有效问卷 426 份。

(三)研究过程

1. 情感统计分析

通过对豆瓣网站上这 11 部故宫相关影视剧讨论度的统计,得出的数据如图 6-1 所示。

就平均数而言,在四类影视题材中,讨论度最高的是宫廷斗争类,其次是时空穿越与言情类、历史传奇与人物传记类,讨论度最低的是现实纪录类。根据问卷调查的结果,在 408 个曾经观看过故宫相关影视剧的受访者中,主要观看题材为宫廷斗争类的受访者有 180 个,占比 44.12%;主要观看题材为时空穿越与言情类的受访者有 43 个,占比 10.29%;主要观看题材为历史传奇与人物传记类的受访者有 137 个,占比 33.58%;主要观看题材为现实纪录类的受访者有 44 个,占比 10.78%;其他类有 5 人。可见,受众对于宫廷斗争类、时空穿越与言情类和历史传奇与人物传记类题材关注度更高。

此外,豆瓣网上用户的影视短评分为"好、一般、差"三等,对于这 11 部影视作品,短评等级分布如图 6-2 所示。

---

① 引用自:豆瓣网. 豆瓣广告·媒体介绍 [EB/OL]. https://www.douban.com/partner/intro.

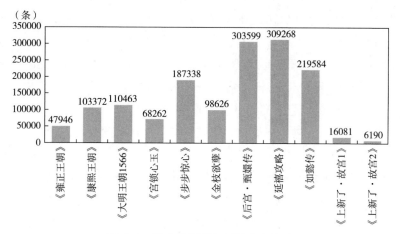

图 6-1　故宫相关影视剧讨论度统计

资料来源：笔者绘制。

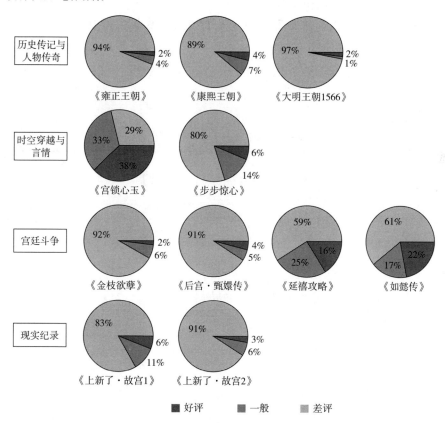

图 6-2　故宫相关影视剧短评比例统计

资料来源：笔者绘制。

就平均数而言，好评比例最高的两类题材是历史传记与人物传奇类、现实纪录类。就问卷调查的结果而言，主要观看宫廷争斗类的受访者共 180 人，其中好评率为 33.89%；主要观看时空穿越与言情类的受访者共 42 人，好评率为 26.19%；主要观看历史传记与人物传奇类的受访者共 137 人，其中好评率为 45.26%；主要观看现实纪录类的受访者共 44 人，其中好评率为 36.36%。可见，受众对于历史传奇与人物传记类和现实纪录类题材认可度较高。

2. 文本资源分析

通过软件数据抓取用户短评内容，对抓取内容中的无效信息进行人工清理，再利用 ROST Content Mining 6.0 软件对文本文件进行评价内容的分析，分词完成后对其中高频率出现的词汇进行整理统计，分别得出 11 部故宫相关影视剧中的30 个高频词汇，并按照词频数进行从高到低的排序，高频词汇可以在数量上代表用户对于影视剧的认知和反馈。

（1）历史传记与人物传奇类。经过人工清理，得出影视剧《雍正王朝》的有效评论共 494 条，《康熙王朝》的有效评论共 492 条，《大明王朝 1566》的有效评论共 497 条，三部影视剧的词频分析结果分别如表 6-2、表 6-3、表 6-4所示。

表 6-2 《雍正王朝》短评高频词汇

序号	词汇	频次	序号	词汇	频次	序号	词汇	频次
1	雍正	238	11	好看	36	21	四爷	24
2	康熙	116	12	一部	34	22	小说	23
3	王朝	113	13	帝王	33	23	小时候	22
4	历史	81	14	唐国强	33	24	导演	20
5	电视剧	56	15	政治	32	25	剧情	20
6	皇帝	52	16	二月	28	26	形象	20
7	历史剧	47	17	正剧	28	27	阿哥	19
8	十三	43	18	经典	28	28	中国	19
9	人物	37	19	这部	49	29	当年	18
10	演员	36	20	演技	26	30	老师	17

表6-3 《康熙王朝》短评高频词汇

序号	词汇	频次	序号	词汇	频次	序号	词汇	频次
1	陈道明	101	11	历史剧	25	21	一生	11
2	康熙	70	12	演技	24	22	最好	11
3	电视剧	47	13	这部	23	23	正剧	10
4	经典	44	14	演员	21	24	千古一帝	10
5	历史	44	15	帝王	17	25	明叔	10
6	斯琴高娃	43	16	老师	15	26	向天再	9
7	王朝	29	17	表演	13	27	清朝	9
8	百年	29	18	皇帝	13	28	电视	9
9	好看	26	19	雍正	12	29	国产	8
10	一部	25	20	台词	12	30	每次	8

表6-4 《大明王朝1566》短评高频词汇

序号	词汇	频次	序号	词汇	频次	序号	词汇	频次
1	历史	90	11	人物	37	21	台词	25
2	海瑞	89	12	这部	54	22	剧情	24
3	大明	73	13	演技	33	23	皇帝	24
4	嘉靖	69	14	国产	32	24	百姓	23
5	王朝	64	15	政治	32	25	揣摩	21
6	电视剧	54	16	编剧	30	26	刘和平	21
7	演员	53	17	一部	29	27	清流	21
8	中国	49	18	官场	28	28	角色	21
9	历史剧	49	19	权谋	27	29	张黎	20
10	导演	38	20	好看	25	30	经典	18

总体来说，在这类影视剧的短评统计结果中，用户运用较多的主要有剧中出现的专有名词，如"雍正""康熙""皇帝"等；有对于该剧的定性描述，如历史、历史剧、政治等；对于导演、演员及演员演技也有提到。结合情感分析结果发现，积极的评价占比很大。在形容词方面，高频词汇中出现的形容词主要是"好看"这个积极评价词汇，该词语在《雍正王朝》中出现36次，在《康熙王朝》中出现26次，在《大明王朝1566》中出现25次，属于高频率词汇。此外，"经典"这一词语也分别在三部影视剧中出现了28次、44次和18次。可见，用户对于历史传奇与人物传记类的评价普遍较好，并且主要集中于对剧情或演员的评价，对于文化遗产本身的认知较少。

另外，根据问卷调查的结果，观看影视剧题材为历史传记与人物传奇类的有137位受访者，性别比例较为均衡。有86.13%的受访者认为这种题材的影视剧对于故宫这一文化遗产具备宣传意义，有67.88%的受访者认为这一题材较其他题材能更好地反映故宫所具备的文化价值和历史意义。

（2）时空穿越与言情类。经过人工清理，得出影视剧《宫锁心玉》的有效评论共497条，《步步惊心》的有效评论共497条，两部影视剧的词频分析结果分别如表6-5、表6-6所示。

表6-5 《宫锁心玉》短评高频词汇

序号	词汇	频次	序号	词汇	频次	序号	词汇	频次
1	穿越	53	11	冯绍峰	22	21	历史	14
2	流星	39	12	演员	22	22	各种	14
3	剧情	38	13	一部	20	23	女主	14
4	阿哥	37	14	佟丽娅	19	24	步步	13
5	花园	37	15	当年	18	25	芒果	12
6	杨幂	31	16	演技	18	26	抄袭	12
7	好看	25	17	一星	17	27	完全	11
8	狗血	24	18	编剧	16	28	时间	10
9	电视剧	24	19	古装	15	29	结局	9
10	这部	22	20	完了	14	30	漂亮	9

表6-6 《步步惊心》短评高频词汇

序号	词汇	频次	序号	词汇	频次	序号	词汇	频次
1	刘诗诗	87	11	穿越	46	21	历史	23
2	步步	71	12	演技	46	22	吴奇隆	23
3	电视剧	53	13	剧情	44	23	制作	22
4	一部	53	14	好看	42	24	良心	22
5	小说	52	15	女主	32	25	故事	20
6	四爷	51	16	结局	28	26	角色	20
7	演员	50	17	改编	26	27	服装	19
8	惊心	48	18	人物	26	28	成功	18
9	这部	58	19	十三	23	29	想起	18
10	经典	47	20	原著	23	30	唐人	17

总体来说，用户对这一类影视剧的评价主要使用的名词有：角色扮演者的名字、对于影视题材的定义；主要使用的形容词，即对于影视剧的评价有褒有贬，《宫锁心玉》的消极评价多于《步步惊心》，动词中甚至出现了"抄袭"这样充满贬义的词汇。

　　在问卷调查结果中，主要观看故宫影视剧题材为时空穿越与言情类的有 42 位受访者，全部属于 40 岁以下年龄段，有男性 12 人和女性 30 人。其中，有 73.81% 的受访者认为这类题材的影视剧可以对故宫这一文化遗产进行宣传。此外，在这些受访者中，也有一半人认为历史传记与人物传奇类的题材才能体现出故宫所蕴含的文化价值，认为时空穿越与言情类影视剧可以体现故宫文化价值的受访者比例仅有 16.67%。

　　（3）宫廷争斗类。经过人工清理，得出影视剧《金枝欲孽》的有效评论共 495 条，《后宫·甄嬛传》的有效评论共 500 条，《延禧攻略》的有效评论共 498 条，《如懿传》的有效评论共 500 条，四部影视剧的词频分析结果分别如表 6-7～表 6-10 所示。

表 6-7　《金枝欲孽》短评高频词汇

序号	词汇	频次	序号	词汇	频次	序号	词汇	频次
1	女人	49	11	钩心斗角	20	21	宫廷	15
2	经典	43	12	演技	19	22	黎姿	14
3	金枝	38	13	剧情	17	23	巅峰	14
4	每个	32	14	邓萃雯	17	24	精彩	14
5	鼻祖	31	15	好看	17	25	斗争	13
6	甄嬛传	29	16	这部	40	26	女主	13
7	人物	28	17	人生	15	27	宫墙	12
8	角色	25	18	演员	15	28	命运	12
9	一部	24	19	皇帝	15	29	电视剧	12
10	人性	23	20	结局	15	30	最好	11

表 6-8 《后宫·甄嬛传》短评高频词汇

序号	词汇	频次	序号	词汇	频次	序号	词汇	频次
1	演技	85	11	经典	41	21	孙俪	21
2	演员	84	12	女人	38	22	华妃	19
3	电视剧	79	13	人物	37	23	完了	19
4	小说	59	14	角色	29	24	抄袭	18
5	甄嬛传	57	15	服装	26	25	精良	18
6	剧情	54	16	台词	26	26	到位	17
7	一部	53	17	制作	25	27	导演	17
8	好看	46	18	每个	23	28	皇上	17
9	甄嬛	45	19	皇帝	23	29	皇后	16
10	这部	45	20	宫廷	22	30	精彩	16

表 6-9 《延禧攻略》短评高频词汇

序号	词汇	频次	序号	词汇	频次	序号	词汇	频次
1	女主	161	11	主角	37	21	一星	28
2	剧情	120	12	台词	36	22	人物	27
3	皇后	85	13	观众	35	23	实在	26
4	演技	61	14	皇上	34	24	魏璎珞	25
5	皇帝	53	15	色调	31	25	一部	24
6	演员	52	16	逻辑	30	26	编剧	23
7	贵妃	49	17	角色	30	27	这部	23
8	于正	49	18	甄嬛传	29	28	光环	23
9	宫女	42	19	服装	28	29	抄袭	21
10	好看	40	20	套路	28	30	这次	21

表 6-10 《如懿传》短评高频词汇

序号	词汇	频次	序号	词汇	频次	序号	词汇	频次
1	演技	148	11	声音	30	21	渐入佳境	23
2	周迅	142	12	女主	29	22	导演	21
3	演员	108	13	年龄	28	23	观众	20
4	剧情	93	14	甄嬛传	27	24	一部	20
5	一星	58	15	历史	27	25	人物	19
6	好看	45	16	台词	26	26	精彩	19
7	五星	40	17	公子	24	27	角色	18
8	少女	37	18	期待	24	28	年纪	18
9	这部	43	19	霍建华	23	29	真实	18
10	乾隆	34	20	电视剧	23	30	主角	18

统计结果显示，用户对这类题材的评价主要集中于演员或角色。《金枝欲孽》普遍评价较高，有"好看""经典""鼻祖""巅峰"等褒义形容词，对于剧情和主题的描述偏多；《后宫·甄嬛传》是近年来现象级的宫廷争斗类影视剧，用户将它与其他三部影视剧都进行了一定程度上的比较，因此在其他三部影视剧的评论中都有"甄嬛传"这一高频词汇。针对这部影视剧的评价主要集中于演员。另外，众所周知的是，《甄嬛传》中精美的制作和考究的服道化在其他同类影视剧中十分突出，所以评论中也提到了其台词和服装；《延禧攻略》在同类影视剧中较突出的地方在于与众不同的主角性格和画面的调色，因此在用户的评论中，以角色为中心的名词较多，"色调"也是其中不同于其他三部的词汇；《如懿传》的用户评价集于演员方面。总体来说，用户对于这类影视剧的评价好坏参半，一方面赞美剧情的精彩和演员的演技，另一方面指责抄袭。

就问卷调查的结果而言，主要观看宫廷争斗类题材的受访者是最多的，有180人，女性居多，占比88.89%，受众年龄段主要是在40岁以下的年轻人。在这些受访者中，有79.44%的受访者认为宫廷争斗类影视剧对于故宫有着宣传作用，而只有11.67%的人认为这类影视剧可以承载故宫所蕴含的文化价值。51.67%的受访者认为历史传奇类影视剧才可以承载故宫蕴含的文化价值。

（4）现实纪录类。经过人工清理，得出影视剧《上新了·故宫1》的有效评论共499条，《上新了·故宫2》的有效评论共499条，两部影视剧的词频分析结果分别如表6-11、表6-12所示。

表6-11 《上新了·故宫1》短评高频词汇

序号	词汇	频次	序号	词汇	频次	序号	词汇	频次
1	故宫	317	11	好看	43	21	期待	25
2	节目	147	12	广告	39	22	尴尬	24
3	综艺	93	13	嘉宾	38	23	吸引	24
4	历史	84	14	邓伦	38	24	形式	21
5	周一	68	15	故事	37	25	上新	21
6	文化	67	16	纪录片	35	26	节奏	21
7	文物	59	17	设计	34	27	知识	20
8	乾隆	55	18	一期	33	28	剪辑	19
9	开放	48	19	区域	31	29	小剧场	19
10	明星	45	20	地方	27	30	镜头	17

表 6-12 《上新了·故宫 2》短评高频词汇

序号	词汇	频次	序号	词汇	频次	序号	词汇	频次
1	故宫	330	11	一期	41	21	明朝	23
2	节目	155	12	二季	40	22	张鲁一	23
3	一季	126	13	好看	37	23	广告	22
4	历史	70	14	老师	33	24	开放区	22
5	文化	67	15	期待	32	25	区域	21
6	嘉宾	51	16	故事	30	26	用心	21
7	综艺	48	17	开放	29	27	学到	20
8	知识	48	18	明星	29	28	探索	20
9	上新	46	19	文物	28	29	十三	19
10	邓伦	45	20	后期	27	30	震撼	19

统计结果显示,对于这类影视剧的评价大多集中于对叙事对象本身,即故宫与其历史,如"故宫""历史""文物"等,此外,还出现了剧中角色演员的名字。出现的形容词较少,表明用户对其评价比较一般。

为了对以上词频分析结果进行交叉验证,我们补充了针对性的问卷调查。本次问卷调查中的样本数据来源于 2020 年 6 月 17~20 日通过网络投放收集到的问卷,共回收问卷 426 份,其中有效问卷 426 份,问卷有效率达 100%。在所有受访者中,男性受访者为 31.92%,女性受访者为 68.08%,年龄为 40 岁以下的受访者有 92.96%。就问卷调查的结果而言,观看影视剧题材主要是现实纪录类的受访者人数较少,仅有 44 人,其中男性人数略多于女性人数。在这些受访者中,有 65.91% 的受访者认为现实纪录类题材更能反映故宫的历史文化价值,且有 88.64% 的受访者认为这一类影视剧利于故宫这一文化遗产的宣传。相比之下,认为历史传奇与人物传记类题材能反映故宫历史文化价值的受访者较少,占比仅 31.82%。

在这些受访者中,八成以上的受访者通过影视剧、电影或综艺节目的媒介接触并了解故宫这一文化遗产。除去 18 人没有看过故宫相关影视剧,在剩下的 408 人中,六成以上受访者看过 3 部及 3 部以上与故宫相关的影视剧。在他们观看过的影视剧题材中,主要以宫廷争斗类(44.12%)、历史传记与人物传奇类(33.58%)为主,但他们对于这些影视剧的总体评价不高,仅有 37.01% 的好评率,一般评价为 60.54%,有 10 人认为这些影视剧质量不佳。对于未来想要看到的与故宫相关的影视题材，大多数受访者表示更想要多看到历史或现实纪实类型的影视剧，对于宫廷斗争类的具有抵触情绪，强调或结合史实加以创作、或真实还原历史细节。

就文化遗产本身而言，大多数受访者认为，故宫这一文化遗产的价值在于对中国古代历史文化的传承，少部分受访者认为故宫代表了一种古代王权的政治、权力象征。其中，有五成以上受访者认为能够体现这一价值的影视剧题材是历史传记与人物传奇类，三成以上受访者的看法为现实纪录类。

四、分析和讨论

基于文化遗产的数字化叙事有着天生的现实性和空间性，更容易使受众"沉浸"其中，除物理的空间外，还有一层历史文化的隐蔽"空间"，是一个有生命的生态系统，开放动态且充满矛盾冲突[404]。有研究指出，建筑遗产的意义主要是通过使用空间来传达的，而不是通过其材料属性。这些"空间"通过在日常生活中体现出的社会与文化习俗的重复而获得持续的意义。利用这一点，当前，图书馆、档案馆和博物馆等文化遗产机构正越来越多地开发具有互动性的数字技术产品以吸引游客，并为用户提供获取信息的更多途径，这一举措通常被称为向"沉浸式体验"的转变。"沉浸式体验"的文化遗产实践是通过对故事讲述、观众参与和多模态的研究来确定的[405]。所以，大多数博物馆在游客参观时都试图充分利用其环境资源，以某种方式来唤起人们的情感，以达到对大众进行文化遗产蕴含的历史文化价值的认知教育。对于故宫来说，它有着庞大的、保存尚好的物理空间，也有着一层蕴含了沉重历史的文化空间，这种"沉浸式体验"在故宫的情境中也尤为突出。

在文化遗产的数字化叙事中，影视作品的创作和交流就是其中一种重要方式。有研究表明，多数用户的参与都是出于娱乐和愉悦的目的，而不是为了深入的学习体验，所以，文化遗产的开发应该以一种利于消费和迎合大众享乐需求的方式出现，包含部分学习的成分，但主要倾向是偏娱乐性质的[406]。影视作品是人们休闲、娱乐的主要方式之一，所以，显然，文化遗产可以通过影视叙事，将它具备的历史文化内涵进行更好的传递。

此外，影视艺术作品的用户参与也具有很重要的意义。观众网络对于建立基础社区和社交网络至关重要。在创造故事时，创造者和用户都有同样重要的地位。讲故事是一个社区代表和多个受众参与的过程，形成了一个庞大的意义网络，相互联系，共同发展[407]。并且，当受众观看并反馈（即参与）文化遗产的影视叙事时，这事实上是一种身份塑造的实践，它与文化物质事实和文化图像的怀旧联系在一起，一方面保护文化遗产，另一方面塑造民族期待[408]。故宫作为中国最重要的文化遗产之一，在影视叙事方面有着极大的优势和成功范例，但也存在发展缺陷。

（一）历史传记与人物传奇类

历史传记与人物传奇类影视剧是影视叙事中的一个重要分类，它在叙事中主要以历史史实或某个真实的历史人物为基础，在尊重历史真实的基础上加以部分创新性改编和构建戏剧冲突[409]，它的真实性较强，对于历史的还原度较大。区别于其他影视叙事的是，这类影视剧较后面几类出现时间较长，题材偏于严肃、崇高，以男性尤其是帝王为叙事主体，鲜明的英雄叙事使这类影视剧具有一种历史感和史诗性。

它的优势在于，在四类故宫的影视叙事中，这类影视剧评价是最高的。大部分人认为故宫传递的文化价值观念是历史留念或权威象征，且能代表这一价值理念的影视剧类型是历史传奇与人物传记类。并且，由于它对历史的还原度较高、制作精美，演员演技广受好评，这种影视剧非常容易吸引历史爱好者。优秀的历史剧更有传达爱国主义精神和民族意识、宣传本民族思想文化的优势[410]。另外，由于这种类型的电视剧播出时间较长，许多用户都是在年龄较小的时候观看的，导致这类影视剧也成为他们的"童年记忆"的一部分，可以使这类影视剧更加容易获得较好的口碑。

它的劣势是，相对于时空穿越与言情类和宫廷争斗类影视剧来说，它的热度小了许多。即使部分用户认为这类电视剧传递了正向的价值观，却依旧不会选择这种类型。其主要原因在于这类影视剧过分厚重严肃、缺乏创新，而优秀的历史剧需要正确的价值判断引导，紧密贴合时代主题[411]。在价值理念不断创新、人们的偏好更加倾向新颖事物的现代社会，这类影视剧开始变得小众和冷门，商业价值变低。

（二）时空穿越与言情类

时空穿越小说，顾名思义就是指影视剧主人公经历时空穿越，到达某个历史时期，和一些历史人物发生故事。中国的时空穿越电视剧是由网络上时空穿越小说的热潮而起的，后来渐渐发展至影视剧拍摄。可以考证的是，网络上的穿越小说是从 2007 年开始流行，到 2011 年，时空穿越小说改编电视剧开始大量出现并达到巅峰[412]。中国的时空穿越类题材影视剧大多与言情题材有着紧密联系。尤其是主人公为女性的时空穿越小说，无非是披着时空穿越的外衣讲述男女情感纠葛。与故宫相关的时空穿越小说也是如此，其特殊之处在于主要场景设置在故宫这一具有独特历史文化氛围的地方，或是以皇室人物为基础来叙事。

它的优势是，在网络小说改编电视剧初期，这种题材相对新颖。由于有明星出演，对于电视剧的宣传也有许多益处，涉及明星本人的评论数量也较多。事实上，这种题材本身迎合了部分用户对充满压力和物欲纵横的现代社会的逃避，满足了他们对于纯粹爱情乃至自我价值实现的幻想，满足了人类不受制于时空规定性的潜在欲望[413]。虽身处古代，却充满着现代思想和现代语言，叙事节奏显得轻松愉悦，因此也收获了一定数量的受众。

劣势是，这类影视剧的热度一般，评价两极分化，虽有认为剧情精彩的，但是也有认为存在模式化写作、抄袭现象的。但是当下，这类影视剧的流行期已经过去，观众出现了审美疲劳。此外，这种题材容易涉嫌对历史史实的不尊重，造成受众对历史的误读和价值观的歪曲[414]，乃至存在误导和愚弄大众的嫌疑，历史的深度被情爱叙事消解[415]，因此，这种题材总体上并不利于一个国家历史文化的保护与发展。

（三）宫廷争斗类

宫廷争斗类电视剧是中国影视剧的特有类型，主要讲述了古代帝王与其后宫妃嫔之间的情感纠葛与权力倾轧，作品数量庞大，且具有巨大的受众市场。近年来，宫斗的主题开始成为故宫影视叙事的主要题材之一，在不同的时间段呈现出不同的叙事特征，折射出不同的市场和审美需求。

四类宫斗剧故事模式的演变事实上象征着近几年影视剧市场的审美演变，2004 年由香港 TVB 出品的《金枝欲孽》开启了宫斗的基本格局。到 2011 年，《后宫·甄嬛传》凭借其精美的服道化、跌宕起伏的剧情在宫廷争斗剧中脱颖而出，被誉为宫斗争斗剧中的经典“正剧”，在斩获收视率的同时却也受到《人民日报》“以恶抗恶、以坏抗坏”的评价，可见，《甄嬛传》传递的价值观并不能为主流媒体认可。七年后，在大众开始对“傻白甜”的女主角性格产生审美疲劳时，《延禧攻略》的“黑莲花”女主角人设和与众不同的调色开始引起关注，与此同时，《如懿传》成为《延禧攻略》的竞争对手，探讨婚姻悲剧的叙事主题较之前更加深刻和新颖。豆瓣上对于这四部宫斗剧的讨论度，《延禧攻略》最高，然后是《后宫·甄嬛传》《如懿传》《金枝欲孽》。但由于《金枝欲孽》出品时间早于豆瓣网站成立时间，在电视剧播出时并未在豆瓣上形成社群讨论，也是造成讨论度低的原因之一。

可以发现的是，近年来，由于种种原因，观众对于宫斗剧的关注不如以前高，宫斗剧的受众评价与之前相比也较低。

总的来说，宫斗剧自《后宫·甄嬛传》后开始走下坡路，虽然热度不减、讨论量不减，编剧也在努力在各方面进行创新，但是观众却似乎陷入了一种对宫斗题材的审美疲劳，导致电视剧低分频出。显然，宫斗剧的用户社区虽已形成，但是题材市场饱和、缺乏创新，且影视剧主创团队对于文化价值的挖掘始终处于不足状态，仅将故宫的价值局限于"宫斗"这一缺乏思想深度的主题之中，最终导致市场疲软、受众热情降低的必然结果。

其优势是，宫廷争斗类影视剧热度高，受众市场广阔，商业价值大。它们较历史正剧而言更加通俗和贴近群众，充分满足了受众对古代宫廷生活的窥视欲。在上述四部影视剧中，有的以精彩剧情吸引观众，有的具备华丽精致的视觉效果，有的又以演员或角色本身的个人魅力在庞大的影视剧市场取胜。事实上，以女性为主要角色的宫廷争斗剧频繁出现，一定程度上象征着现代社会中女性意识的觉醒[416]，激励着现代女性的独立、自强，散发与众不同的女性魅力。

劣势是，它的剧情相似度过高，剧集过长，大部分有六七十集，且市场总量高[417]，在网络评论中不断出现"抄袭"这样的负面评价词汇。另外，由于导演和编剧基本历史素养不足，对于历史史实歪曲严重，这将会对大众认知产生极大的误导。它虽然代表了女性意识的觉醒，却仍然没有脱离男性权力的束缚[418]。在现代宫斗剧中，显著地呈现出遵从和取悦权威等不良价值观[419]，宫廷争斗的主要目的是取悦皇帝，才能得到自己想要的，这依旧包含着与现代社会相悖的王权意识和奴化思想，背后是人性的堕落和人际关系的扭曲[420]。

（四）现实纪录类

现实纪录类影视剧是为了表现民族文化，它主要刻画的对象在于民族文化、历史、风土人情、社会习俗等，采取的是纪实与艺术相结合的手法，以达到构建全国人民的民族文化共识、增强文化凝聚力的效果。一般来说，一个国家的意识形态决定了该国现实纪录类影视作品的叙事结构和叙事主题，乃至可以决定大众对其的接受程度[421]。在信息传播技术不断发展的当下，大众可以通过网络论坛、视频弹幕的方式找到一种集体归属感，他们对于这种反映民族文化和民族精神的现实纪录类电视剧的期待也越来越高。这样的现实纪录类影视剧出现了文学到影像的转变，其叙事重心从时间转向空间、从历史转向现实，这样的转向体现了新媒介的转向，重塑着观众的文化体验和审美方式[422]。

它的优势是，这是一类创新的影视剧，尚且处于待发展阶段，但是其题材和叙事形式都比较新颖，对于大众的吸引力也较大。它的受众群体不再受性别和年龄的局限，还开拓了年轻人市场。并且，这类影视剧不仅吸引受众参与讨论，加大了传播效应，还通过品牌联合与整个文化创意产业形成联动[423,424]。就主题而言，这类影视剧真正做到了将历史与现代价值观结合，符合当今社会的普遍审美。就网络评论统计结果而言，大众对于这类影视剧的评价普遍较高，同时在问卷调查中，也有许多受访者表达了他们对于现实纪录类影视剧的期待。

劣势是，这类影视剧定位不够清晰，与纪录片和综艺节目都有一定的相似之处，缺乏自身的独特之处。目前，它的热度最低，大众对其关注度不足。这类影视剧在叙事主题上的缺陷在于其主要服务对象是历史文化，主要表现对象是文化博物馆机构本身，这也造成了题材和内容的单一，缺乏艺术史的维度[425]。

以上分析表明，在数字创意产品的多业态联动开发过程中，影响用户认知的主要因素包括原始文本的质量和用户关注度，也包括改编作品与原始作品的衔接程度，改编作品的质量，作品给用户带来的审美体验、文化体验、现实代入感等要素。

第二节　用户持续使用的主要影响因素

下面我们将以系列电影为例，讨论在数字创意产品的消费者选择与消费过程中，影响用户持续使用的主要因素。

一、背景分析

系列电影源于电影的商业化、机械化，比起一般电影，更利于收回成本，规避风险，可以与观众建立起紧密的情感联系和忠诚的消费关系[426,427]。本节选取了霍尔果斯彩条屋影业有限公司发行的封神系列动画电影《哪吒之魔童降世》①和《姜子牙》作为案例。此案例在中国具有广泛的关注度，并取得了商业上的成功，在中国系列动画电影中具有一定的代表性。

从以往的研究中可以发现，制作续集电影通常可以带来更好的经济效益，因为续集电影往往会产生更高的票房收入[428,429]。此外，也有研究者基于品牌溢出

---

① 《哪吒之魔童降世》于2019年上映，获得中国电影史上票房排名第二的成绩。次年上映的电影《姜子牙》取得了票房16亿元的成绩。

效应的角度来解释或预测续集电影的商业逻辑[430-432]。还有很多学者研究了关于续集电影消费者的心理效应，如分析顾客的满意度、口碑、品牌命名策略等因素对续集电影票房的影响[433-436]。

通过大量的文献查阅后我们发现，目前鲜有对中国系列动画电影的研究。在续集电影消费者心理学层面的研究中，维度较为单一。因此，本书通过心理学层面对中国续集动画电影进行分析，探索封神系列动画电影中母电影《哪吒之魔童降世》成功的必然性因素，以及《哪吒之魔童降世》的成功与《姜子牙》高票房之间的联系，厘清影响消费者持续观看中国系列动画电影意愿的因素，从而为中国电影开发者提出中肯的建议，创作出优秀的中国系列动画电影，提升电影的原创性与市场价值。

二、研究材料与方法

（一）理论基础与假设

信息系统期望确认理论模型（ECM-IS）目前主要应用于在线教育[437]、社交媒体[438,439] 等领域，它可以探索产品本身成功的因素，更重要的是，它可以分析用户从上一代产品转移到下一代产品的过程[440]，这刚好满足了研究对中国系列动画电影作为一种数字文化产品用户持续使用意愿探索的模型需求（如图6-3所示）。基于中国系列动画电影的特殊性，研究小组对 ECM-IS 进行了改进和扩展。易用性一般可以用来研究工具方便使用的程度，由于电影属于一次性消费品，观看时间较短，消费者的预期期望在观看过程中不容易发生变化，不存在使用障碍，所以在 ECM-IS 中删除了感知有用性因素。在原模型的基础上，我们加入了与中国系列动画电影关系较为紧密的社会影响和感知互动性因素。因此，本书提出了以满意度、感知互动性、期望确认度、持续使用意愿和社会影响组成的新模型，如图6-4所示。

满意度是用户对某种事物或某种服务做出的主观评价，用户在实际观看了电影后所得到的主观心理感受，电影的情节、剧情、动作、场面、题材、创新程度是用户感知满意度的基础。期望建立在用户对之前的购买经验、亲朋好友的转述、营销人员提供的信息与承诺事项的基础上，是用户对产品或服务将会发生之后情况的预测。Bhattacherjee（2001）[438] 提出，用户在使用某一信息系统后，期望确认度会影响其对该信息系统的满意度，继而影响持续使用意愿。目前大量的研究也证实了满意度是衡量用户持续使用意愿的重要指标，是影响信息系统持续使用意愿的直接影响因素[441-443]。因此，在用户观看电影后，若感知影片超过预

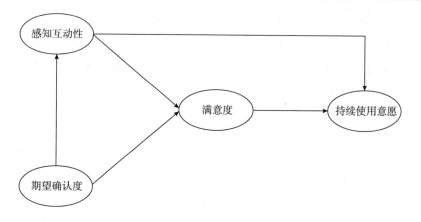

图 6-3　信息系统期望确认理论模型

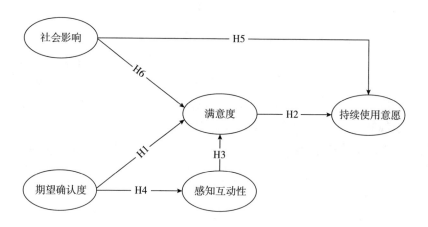

图 6-4　中国系列动画电影信息系统期望确认理论模型

期，用户可能会持续观看其续集电影，与之相反，会影响用户观看续集电影的意愿。因此，基于理论基础提出以下假设：

H1：用户在观看样本电影时，期望确认度对满意度有显著正向影响。

H2：用户在观看样本电影时，满意度对持续使用意愿有显著正向影响。

互动指两个或多个对象间的相互作用。感知互动性通常指消费者对于互动质量的感知[444]。有研究表明，消费者在观看电影后会产生和电影制作者互动的意愿[445]。良好的互动可以提升用户的使用体验与情感体验，减少观众与电影制片方的距离，增加用户黏性，引起消费者更多的心理体验，从而提升消费者对电影的满意度。

预期互动性是指消费者想要使用某种信息工具之前所期望的互动程度，消费者预期互动性得到满足，对互动性的感知效果更好[446]。在ECM-IS架构下，我们将预期互动性归纳到了期望确认度因素之中，试图分析期望确认度与感知互动性两个因素之间的关系。

综上，我们提出以下假设：

H3：用户在观看样本电影时，感知互动性对满意度有显著正向影响。

H4：用户在观看样本电影时，期望确认度对感知互动性有显著正向影响。

社会影响是指个体或者团体的社会力量在特定方向上改变他人态度或行为的现象[447]。消费者在购买商品前，为减少由信息不对称而带来的风险，通常会收集有关商品的各种信息[448]。有研究认为消费者会通过专业评论员的言论、已购买产品的消费者的评价来决定是否进行消费行为[449,452]。但是，相关研究表明，由于中国是一个以熟人关系为基础的多层次网络化的社会[451]，社会影响对消费行为的影响更多体现在亲友影响、传统文化影响。在陈馥怡等（2014）[450]的研究中可以发现，社会影响会对满意度与用户的持续使用意愿产生影响。由于"羊群效应"的存在，消费者可能会受到社会影响的干扰，从而影响对电影满意度的评价。相同地，因为"羊群效应"的存在，社会影响也可能对消费者持续观看中国系列动画电影的意愿产生影响。因此做出以下假设：

H5：用户在观看样本电影时，社会影响对持续使用意愿有显著正向影响。

H6：用户在观看样本电影时，社会影响对满意度有显著正向影响。

（二）研究方法

研究通过对前人文献的归纳总结，根据中国系列动画电影的特点改进了信息系统期望确认理论模型，提出了研究假设。建立中国系列动画电影用户持续使用意愿的调查问卷，收到问卷数据之后，我们采用SPSS 25软件与AMOS 23软件作为研究工具，进行了用户画像、信度与效度分析，并进行探索性因子分析，建立测量模型，检测模型适配度，建立SEM结构方程模型，完成效度检验。最后进行路径检验，对之前的假设完成校验。

（三）问卷设置

问卷第一部分是问卷基础数据（见表6-13），第二部分采用5点李克特量表对文章所构成的理论模型中的各项测量指标调研问卷进行设计，共5个潜变量，20个测量指标。赋值标签分别为："1"——"非常不满意"，"2"——"比较不满意"，"3"——"不确定"，"4"——"比较满意"，"5"——"非常满意"（见表6-14）。

表 6-13 基础数据统计

类别	项目	样本量	比例（%）	类别	项目	样本量	比例（%）
性别	男	260	39.1	最高学历	高中/中专及以下	54	8.12
	女	405	60.9		大专	61	9.17
年龄	25 岁以下	470	70.7		本科	414	62.26
	25~35 岁	145	21.8		硕士及以上	136	20.45
	36~45 岁	33	5	观影习惯	工作日	38	5.71
	45 岁以上	17	2.6		周末	627	94.29
月收入	3000 元以下	45	6.77	观影频率	每月观看 6 部以上	41	6.17
	3000~5000 元	97	14.59		每月观看 4~6 部	137	20.6
	5000~8000 元	93	13.98		每月观看 4 部以下	338	50.83
	8000 元以上	74	11.13		其他	149	22.41
职业	学生群体	356	53.53	获取途径	网络推荐	351	52.78
	在校生	392	58.95		朋友推荐	176	26.47
	公司职员	153	23.01		电影院宣传	138	20.75
	私营职业者	30	4.51	曾观看过国产动画电影	没有观看过	65	9.77
	政府工作人员	39	5.86		3 部以下	237	35.64
	其他	51	7.67		3~5 部	232	34.89
					5 部以上	131	19.7

表 6-14 问卷相关变量及定义

变量	可测变量	定义	来源	题目分值
满意度	SA1	用户观影满意程度	[440, 453, 454]	4.32
	SA2	用户观影愉悦程度		4.3
	SA3	用户观影后的放松程度		4.5
	SA4	用户表示选择观看影片是明智的		4.33
期望确认程度	PQS1	电影配乐比预期要好	[440, 455]	4.26
	PQS2	电影人物塑造比预期要好		4.18
	PQS3	电影故事性比预期要好		4.19
	PQS4	电影制作方与消费者的互动比预期要好		4.32
感知互动性	PI1	用户热衷观看与创作电影二次创作作品	[445, 456-458]	3.96
	PI2	用户看到此电影广告感觉亲切		4.07
	PI3	用户愿意探索彩蛋		4.19
	PI4	线下活动可以拉近用户和作者的距离		4.10

续表

变量	可测变量	定义	来源	题目分值
持续使用意愿	CI1	用户有观看中国动画电影的习惯	[440, 453, 459]	3.91
	CI2	用户在过去5年有多次观看中国动画电影的经历		3.94
	CI3	用户反复观看过中国动画电影		3.72
	CI4	《哪吒之魔童降世》的优秀表现是我观看接下来《姜子牙》电影的重要原因		4.08
社会影响	SI1	朋友家人推荐是用户观看电影的原因	[460, 461]	4.06
	SI2	传统小说中人物形象有利于用户接受		4.11
	SI3	用户读完小说或漫画会关注其改编的电影或电视剧		4.03
	SI4	用户看完改编的电影或电视剧会观看原著		3.92

（四）问卷收集

2020年5月7~14日通过"问卷星"平台发布探索性因子分析问卷，收回有效问卷383份。2021年1月4~12日通过"问卷星"平台发布正式问卷，收回有效问卷665份。问卷通过微信、QQ、微博、电话的方式通知消费者填写。

三、数据分析

（一）基础数据分析

根据表6-13，封神系列动画电影的消费者集中在30岁以下，女性占比更高，主要消费群体是学生。消费群体受教育程度较高，本科及以上学历占比82.71%。消费者观看电影的频率不高，但几乎都观看过国产动画电影。消费者获取电影信息的渠道主要是通过网络。

表6-14中，消费者对《哪吒之魔童降世》的相关题目评价都超过了3.5分以上（总分5分），至少70%的观众对此部电影有着不错的评价。

（二）探索性因子分析

分析结果表明，KMO值为0.905，近似卡方值为6772.789，显著性水平低于0.001，说明可以进行探索性因子分析。

如表6-15所示，因子中每个观测变量的负荷均在0.5以上，累计方差解释率达到69.127%，说明每个观测变量都能有效地反映其对应的潜在变量，最终得到20个潜变量。

表 6-15 问卷因素分析结果

可测变量	因子				
	1	2	3	4	5
SA1	0.88				
SA2	0.88				
SA3	0.844				
SA4	0.816				
PQS1		0.838			
PQS2		0.78			
PQS3		0.759			
PQS4		0.736			
PI1			0.77		
PI2			0.722		
PI3			0.68		
PI4			0.674		
CI1				0.843	
CI2				0.828	
CI3				0.795	
CI4				0.589	
SI1					0.822
SI2					0.741
SI3					0.733
SI4					0.606

注：提取方法为主成分分析法、旋转方法、凯撒正态化最大方差法；旋转在 6 次迭代后已收敛。

（三）问卷信度与效度检验

如表 6-16 所示，模型中满意度、感知互动性、期望确认度、持续使用意愿、社会影响 5 个因子的 Cronbach's α 分别为 0.915、0.783、0.851、0.832、0.796，均接近或大于 0.8；CICT 值均达到 0.5 以上，表示问卷内部一致性信度较好。

模型中所有变量标准化因子荷载均超过 0.5 并处于显著水平；5 个因子组合信度均接近或超过 0.8；所有题目信度均接近或超过 0.36；5 个因子平均方差抽取量接近或超过 0.5，这说明模型 5 个因子之间潜在关联度很高，模型的解释能力较强且整体收敛效度较好。

表 6-16 信度与收敛效度检验

变量	可测变量	α	CICT	Std.	SMC	CR	AVE
满意度	SA1	0.915	0.746	0.777	0.604	0.916	0.733
	SA2		0.840	0.898	0.806		
	SA3		0.847	0.908	0.825		
	SA4		0.797	0.835	0.697		
感知互动性	PI1	0.783	0.501	0.571	0.326	0.792	0.492
	PI2		0.624	0.725	0.526		
	PI3		0.576	0.686	0.471		
	PI4		0.674	0.803	0.645		
期望确认度	PQS1	0.851	0.637	0.703	0.494	0.855	0.597
	PQS2		0.724	0.804	0.646		
	PQS3		0.756	0.849	0.721		
	PQS4		0.659	0.726	0.527		
持续使用意愿	CI1	0.832	0.735	0.831	0.691	0.839	0.568
	CI2		0.726	0.822	0.676		
	CI3		0.621	0.691	0.478		
	CI4		0.586	0.655	0.429		
社会影响	SI1	0.796	0.511	0.572	0.327	0.799	0.502
	SI2		0.629	0.720	0.518		
	SI3		0.637	0.744	0.554		
	SI4		0.661	0.781	0.610		

如表 6-17 所示，因子的平均方差抽取量值的平方根大于两个变量间的相关系数绝对值，表明模型中的潜在变量之间存在明显的差异，表明研究中构建的测量模型具有良好的区别效度。

表 6-17 模型区别效度

	AVE	感知互动性	期望确认度	社会影响	满意度	持续使用意愿
感知互动性	0.492	**0.701**				
期望确认度	0.597	0.559	**0.773**			
社会影响	0.502	0.650	0.528	**0.709**		

续表

	AVE	感知互动性	期望确认度	社会影响	满意度	持续使用意愿
满意度	0.733	0.498	0.439	0.381	**0.856**	
持续使用意愿	0.568	0.371	0.304	0.532	0.287	**0.754**

（四）研究假设检验

在进行验证性因子分析之前，我们设置了测量模型，以进行模型适配度检验，如图6-5所示。

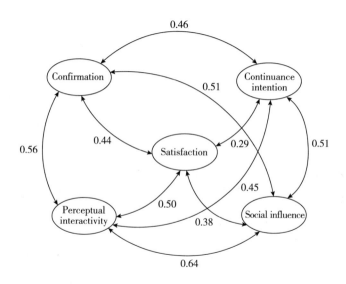

图6-5　测量模型

模型适配度检验如表6-18所示，当前模型拟合指标数值表明，本书构建的理论假设模型的总体假设拟合良好，该模型对于分析中国系列动画电影的用户持续使用意愿的因素是有效的。

表6-18　模型适配度检验

拟合指标	建议值	学者建议	当前模型
χ^2			
df			

拟合指标	建议值	学者建议	当前模型
χ^2/df	$2<\chi^2/df<5$，最优在 3 以内	[462]	2.684
RMSEA	<0.08	[463] [464]	0.050
GFI	>0.9	[465]	0.937
AGFI	>0.9	[465]	0.910
NFI	>0.9	[466]	0.937
CFI	>0.9	[462]	0.960
PNFI	>0.5	[462]	0.789
PGFI	>0.5	[462]	0.808

对中国系列动画电影影响因素研究的结构方程模型运算的结果如表 6-19 所示。

表 6-19　研究假设验证结果

研究假设	路径系数	显著性水平	分析后果
H1	0.224	***	成立
H2	0.152	***	成立
H3	0.339	***	成立
H4	0.559	***	成立
H5	0.458	***	成立
H6	0.085	0.034（*）	成立

注：***表示研究假设对应的路径系数的显著性水平非常高。

对结果进行整理，路径关系如图 6-6 所示。

从图 6-6 中可以看出，理论模型中的 6 个路径假设关系全部显著。根据检验结果：期望确认度、感知互动性对满意度，社会影响、满意度对持续使用意愿，期望确认度对社会影响，期望确认度对感知互动性均具有显著正向影响，社会影响对满意度的影响较为显著。

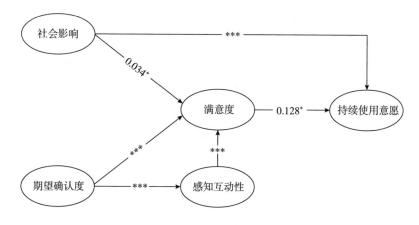

图 6-6 路径关系

四、实证结果分析

1. 满意度对持续使用意愿的影响

研究发现，满意度对中国系列动漫电影用户持续使用意愿产生直接影响，并解释了 15.2% 持续使用意愿的方差变异。在行为学视角中，消费者选择一款产品是出于内在的需求与利益驱动的表现。产品无法使消费者满意时，消费者会减少复购意愿，同样地，在电影的消费过程中，消费者对母电影不满意时，会减少观看续集电影的意愿。之前的研究表明电影续集通常可以获得更高的票房收入[428,429]，研究小组认为这应该建立在多数消费者对母电影满意的前提下。从商业角度来讲，提升消费者对中国系列动画电影的持续使用意愿，应回归用户接受视角，通过对目标用户精准画像，定向制作精良的动画电影以获得用户的满意度，从而进入到续集动画电影的良性开发中。

2. 感知互动性对满意度产生显著正向影响

根据表 6-13 数据，封神系列动画电影的消费者年龄段集中在 Z 世代。① 中国 Z 世代以独生子女居多，在生活中更容易感知孤独[467]，他们参与线上和线下娱乐的比例为 2.2：1。在参与一项消费的过程中，Z 世代更愿意与厂商进行双向互动交流，参与产品的有关话题，在同好中找到自己的归属感。封神系列动画电影通过多种渠道对电影进行宣传，听取消费者对电影制作的意见，搭建同好线上社区，提升消费者的归属感，提升了消费者在观影全过程中的满意度。作为电影

---

① "Z 世代"是指 1995~2009 年出生的一代人。

厂商，应尽可能多渠道，在电影的制作、宣传、二次创作中积极与消费者互动，提升消费者的观影满意度。

3. 社会影响对持续使用意愿产生显著影响

研究发现，社会影响对中国系列动画电影用户持续使用意愿产生直接影响，并解释了55.9%的持续使用的方差变异。受到中国熟人社会影响，中国 Z 世代群体容易受到亲友的建议做出决策[467]。这证明了我们之前的假设是正确的，社会影响对中国系列动画电影用户持续使用意愿产生影响的方式是消费者受到亲友对母电影的评价从而影响其是否选择观看续集电影的意愿。在研究的过程中，中国的传统文化与传统人物在中国消费者心中有根深蒂固的影响。我们发现，此类社会影响能够让消费者产生对中国系列动画电影的消费意愿，会增加对中国系列动画电影的宽容度，不仅能提升消费者首次观看中国系列动画电影的意愿，也能提高消费者对其续集电影的消费意愿。对电影厂商而言，消费者愿意向亲友表达对电影的正向评价的前提是母电影使消费者满意，在电影立项的时候，选择有中国传统符号或加入中国传统文化角色的动画电影更容易使用户有消费的意愿。

4. 社会影响对满意度产生显著影响

研究发现，社会影响对满意度产生直接影响，但仅解释了8.5%的满意度方差变异。这意味着，文化认同与亲友的推荐等社会影响仅能增加用户观看续集电影的意愿，无法带来满意度的提升。有研究表明大量用户在消费产品之后，对产品有自己独到的评价，难以受到社会影响的干扰[467]。对于电影厂商来说，社会影响可以为电影引流，但是一定要拿出合乎消费者预期的作品。用户受到社会影响引流后，若产品质量较差，会强烈降低用户的满意度，消磨用户的情怀。

5. 期望确认度对感知互动性产生显著影响

研究发现，期望确认度对感知互动性产生直接影响，并解释了45.8%感知互动性方差变异。电影消费者对于互动是有预期的，当实际的互动超过了消费者的预期，可以提升其对互动的感知。基于此，电影制作方在能力许可的范围下，尽可能锚定消费者对于互动的预期，在运营的过程中充分与消费者互动，满足消费者的归属感。值得注意的是，若电影厂商给予的互动预期过高而无法实现时，反而会降低消费者在电影消费过程中的满意度。

6. 期望确认度对满意度产生显著影响

研究发现，期望确认度对满意度产生直接影响，并解释了22.4%满意度方差变异。动画电影在前期的互动与社会影响中给予了消费者对电影的期望，这是消费者的观影动机。当期望满足时，会提高消费者对于影片的满意度，并产生口碑效应形成良性的社会影响，吸引更多人群观影，提高电影票房。与此同时，基于母电影在消费者心中形成的口碑，消费者会对电影厂商产生信任，从而有观看续集电影的意愿。反之，当期望无法满足时，观众对电影的满意度下降，并以个体身份传递出对电影的消极态度，影响电影的传播，难以产生观看续集电影的意愿。与满意度一样，为提升电影的期望确认度，电影厂商应精确用户画像，了解消费者的需求，并制作出质量优秀的电影。

五、讨论

在之前的基础数据分析中，我们为封神系列动画电影的消费者进行了较为精准的画像，这可以为厂商制作中国系列动画电影提供用户画像的参考。电影厂商制作中国系列动画电影时，应该掌握到 Z 世代的人群喜好、他们的个性标签，在营销的过程中，应该针对他们熟悉的网络渠道进行宣发。在持续使用意愿的研究过程中，我们创新性地将预期互动性维度加入到期望确认度因子之中，同时改良了传统信息系统期望确认理论模型，通过消费者多维度为《哪吒之魔童降世》进行评分，证明《哪吒之魔童降世》是一部优秀的中国动画电影。研究表明，《哪吒之魔童降世》的优秀表现与《姜子牙》取得的票房成功有着必然的关联，证明了信息系统期望确认理论模型在电影行业的适用性。在研究中我们发现，由于中国是一个以熟人关系为基础的多层次网络化社会，因此亲友推荐占社会影响因素中很大的比例，这不同于西方以关键意见领袖、社交媒体平台的讨论、评分网站形成的社会影响。在文章的讨论环节，多条路径都表明了中国系列动画电影的良性发展离不开精品中国动画电影的制作。电影厂商的重心应该集中在提升电影的质量上，关注用户观影全过程中的消费体验，这样不仅有利于电影厂商在商业上的成功，更有利于续集电影的开发与发展，推动中国动画电影产业的进步。

综上所述，我们发现 ECM-IS 在数字文化产品研究中是适用的，研究根据中国的熟人社会的特点，创新性地定义了社会影响，在文化产业的研究中，将感知互动性因子融入了预期互动性的概念，具有较强的理论价值与实践意义，希望可以对今后的研究产生一定的启示作用。

此外我们发现，社会影响、满意度、持续使用意愿 3 个因子之间可能存在中介调节效应；含有中国传统文化的动画电影不仅能提升中国消费者首次观影意愿，还能提升续集电影的观影意愿。

第三节 用户迁移的系统仿真

下面我们将使用系统动力学的原理和方法，对数字创意产品多业态联动开发过程中用户迁移的过程进行系统仿真。

一、背景分析

为研究数字创意产品多业态联动开发过程中的用户迁移问题，我们将研究主体定位在起点中文网和腾讯视频这两个主要平台上，研究用户在网络小说和影视作品之间的迁移活动变化以及影响迁移数量的因素[468]。由于影响用户迁移的因素有很多，为方便显示变化结果，我们通过建立系统动力学模型来研究可能的影响因素对目标变量的影响[469]。

系统动力学（System Dynamics，SD）理论是以反馈控制理论为基础，定量研究系统发展动态行为的应用科学[470]，是用来分析复杂系统的有效方法[469]。系统动力学最为突出的特点是能够处理非线性、高阶层、多重反馈、复杂时变的系统问题[471]。系统动力学基于几个要素间的因果关系及其有限的数据集，利用一定的结构分析便可进行推算分析[469]。利用系统动力学的仿真分析可以用来补充案例分析和实证分析的局限，更加准确地解释用户在起点中文网与腾讯视频的迁移过程和状态，能够方便地进行试验对比。

为获得较为真实的模拟结果，我们通过网上问卷的形式获取 202 名网民对起点网与腾讯视频的相关问卷数据，从中提取模型所需要的参量数值。其中无效问卷 7 份，有效问卷共 195 份。问卷用户类型的占比如图 6-7 所示。

二、理论分析

起点中文网是目前互联网平台最大的网络文学阅读和创作平台[472]，拥有大体量的用户[473] 和网络文学资源，用户主要以文字阅读为主[474]。腾讯视频在视频播放平台上属于头部，是国内顶级的在线电影平台，在海量优质电影用户的基础上，腾讯视频通过连接长视频与短视频搭建电影内容形态，成为票房和口碑的高转化率电影平台[475]。腾讯视频平台中有很多影视作品是以网络小说为题材，对于喜好网络文学的读者和用户会有很大的吸引力[474]。以网络小说改编而成的

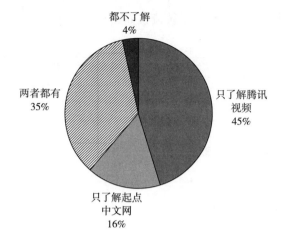

图6-7　问卷用户类型

影视作品[476-479]，可以满足读者对于想象画面的真实展现，以及精彩场面的复刻[480]。但由于每部作品的导演和编剧对网络文学的理解不同，制作出的作品难以满足每一位用户[481]，所以由此产生了不同用户对于阅读平台和视频平台的倾向性[482]。同时，起点网本身的网络小说作品质量会影响到用户对平台的评价和体验[474]。

"用户迁移"即平台厂商将现有市场的用户基础"迁移"至新平台[483]。用户迁移是一个很复杂并且牵涉诸多因素的过程，从实际情况来看，起点中文网的用户与腾讯视频用户在选择使用两者上并不存在明显的界限，一个用户可以同时是两个或多个平台的实际用户[484]，并且都存在活跃使用的情况[485]。鉴于这种情况会使模型的建立十分复杂且不方便观察迁移状态，本书主要观察起点网与腾讯视频直接的迁移过程和影响变化，造成用户迁移的辅助变量以起点中文网用户减少量和腾讯视频的用户流失量为主。

运用系统动力学软件将用户迁移数量变化大体分为两部分：其一是起点网的用户减少，其二是腾讯视频用户流失。同时，实验又考虑到实际情况中每个平台都有自然增长用户，所以增加了月度用户浮动用户增量作为调节变量。模型设计可以观察到两个平台的用户之间的流动情况，无论是哪个平台，影响用户迁移的因素主要来源于该平台的用户认可度，以及平台的用户减少速率。这里并未标明用户减少速率的具体影响因子，原因是为简化模型并能够方便调控减少比率的大小而观察模型结果，还因为影响减少比率变化的因素太多，涉及的函数需要进一步研究。综上所述，用户迁移的系统流程如图6-8所示。

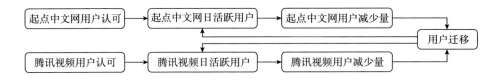

图6-8　用户迁移系统流程

三、系统动力学因果关系

根据以上系统流程图的设定，进一步构造用户迁移的因果关系，如图6-9所示。

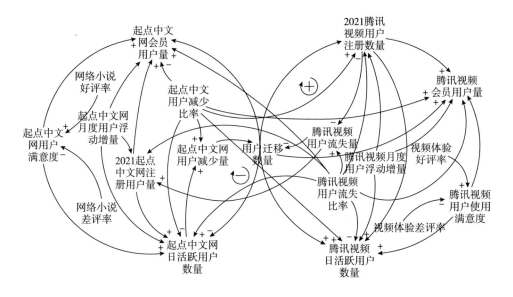

图6-9　用户迁移因果关系

四、系统主要反馈

（1）起点中文网用户减少量→用户迁移量→起点中文网日活跃用户数量→起点中文网用户减少量。

这是一个负向反馈回路，描述了起点中文网用户减少而产生了用户迁移数量的增加，这种增加反过来会导致起点中文网的日活跃用户数量的减少。所以这个回路说明了起点网用户维持的重要性。

（2）用户迁移数量→2021 年腾讯视频用户注册数量→腾讯视频端用户流失量→用户迁移数量。

这是一个正向反馈回路，描述了腾讯视频平台存在的一定用户流失比率，也会造成用户迁移数量的增加，这种增加同时会影响腾讯视频平台用户的注册数量。此回路充分说明了，平台用户如果不加以重视和维护，尽管用户的流动的趋势是增加，最终还是会影响到平台的用户数量。

（3）起点中文网用户减少量→用户迁移数量→2021 年腾讯视频用户注册数量→腾讯视频端用户流失量→2021 年起点中文网注册用户数量→起点中文网日活跃用户数量→起点中文网用户减少量。

这是一个正向反馈回路，描述了起点中文网与腾讯视频用户流动的循环关系。起点网用户的流失会进入到腾讯视频，增加腾讯视频的用户注册数量，同时腾讯视频的用户流失也会进入起点网，增加起点网的用户注册数量。

五、系统动力学存量流量

根据以上分析，构造用户迁移的存量流量关系，如图 6-10 所示。

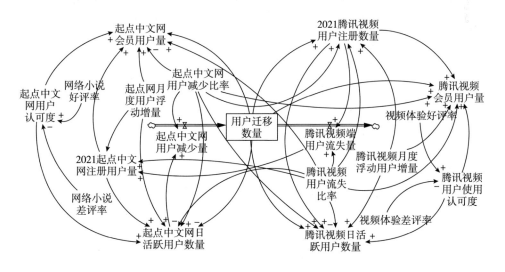

图 6-10　用户迁移存量流量关系

六、模型检验

本书采用 Vensim PLE 软件进行仿真模拟运算，INITIAl TIME = 0，FINAL TIME = 120，TIME STEP = 1，Units for Time = Month。模拟结果主要是以图形式展现，横轴是以 Month 为时间单位，纵轴是以 Person 为用户数量单位。模型涉及的变化变量有起点中文网用户减少比率、腾讯视频用户流失比率、视频体验好评率、视频体验差评率、网络小说总数以及起点中文网注册用户数量。其中起点中文网用户减少比率与腾讯视频用户流失比率的数值变化表示该平台的每月用户减少百分比；起点中文网用户减少比率默认初值为 2%，腾讯视频用户流失比率默认初值为 1%。[①]

（一）极端性检验

在系统流图模型通过有效性检验的基础上，经过模型初始状态的设定可以对用户迁移问题进行系统动力学模拟仿真。设定起点中文网用户减少比率为 0，腾讯视频用户流失比率默认为 1%，即设定为极端检验情况一，如图 6-11 所示；设定腾讯视频用户流失比率为 0，默认起点中文网用户减少比率为 2%，即设定为极端检验情况二，如图 6-12 所示。

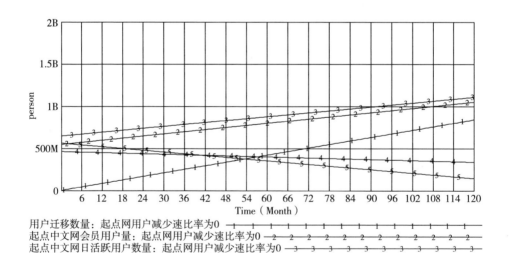

用户迁移数量：起点网用户减少速比率为0 ——1——1——1——1——1——1——1——1——1——1——1——
起点中文网会员用户量：起点网用户减少速比率为0 —2——2——2——2——2——2——2——2——2——2——2—
起点中文网日活跃用户数量：起点网用户减少速比率为0 —3——3——3——3——3——3——3——3——3——3——3—
腾讯视频会员用户量：起点网用户减少速比率为0 —4——4——4——4——4——4——4——4——4——4——4—
腾讯视频日活跃用户数量：起点网用户减少速比率为0 —5——5——5——5——5——5——5——5——5——5——5—

图 6-11　起点网用户减少比率为 0 的极端性检验

[①]　本节仿真模型的方程和参数的具体设置请见附录。

从图 6-11 中可以直观地观察到极端检验结果，当起点减少比率为 0，其他条件不变时，腾讯视频端的用户在持续流失，转向起点网。可以看到曲线 2 与曲线 3 表现为上升状态，即起点中文网的会员用户和日活跃用户持续增加；同时，曲线 4 与曲线 5 表现为下降状态，即腾讯视频端的会员用户和日活跃用户数量持续流失。

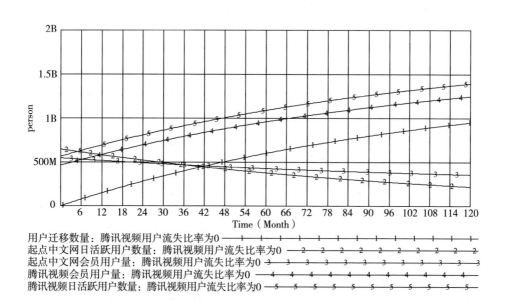

图 6-12　腾讯视频用户流失比率为 0 的极端性检验

在图 6-12 中，可以直观地观察到极端检验结果，当腾讯视频用户流失比率为 0，其他条件不变时，起点中文网的用户在持续流失，转向腾讯视频端。可以看到曲线 4 与曲线 5 表现为上升状态，即腾讯视频端的会员用户和日活跃用户数量持续流失；同时，曲线 2 与曲线 3 表现为下降状态，即起点中文网的会员用户和日活跃用户数量持续减少。综上，模型符合实验逻辑。

（二）起点中文网的用户减少比率变化的影响

模型设定起点中文网用户减少比率数值分别为 2%、3%、4% 和 5% 四种情况下，起点网的用户减少比率不断提高，即起点网的用户减少量不断增加。在模型其他数值不会变化的情况下，腾讯视频用户流失比率为 1%，这里观察起点中文网的用户速率变化对用户迁移数量、起点中文网日活跃用户数量、起点中文网会员用户数量以及腾讯视频日活跃用户数量的预测变化，结果分别如图 6-13、图

6-14、图 6-15、图 6-16 所示。

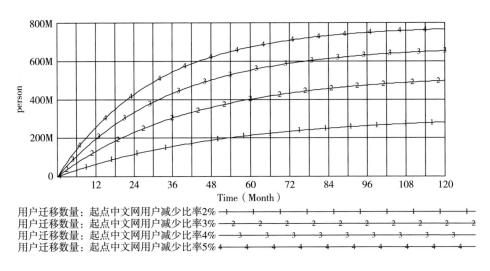

图 6-13　起点中文网减少比率变化对用户迁移数量的影响

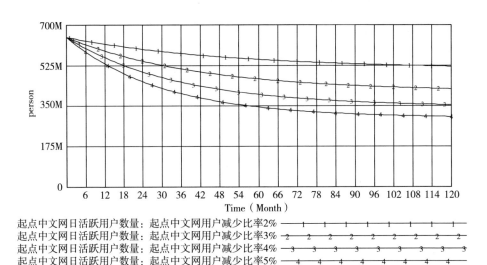

图 6-14　起点中文网减少比率变化对起点中文网日活跃用户数量的影响

　　由图 6-13 可知，起点网的用户减少比率不断增大时，用户迁移数量不断增加，可以看到曲线 1、2、3、4 的斜率不断增大，即用户迁移数量曲线的增长速度不断变快。模拟结果说明，当起点中文网的用户减少比率不断增大，起点中文

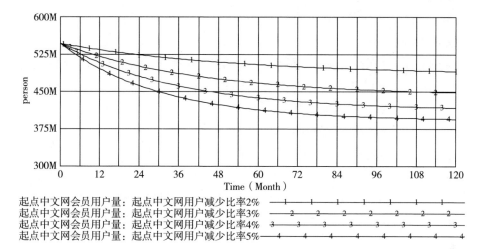

图 6-15　起点中文网减少比率变化对起点中文网会员用户数量的影响

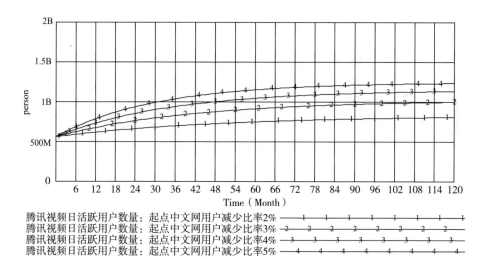

图 6-16　起点中文网减少比率变化对腾讯视频日活跃用户数量的影响

网用户自身的增长和腾讯视频向起点中文网迁移的数量要相对小得多，起点中文网的用户向腾讯视频端迁移的数量也就越多。

由图 6-14 和图 6-15 可知，起点中文网用户减少比率不断增大的情况下，起点中文网的会员用户数量和日活跃用户数量曲线斜率在不断增大，如图中曲线 1、2、3、4 所示，即起点中文网的相关用户数据减少速度在不断增大。模拟结果表明，起点中文网用户减少的同时会对起点中文网的日活跃用户数量和会员用户数量产生影响。

由图 6-16 可知，起点中文网用户减少比率不断增大的情况下，腾讯视频的日活跃用户数量曲线斜率在不断增大，如图中曲线 1、2、3、4 所示，即腾讯视频的日活跃用户数量的增加速率不断增大。模拟结果表明，起点中文网用户的迁移会导致腾讯视频的使用用户数量产生变化。

从实际调查情况来看，在 195 份有效问卷中，有 33 人"只了解起点中文网"，在这部分人群中，愿意使用腾讯视频的占比达到 84.85%，同时有意成为腾讯视频会员用户的人群占比为 90.9%。说明现实情况下用户转换到新的平台后，成为会员用户的概率是很高的，这点在腾讯视频端可以明显观察出来，如图 6-17 所示。

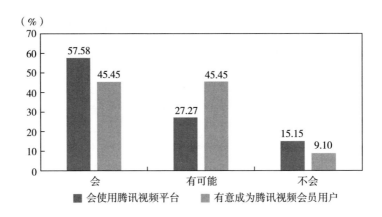

图 6-17 "只了解起点中文网"的用户意向调查

（三）腾讯视频用户流失比率产生的影响

在其他数值条件不变的情况下，设定腾讯用户流失比率的四种数值情况下所造成的影响分别为 1%、2%、3% 和 4%，即腾讯视频端的用户流失数量在不断增加。观察用户流失比率的变化对用户迁移数量、腾讯视频日活跃用户数量、腾讯视频会员用户数量以及起点中文网日活跃用户数量的影响，模拟结果分别如图 6-18~图 6-21 所示。

由图 6-18 可知，随着腾讯视频用户流失比率不断提高，用户迁移数量曲线斜率在不断增大，如图中曲线 1、2、3、4 所示，即用户迁移数量曲线的增长速度不断变快。模拟结果说明，当腾讯视频用户减少比率不断增大，腾讯视频的自然增长数量和起点中文网向腾讯视频迁移的数量要相对小得多，腾讯视频的用户

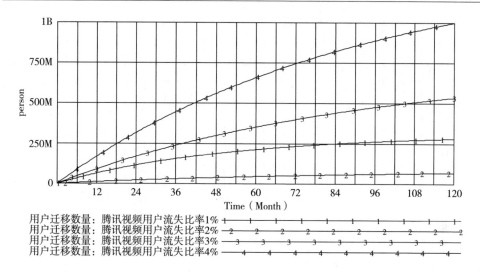

图 6-18 腾讯视频用户流失比率变化对用户迁移数量的影响

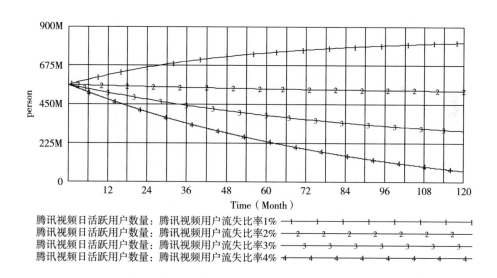

图 6-19 腾讯视频用户流失比率变化对腾讯视频日活跃用户数量的影响

向起点中文网迁移的数量也就越多。

由图 6-19 和图 6-20 可知，当腾讯视频流失比率不断增大，比率小于起点中文网用户减少比率时，腾讯视频的会员用户和日活跃用户数量还能呈现缓慢上升的状态，如图中的曲线 1。但当流失比率大于或等于起点中文网的用户减少比率时，此时起点中文网向腾讯视频的迁移要小于腾讯视频向起点中文网迁移的数量，如图中

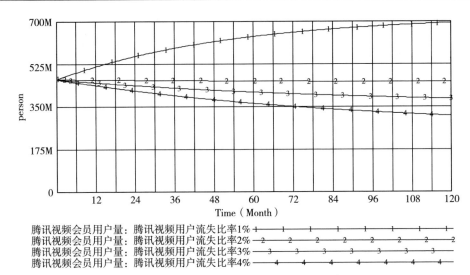

图 6-20　腾讯视频用户流失比率变化对腾讯视频会员用户数量的影响

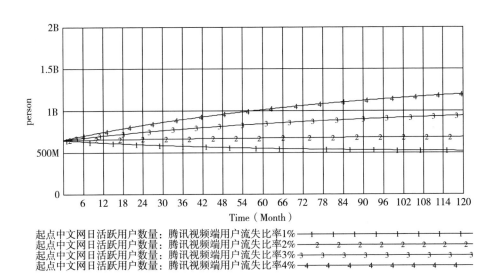

图 6-21　腾讯视频用户流失比率变化对起点中文网日活跃用户数量的影响

曲线 2、3、4 所示，腾讯视频的会员用户和日活跃用户的流失数量在不断增加。

由图 6-21 可知，当腾讯视频用户流失比率在小于起点中文网的用户减少比率时，起点中文网的日活跃用户数量呈现缓慢减少状态，如图中的曲线 1。但当流失比率大于或等于起点中文网的用户减少比率时，此时起点中文网向腾讯视频的迁移要小于腾讯视频向起点中文网迁移的数量，如图中曲线 2、3、4 所示，起点网的日活跃用户数量呈现不断增长的状态，并随着流失比率的增大，活跃用户数量增长的越快。

（四）用户评价的影响

从获取的 195 份有效调查问卷结果来看，问卷中利用 NPS 量表表示用户评价的程度，其中规定超过数字 6 及以上为好评[486]。76 份问卷中有 76.32% 的用户对起点中文网给出了好评，167 份问卷中有 77.24% 的用户对腾讯视频端给出了好评，如图 6-22 所示。

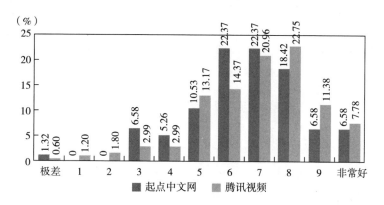

图 6-22　平台用户评价调查

视频体验主要指的是用户在使用过程中的评价如何，这里观察起点中文网和腾讯视频的用户对平台的评价好坏对相关数据产生的影响。依据问卷结果设定参照值，两个平台都分别设定三种情况进行对比研究，腾讯视频端以好评率 80%、差评率 5% 为对照变量，起点中文网以好评率 70%、差评率 20% 为对照变量。分别只动一个参数的情况下，即只提高好评率或只提高差评率，模拟结果分别如图 6-23~图 6-26 所示。

根据模拟结果可以看到，视频体验好评率的高低对腾讯视频会员用户数量和日活跃用户数量的影响较为显著。当只提高用户使用好评率时，图像中的曲线会在原有基础上斜率值增大并上移，即如图 6-23 和图 6-24 的曲线 2 所示，说明用户的好评率上升后会整体提高腾讯视频平台的会员用户数量和日活跃用户数量，并提高了腾讯视频平台的会员用户和日活跃用户基数。相反，当只提高用户使用差评率时，图像中的曲线会在原有基础上斜率值减小并下移，即如图 6-23 和图 6-24 的曲线 3 所示，结果与前一情况相反。

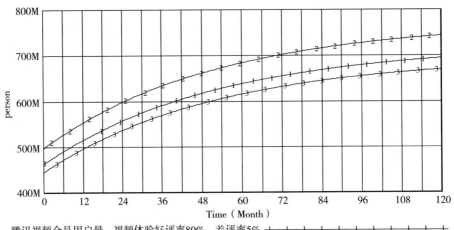

图 6-23　腾讯视频用户评价对腾讯视频会员用户数量的影响

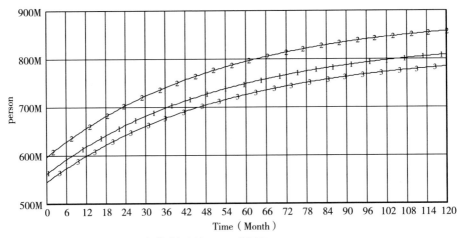

图 6-24　腾讯视频用户评价对腾讯视频日活跃用户数量的影响

　　模拟结果显示，起点中文网的用户使用评价变化对起点中文网的会员用户数量和日活跃用户数量同样有比较显著的变化。当只提高起点中文网用户使用好评率时，图像中的曲线会在原有基础上移，即如图 6-25 和图 6-26 的曲线 2 所示，

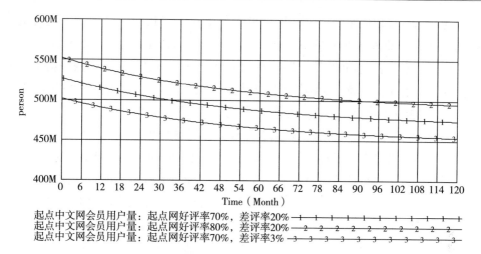

起点中文网会员用户量：起点网好评率70%，差评率20%
起点中文网会员用户量：起点网好评率80%，差评率20%
起点中文网会员用户量：起点网好评率70%，差评率3%

图6-25　起点中文网用户评价对起点中文网会员用户数量的影响

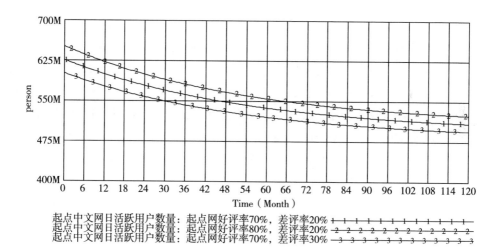

起点中文网日活跃用户数量：起点网好评率70%，差评率20%
起点中文网日活跃用户数量：起点网好评率80%，差评率20%
起点中文网日活跃用户数量：起点网好评率70%，差评率30%

图6-26　起点中文网用户评价对起点中文网日活跃用户数量的影响

说明起点中文网用户的好评率上升后会整体减缓起点中文网流失的会员用户数量和日活跃用户数量，并提高了起点中文网的会员用户和日活跃用户基数。相反，当只提高用户使用差评率时，图像中的曲线会在原有基础上下移，即如图6-25和图6-26的曲线3所示，结果与前一情况相反。

在现实情况中，消费者评价显得尤为重要。网络小说《琅琊榜》是现代女作家海晏创作的长篇小说，2006~2007年连载于起点中文网。豆瓣书评中29546

人中的 87.2% 给出四星及以上好评，2015 年上映的《琅琊榜》同名小说改编影视剧在豆瓣的 232958 个评价中，有 95.7% 的人给出四星以上好评，可见小说平台的评价是不如影视剧的[489]。同时在购买风险较大的电子商务购物环境中，消费者评价对潜在消费者购买决策的影响大于传统模式中对潜在消费者的影响[487]。网上购物的消费者更关注其他消费者对商品使用后的回馈信息[488]。杨阳（2019）研究表明[487]，从他获取 400 份消费者问卷分析后发现，负面在线评论数量显著负向影响消费者购买意愿，同时数量对消费者购买意愿造成的影响程度更加强烈。负面在线评论数量是消费者进行阅读负面在线评论时首先注意到的第一要素，也是消费者对产品形成第一印象的关键[490]。在淘宝和京东平台，十个正面评价还比不上一个负面评价对消费者的影响。提高好评率涉及的因素有很多，比如视频的内容质量、制作成本、演员的配置情况、资金投入等[491]。

七、讨论

通过系统动力学软件建立模型去模拟起点中文网与腾讯视频之间的用户迁移情况，实验得出以下几点结论：第一，用户迁移的流动情况与平台自身的用户维护有着直接关系，用户的流失数量多少决定了平台用户的会员用户数量和活跃用户数量。第二，平台与平台之间的竞争对会员用户数量和活跃用户数量至关重要。第三，平台本身的产品、服务等要尽可能地满足用户的需求，以此获得用户的好评，从而增加用户对平台的依赖性和用户数量。第四，要保证平台自身有足够的吸引力可以提高平台本身的用户自然增长数量，进而抵消用户流失所带来的巨大压力，维持平台的运行。

第七章 跨文化情景下的数字
创意产品运营

在数字创意产品多业态联动开发的过程中，存在大量跨文化情景下的传播、营销和运营问题。本章将对这一重要问题进行探讨。

第一节 研究背景

随着人类的跨文化交流和文化的全球流行，文化产品的跨地域生产、传播与消费逐渐受到人们的重视。在此过程中，文化挪用成为文化产品创造的主要途径，而文化挪用造成的文化折扣问题也成为文化产品运营的障碍之一。

随着文化生产的迅速发展，电影产品在全球范围内成为人民的主要娱乐消费之一。2001年，中国正式加入世界贸易组织，在之后的一段时间里，中国国家广播电视总局颁布了一系列影视行业改革细则，促使中国影视市场自2010年起每年保持30%左右的增速。多年以来，诸如好莱坞、迪士尼等世界各国文化与消费模式进入了中国，致力于开拓和占领中国市场，并凭借着它们以内容为主的产品开发模式，包容、多元化的文化氛围，优秀的经营理念等迅速在中国国内市场获得成功，形成了被广泛消费者识别的电影品牌[492]，其产品受到多数中国观众的青睐。与此同时，随着中国政府近年来对于国家文化软实力的提倡，凭借独特的文化底蕴和丰富的文化内涵，中国文化在国际上的传播速度逐渐加快。基于上述两点原因，一些国际化的电影公司开始在电影中加入中国文化元素，既可以引发中国观众的文化认同，增加影片的关注度和消费潜力，也有益于一种独特文化在世界范围内的广泛传播。

迪士尼的《花木兰》于2020年9月正式上映。花木兰的故事起源于中国南北朝时期的长篇叙事诗《木兰诗》。它讲述了一个名叫花木兰的女孩乔装成男人替她父亲从军的故事。她在战场上取得了巨大的成就。她拒绝了皇帝的奖赏，只希望与家人团聚。在这首长篇叙事诗中，作者突出了木兰的善良和勇敢，高度赞扬了她保卫祖国、热爱祖国的品质。与大多数关于战争的诗不同，这首诗充满了对中国古代日常生活场景的描写，既有故事价值，又有文学价值。同时，这首诗能被国际改编的前提是诗中独特的中国文化和引人入胜的故事，这也是它的特点。多年以来，它在海外传播后被来自不同文化背景的海外创作者改编，并传播到世界各地。因此，作为中国文化的象征，《木兰诗》不断被改编成影视作品，传播到世界各地，并不断呈现给全球观众。花木兰的故事起源于中国文化，交由具备西方文化成长背景的导演进行文化挪用，又最终在中国市场上进行传播。它的创作与运营过程都具备跨文化的特征。

《花木兰》有着非常特殊的价值，因为它的故事起源于中国文化，在海外传播后被来自不同文化背景的海外创作者改编，并最终传播到世界各地。1998年，由华特迪士尼出品的动画电影《花木兰》正式上映。导演和编剧基于原著和对中国及中国文化的了解，在原著故事的基本结构上对内容进行了一定程度的修改。最后，动画电影《花木兰》以其华丽的生产和移动的情节在世界上赢得了一些奖项，并收获了各大网站评论和观众高分评价。借助中国观众对本国文化的认同，迪士尼成功通过这部电影进入中国市场，同时也将中国文化带给了世界观众。基于这一成功，迪士尼计划推出真人版《花木兰》，并将于2017年正式宣布，由中国女演员刘亦菲主演。这部电影于2018年投入制作，最终于2020年上映。尽管备受关注，但总体而言，真人版《花木兰》并没有延续动画版的成功，豆瓣评分仅为5.0（截至2020年12月）。可以看出，与国际观众的评价相比，真人电影的票房和口碑在中国的表现并没有达到预期。具有中国文化内涵的电影在海外市场受文化折扣的影响较小，而在中国本土市场则受到较高的文化折扣。

当然，众所周知的是，西方导演与中国文化电影的组合并不是第一次出现，出名的还有电影功夫熊猫。但功夫熊猫的三部作品在中国市场表现非常好（第一、二、三部在豆瓣网上的评分分别为8.1、8.0和7.7），并没有表现出显著的文化折扣，因此不适用于本书研究。从《花木兰》中可以看出，文化挪用确实可以作为一种电影产品可持续发展的策略，但这种策略存在一些问题。出现这些问题的原因是什么？这种现象是否违反了文化折扣理论？一方面，对这一原因的研究，有助于今后制作具有丰富文化内涵和明显文化特色的电影；另一方面，对这一特殊现象的理论解释也有利于文化折扣理论的发展和完善。

第二节 文献综述

一、迪士尼电影的相关研究

迪士尼被公认为创造了强大的文化产品，为多种形式的媒体做出了重大贡献。由于迪士尼在全球文化产业的巨大影响力，对于迪士尼的研究已具有许多积累和经验。总体来说，对于迪士尼的研究有不同的方向。这里仅列举与本书相关的研究，主要有以下两个层面：

第一，对于迪士尼电影叙事创作的讨论。这种叙事探讨涉及两个方面：首先，对内容本身的研究。长久以来，迪士尼以动画故事的创作而出名，对于其内容的探讨涉及多个层面。这些讨论展示了迪士尼电影中所呈现的多元文化影像，包括了种族、性别、民族和消费主义[493]，或是对迪士尼动画电影70年系列中自然场景的表现进行考察[494]。这也促使一些学者加入了抨击迪士尼的流行运动。另外，一些研究还将迪士尼电影的叙事内容与其他学科进行结合，通过迪士尼电影的叙事方式与叙事内容分析女性角色、精神教育和儿童发展教育[495]。或是采用女权主义的方法，通过系统地考察相关迪士尼动画电影，探讨影片中养育子女和照顾子女的叙事[496]。其次，对电影作品的解读。对迪士尼电影作品的解读可以通过文化批评、电影批评等多种理论视角。学术和文化批评主要是从导演主义的角度来解读作品，强调基于高质量的作品和个人签名的相似性，并有意识地区分品牌、风格和创作者的角色[497]。

第二，对迪士尼电影运营模式的讨论。这种运营模式涉及三个方面：首先，对迪士尼传播媒介与传播模式的讨论。迪士尼的传播拓展方式是：通过BBC将动画改编成广播的声音媒介，强调美学和角色的开发，扩大与迪士尼开发的世界和角色的接触[498]。并且，迪士尼的电影为主题公园和度假村、消费产品，甚至是游轮提供了素材，形成一个完全整合的媒体巨头。其次，对于迪士尼电影运营模式变化的讨论。迪士尼电影的运营是多样和不断变化的，在过去，根据迪士尼动画电影在比利时的开发和运营经验，它采取的方式是发掘其建构的文化记忆的方式，突出迪士尼流行儿童电影和流行文化中无处不在的形象[499]。在新电影的创作中，迪士尼以往的作品基础上进行了创新，回应了人们对增加多样性的呼吁，在全球范围内释放想象空间的潜力。但是这同时对全球媒体文化产生了同质化效应。并且迪士尼植根于企业利益和文化投射，重新产生了一种后殖民主义进程[500]。值得提出的是，迪士尼以动画与长篇动画电影的创作而出名，其主题公园的设计是将与动画和电影相关的情绪转移到三维的现实，为孩子和成年人提供重要的心理确认。动画电影作为其中一方，成为迪士尼发展体验经济、沉浸式环境和艺术公司的重要环节[501]。最后，对迪士尼运营模式的研究还涉及客户管理。华特迪士尼公司通过与顾客建立牢固的联系，掌握了顾客忠诚度[502]。

二、电影创作中文化挪用的相关研究

电影的创作过程事实上是电影导演、编剧、演员等在特定的文化环境和文化背景下选择上述的元素，并重新塑造这些元素的过程[503]。文化挪用指的是"the use of a culture's symbols, artifacts, genres, rituals, or technologies by members of another culture"[504]，这是"一个积极的过程"。传统文化与价值通过消费者的认同和占有产生。但是由于全球化对传统文化来说是一种威胁，为了存续，传统文化需要扩展运作和不断挪用，与其他全球文化共存[505]。虽然常常被引用，但自20世纪起，文化挪用首次明确地出现在论文中是用于探讨女权主义挪用的修辞策略，以评估其作为反霸权主义策略的作用[506]。

文化挪用是在媒介研究和修辞批评中[507,508]常常被关注的概念。但是，在电影创作中，相关研究更多关注文化挪用的方式和类型。根据分类依据的差异，文化挪用可以分为不同的类型。在艺术领域中的文化挪用分为三类：主题挪用、内容挪用和客体挪用[509]。在电影产品的创作过程中，涉及的文化挪用也包括以上三种。

就电影创作的主体挪用而言，相关研究主要集中于探讨局外人将其他文化成员的文化或生活作为叙事主题，进而讨论多元文化的冲击与成长模式。如通过探讨好莱坞电影对非洲文化的翻拍和挪用，探讨了非洲文化对全球文化的冲击方式。这种无处不在的文化形式揭示了文化中介的广泛范围，这是我们这个超链接时代的特征。在这种文化挪用中，不再有"原创"或"忠实的拷贝"，只有成长中的无穷无尽的变革[510]。

就电影创作中的内容挪用而言，相比于主体挪用和客体挪用，这是一种更为普遍的方式。这种挪用并不是整个艺术作品，而是一种风格或形式[511]。

就电影创作的客体挪用而言，相关研究主要针对的是对有形物品（如雕塑等）的占有，这种占有是从产生它的文化成员转移到外来者。电影在文化挪用的叙事过程中从其他文化的商业类型中汲取相关图像线索，但在形式中填充了更加适应其他

文化的内容，使电影作品在大众文化话语和国家民族主义中寻找契合点[512]。

电影中的文化挪用可能导致多元文化的形成。艺术作为一种过程，在文化的挪用和表达中发挥着作用。电影是一种便于进一步传播的工具[513]。随着时代变化和科技发展，小说文化被挪用至电视、电影中。在文字与视觉艺术之间，两种媒介、两种文化充满活力地对话，并参与复杂议程。这种混合的世界主义的附加动态，有时令人满意，有时则存在问题[514]。在媒介研究中，文化挪用是作为技术与方法论来应用的[515]。

另外，与本书中的研究方法有相似之处的是文化挪用在艺术学实践中的研究。在音乐中，虽然在文化材料的一般添加方面不存在问题，但文化挪用可能会使作曲家面临文化冒犯、侵犯个人合法权益的指控[516]。为了避免这些指控，音乐行业从业者需要花时间去探索文化的真正内涵，对他人的文化表示尊重和理解，这样被研究的人和音乐就不会被贬低或利用[517]。这为本书提供了可行性参考。

三、电影运营中文化折扣问题的相关研究

"文化折扣"的理论由 Colin Hoskins 和 R. Mirus 于 1988 年在其论文中首次提出，指的是由于文化背景和文化结构的差异，致使某些国家或地区的观众无法认同或理解某一样国际产品，并致使这种产品价值降低。他们认为，一些扎根于特定文化的影视作品可以获得基于相同经验和生活方式观众的认同和理解，但对于其他地区具备不同信仰、观念和历史文化的观众来说，这些作品却很难被接受[518]，具体而言，文化折扣就是指文化产品在跨文化、跨地域背景下的价值损失或减少[519]。

运营就是对运营过程的计划、组织、实施和控制。电影的跨文化运营过程总是与文化折扣紧密相关。总体来说，文化折扣的成因研究是文化折扣理论研究最主要的部分。针对电影产品而言，文化折扣的形成有许多原因。

文化折扣的最主要成因是文化挪用和文化距离。区别于由文化距离和管理者的个人价值观共同决定的心理距离，文化距离指的是不同地域、不同文化的消费者群体之间的文化价值观差异[520]。除了上述根本性和普遍性原因外，还有学者对于电影产品运营中文化折扣的形成有所研究。

第一，在电影产品的内容运营方面，就电影作品的内容因素来说，影片的题材和类型、原始故事的来源、故事发生地或电影取景地、参演明星、演员的种族、网站在线推广、影评人的回应等[503,521,522]。此外，电影中由美学特殊性和内容特殊性构成的文化特异性也会影响电影的跨文化传播[523]。

第二，在电影产品的宣传策略方面，就电影的宣传策略而言，电影的发行时

间、语言翻译相似性等也会对电影吸引力产生影响[524,525]。有研究表明，电影作品的获奖情况在一定程度上代表了电影的内容质量，这造成的声誉信号对不同国家的消费者选择有影响[526,527]。

第三，在电影产品的市场与消费者管理方面，就电影市场而言，电影出口地区的现有市场状况是影响文化折扣的重要因素之一，同一题材的竞争大小在一定程度上决定了电影的跨文化传播效果[528]。消费者是市场的重要主体，从消费者的视角来看，受众异质性对于电影出口来说也是影响因素之一[529]。不同的文化产品消费者构成许多独特的文化市场，这些文化市场与各类受众异质性关联，导致文化折扣的产生[530]。

另外，国家亲缘关系（即人们对某一国家的兴趣和钦佩）与购买或消费该国其他产品和服务的愿望也是相关的[531]。

需要指出的是，文化折扣并非一成不变。由于消费者的新颖性感知[532]、文化品位[533] 以及学习和模仿行为[534] 等因素的变化，文化折扣会随着消费者自身感知和市场因素的变化而发生改变。这种改变具体如下：由于文化折扣和文化溢价因素的影响，文化距离和产品销售的关系呈 U 形[535]。甚至文化距离可能对这些文化产品进口有着积极的促进作用[536]。

综上所述，目前对文化挪用在电影创作中的应用研究也多集中于社会批评和艺术学中，影视与文化行业的应用较缺乏。对文化折扣理论的研究更多的是关注其形成原因以及其在当今社会实践过程中的变化，对于形成原因也多归咎于消费者、作品和市场，对于电影创作者的关注不多。这二者对真人版《花木兰》在本土遭遇观众接受难题的问题无法做出相应解释。基于此，本书从用户的角度出发，通过对中国这一特定地区观众就真人版《花木兰》的评价做出分析，对同样文化背景下的受众接受问题做出阐释，主要关注电影创作与运营中的文化挪用和可能造成的文化折扣问题，并对未来的电影创作者和制造商提出建议。因此，本书就以下问题做出分析：

Q1：中国观众对于真人版《花木兰》分别有哪些认知和评价？他们对于这些认识与情感分别有哪些感知维度？

Q2：电影主创团队对于电影有怎样的认识和理解？这些理解与中国观众的认知有何差异？差异的根源是什么？

Q3：《花木兰》电影的接受现象是否与文化折扣理论相悖？形成文化折扣的原因是否与文本创作构成关联？如果有，文本创作对于文化折扣的形成是否存在影响？对于未来出口电影的文本创作有哪些启示？

第三节　研究方法

针对受众部分，本书首先运用 ROST CM 软件对采集到的用户评价进行文本分析，得出观众的认知与评价及其相关维度，将其作为后续内容分析具体代码的依据。其次依据上述内容，利用 NVivo 对观众评论做出详细的编码与分析。针对导演与主创团队部分，本书直接采用 NVivo 软件进行文本的编码与分析。最后将两个结果进行对比，判断电影《花木兰》在文化挪用的过程中是否存在文化折扣的问题，具体差异是什么，并最终得出本书的结论。

一、样本

评论家和他们的评论遍布所有行业，在娱乐行业中尤其多，对娱乐行业的影响也是很显著的。从经验来看，批评家的评论对于后期的电影票房收入影响远远大于早期的票房影响，电影评论不仅是一种意见领袖，而是一种先行的预测指标[537]。消费者评分对电影在影院上映时间的影响较大，而专家评分对电影市场整体的影响更大[538]。因此，对于受众评价的分析不仅可以反映电影在市场的口碑，还可以反映和预测受众对电影的接受程度和电影的票房成绩。因此，本书立足于真人版《花木兰》的受众评价，对受众评价进行具体分析，提取其中与电影文本创作相关的部分，再结合电影创作团队的访谈记录，对文本创作是否构成文化折扣这一论点及其影响程度进行分析。

本书使用以下两个样本：

样本一：发布在豆瓣网上的中国用户关于真人版《花木兰》的在线评论。豆瓣网创立于 2005 年，是中国最大的社区评论网站之一，其自我定义为"以技术和产品为核心、生活和文化为内容的创新网络服务，致力于帮助都市人群发现生活中有用的事物"。它大量为其用户提供关于书籍、影视、音乐等作品的信息，并且，该网站上无论是信息描述还是评论打分都是由用户自身提供（User-Generated Content，USG）。豆瓣网的计分规则是：用户在对电影进行评分时，可以给出一星到五星的评价。然后豆瓣网通过计算（这种计算方式并未公布），得出一个满分为 10 分的评价分数（这就是引言中豆瓣网评分的来源）。该网站上的用户评价分为两部分——短评和影评：短评短小精悍，对于观众的评价有着精练的反映；影评专业详细，但篇幅较长。在呈现用户评价时，网站管理者主动筛选并删除了与影片无关、涉及恶意评价和人身攻击等评论，并对短评进行了豆瓣用户的投票加权平均后从高到低排序，因此，该网站的用户评论可以在一定程度上客观反映中国观众对于一部电影的看法。

样本二：导演妮基·卡罗及主创团队有关真人版《花木兰》的访谈记录。其中包括导演及主创团队提及的关于真人版《花木兰》创作、选角时的过程信息，他们对于"花木兰"的故事以及这一角色所传递出的精神价值的理解以及影片在宣传过程中对《花木兰》故事的定位，这些信息客观反映了导演及主创团队对"花木兰"故事及其人物的理解，在一定程度上反映了他们对中国文化和中华民族精神的认识。必须注意的是，在《花木兰》电影从筹备到上映的过程中，导演、主创以及主演团队接受了许多不同媒体关于电影的采访，但由于时间的限制等多种因素（尤其是电影上映之前不能泄露太多细节以免影响消费者的选择），这些采访篇幅较短、内容不多，因此并不能完全反映导演以及主创团队对于故事和角色的深刻理解。

二、数据提取

所有数据提取于 2020 年 12 月，样本一提取了豆瓣网上所有公开呈现的影评和短评，其中包括短评 405 条、影评 3141 条，再经过人工筛选，删除其中表意不清、与影片无关的无效内容。为解决 Q1，借助 NVivo 11 对提取的内容进行词频分析与编码处理。

为解决 Q2 中关于主创团队意见的问题，样本二提取了在网页公共页面中搜索关键词"花木兰导演""花木兰""妮基·卡罗"后与真人版《花木兰》电影相关的信息，以及在 IMDb、烂番茄的"花木兰"信息页面中关于该影片的简介，最主要的是电影官方的精神价值定位，并对这些信息进行内容分析。所有的访谈资料共包含视频和文字资料两大部分。

第四节　研究过程与结论

一、中国观众的观影关注

（一）观众短评

综上所述，豆瓣上的用户短评较为短小，具备一定的用户观点代表意义，可以精确提炼出观众的主要观点。为解决 Q1，首先采集豆瓣上的用户短评，并对其进行高频词统计，去除其中无关的语词项，得出观众的认知与评价及其相关维度，将其作为后续内容分析具体代码的依据，如表 7-1 所示。

表 7-1　中国观众短评的认知与评价高频词表

	观众认知					观众情感		
维度	高频词	频次	维度	高频词	频次	维度	高频词	频次
故事创作	故事	68	演员人物	刘亦菲	98	正向	期待	17
	剧情	60		角色	40		好看	15
	特效	16		演技	40		感动	8
	画面	13		女巫	33		精彩	7
	设定	13		巩俐	27		厉害	5
	场面	12		演员	26	负向	尴尬	35
	动作	11		反派	14		难看	31
	服装	10		皇帝	14		差	25
	内核	9		表演	11		一星	24
	感情	9		李连杰	9		失望	16
	设计	9	内容核心	文化	54		浪费	10
	情节	8		女性	46		莫名其妙	9
	制作	8		女权	23		水土不服	9
	审美	8		时代	10		恶心	7
	武打	8		身份	10		无聊	7
	战争	7		童话	9		差劲	7
	逻辑	7		历史	9		不伦不类	6
	价值观	7		自我	8		失败	6
	镜头	7		传统	8		一言难尽	6
	音乐	7		成长	8		一塌糊涂	5
	节奏	7		民族	7			
	风格	6		政治	5			
	质感	5		国家	5			
	价值	5						

其语义网络构成如图 7-1 所示。

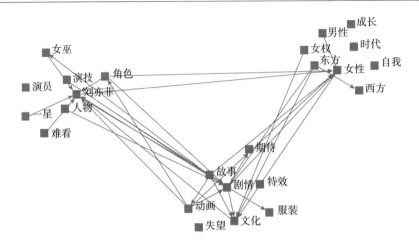

图7-1 中国观众短评中认知与评价语义网络

由此可以得出，中国观众对于真人版《花木兰》的认知维度主要在于故事创作、演员人物和情感表意三大方面，对于影片的故事创作本身关注程度最高，涉及多个方面，包括剧情、制作、题材等影视创作与故事讲述方面，乃至对配乐方面都有所关注；此外，观众关注的认知维度在于内容核心方面，中国观众普遍认为该影片在一定程度上阐释和赞颂了女权主义和女性主义，肯定了女性的自我成长与自我价值，影片中还有对中国传统文化与传统价值观的呈现，尤其是对国家、民族的忠诚；值得关注的是，影片在中国具备很强的名人效应，短评中多次提及演员姓名或剧中人物姓名，对于演员的演技评价也有所涉及。在情感维度方面，高频词分析结果可得，虽然也有"精彩""感动"等正面评价词汇，但中国观众对于真人版《花木兰》的评价普遍较低，认为差而且尴尬。

（二）观众影评

基于这些观点，对于中国观众在豆瓣的线上影评进行爬取。豆瓣的影评与短评是相互区别的两个部分，影评篇幅较长，观点鲜明，评论专业而细致，且具备一定的实用性建议，适宜对观众的评价与观点做出深入而具体的分析和研究。因此，为了解决Q1，对于豆瓣上的观众影评进行选择性爬取，按照其他用户对影评的赞同程度，分别提取五星到一星的影评中的10%，其中包括五星影评58篇、四星影评40篇、三星影评58篇、二星影评55篇、一星影评47篇，共计258篇。文章和评论可能被编码多次。

为保证编码的有效性和科学性，邀请了研究团队的其他成员，在进行详细培训和充分沟通后分组各自进行独立编码。两组编码结束后，使用 NVivo 中的编码比较进行信度可靠百分比检验。将两组编码的结果进行对比和相互验证，编码比较是根据每个大类（故事创作、内容核心、演员人物）进行计算的，检验结果显示：编码一致性百分比达到 90% 以上，符合检验要求。对两组编码不一致的编码结果，再次进行讨论并确定编码方案，最终形成编码结果，如图 7-2 所示。

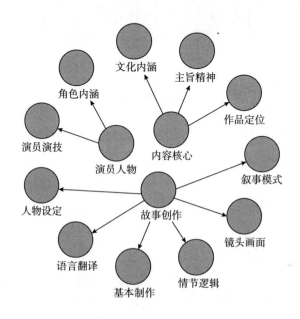

图 7-2　观众的主要认知维度

维度一：故事创作。编码结果显示，故事创作是观众评论最集中和占比最大的部分，这表明中国观众对故事创作本身的关注程度较高。在故事创作方面，观众的关注主要分为基本制作、情节逻辑、镜头画面、叙事模式、人物设定和语言翻译六个元素。编码参考点数比例分布如图 7-3 所示。

基本制作方面，中国观众普遍认为剧中的人物妆容服饰、道具、配色、特效等都"很糟糕""尴尬""不讲究"，与中国历史和文化实际不符，只是对中国元素和符号进行了拼凑，且不具备审美效果，是"审美上的东方主义"；情节逻辑方面，多个观众认为电影的剧情较为"紧凑"，但总体来说"不合常理""逻辑混乱"，本应讲述的成长和自我觉醒的过程过于平顺，乃至与历史"相去甚远"；镜头画面方面，观众认为电影取景和视觉效果值得称赞，尤其是雪山、草原、雅丹地貌等自然风光和宫殿场景的建筑构图都显得大气恢弘，情感评价较高；叙事

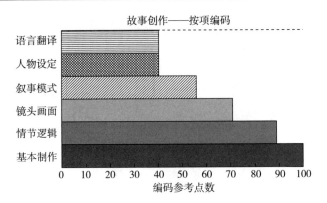

图7-3　故事创作编码参考点数比例

模式方面，电影主要讲了一个自我意识觉醒和成长的故事，总体而言叙事是通顺而流畅的，但有的观众认为叙事过于"平缓"、表达方式"乏力"，以至于最后人物和剧情的转变都显得过于突兀；人物设定方面，观众对花木兰和仙娘两个角色的评价较多，但是普遍认为电影对花木兰这一人物的成长过程叙事和铺垫不足，因此不容易与她产生情感共鸣，仙娘这一角色行为逻辑混乱，人物前后行为令人费解；语言翻译方面，中国观众对于电影英文配音的接受度很低，认为太过"违和"，且剧中的台词并不符合中国人的用语习惯，此外，观众还对电影中对诗歌《木兰辞》的翻译有极大不满，认为这是导演及主创团队的西方文化背景与中国文化和中国诗歌之间的不协调的显性表现。总体来说，中国观众对于《花木兰》的故事创作关注程度最高，但评价较低，编码结果显示，已编码的参考点中负面评论的覆盖比例比正面评论高出4倍。必须提出的是，故事创作是与文化无关的内容，但是，调查结果显示，中国观众对于故事创作方面的关注已经超越了对文化内容的关注。

维度二：内容核心。除关注故事创作之外，中国观众最关注的是电影所表达的内容核心。在内容核心方面，观众主要关注电影中呈现出的文化内涵、作品定位和主旨精神三个要素。编码参考点数比例分布如图7-4所示。

文化内涵方面，可以说，观众对于文化内涵的关注度是最高的，但是对电影呈现出的中国文化内涵的评价是最低的。观众普遍认为电影中出现的中国元素更像是"西方人视野中的中国元素"，而非真正的中国元素，导演及主创团队只是对带有中国符号和中国特色的东西进行了一种堆砌，包含西方对于中国的刻板印象，乃至电影本身也只是一个中国故事为外壳而西方文化为实际内核的故事。另

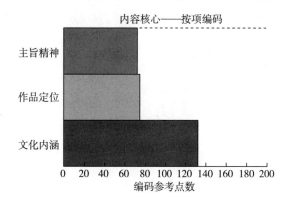

图 7-4　内容核心编码参考点数比例

外，电影中出现的"忠、勇、真"在一定程度上成为中国传统文化的体现，但也有观众认为电影中对这种价值观的表达过于肤浅和简单。主旨精神方面，部分观众对于影片中女权主义的书写持赞同和认可的态度，认为它歌颂了女性的觉醒和成长，赞美了女性的力量，体现了普世的、现代化的价值观，但也有部分观众认为影片中缺乏对女性主义真正的讨论，电影对女性主义的强调埋没了"花木兰"故事原本的精神价值，并且，电影反而体现出了典型的个人英雄主义——这是与"花木兰"故事的初衷相违背的。作品定位方面，观众普遍认为这是典型的迪士尼商业"公主系列"电影，符合"童话故事"的架构，所以与艺术和所宣称的"英雄史诗"都是不挂钩的。在这个部分，观众负面评价的比例也远高于正面评价。

维度三：演员人物。除了上述两部分外，观众主要关注的还有演员人物这一维度，其中包括演员演技和角色内涵两个元素。编码参考点数比例分布如图 7-5 所示。

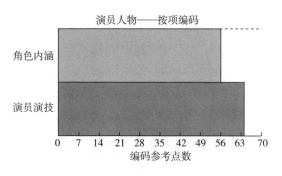

图 7-5　演员人物编码参考点数比例

角色内涵方面，大部分观众集中于讨论花木兰和仙娘两个角色，认为花木兰勇敢、善良、倔强，不屈服于现实和宿命，具有反抗精神，但电影中的角色刻画因为缺乏成长过程而略显失败；演员演技方面，主要争议集中于花木兰的饰演者刘亦菲身上，部分观众对刘亦菲演技的评价较低，也有观众认为其演技不错，对于其他一众演员及其演技的评价都较高。在这个部分，观众负面评价很高，几乎没有正面评价。

总体来说，中国观众对于真人版《花木兰》电影的评价较差，负面评价较多，具体比例如图 7-6 所示。

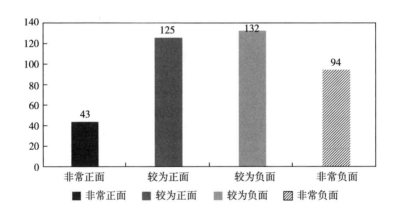

图 7-6　观众情感认知比例

二、主创团队的创作关注

如上文所述，为解决 Q2，对于真人版《花木兰》导演及主创团队的访谈记录、在 IMDb、烂番茄的"花木兰"信息页面中关于该影片的简介进行分析，可以在一定程度上反映出主创团队官方对于"花木兰"故事及其精神内核的理解，反映出他们对中国文化和精神的认识。对这些访谈记录进行分析发现，电影主创团队对于《花木兰》的理解主要分为三类，三类理解在访谈中的提及频率大致持平，如图 7-7 所示。

第一，文化理解。文化理解指的是访谈中主创团队谈及电影包含的文化内涵的部分，其中包括主创团队认识中的中国文化和"花木兰"故事。访谈中提及，主创团队为了解中国文化和"花木兰"故事，多次到中国并学习相关中国文化，以此为基础进行电影的创作和剧作的相关设计。关于中国文化的部分，主创团队

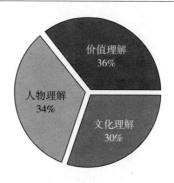

图7-7　主创团队的主要认知占比

的关注点主要集中于对中国文化元素的理解，如用取景地来展示中国地理风貌、对于"四爪金龙"与皇帝的关联的理解，缺少对中国文化内核的真正理解。

第二，人物理解。人物理解指的是主创团队关于电影主角花木兰这一人物的性格、精神等方面的理解。在访谈记录中，主创团队认为，花木兰的性格是"聪明、坚强又温柔"的，她尤其是坚强的，且具备极强的信念，她是一个真实、真诚的人物，同时也是一位战士；在精神方面，主创团队认为，花木兰不是超级英雄，而是用自己的聪慧和信念战胜困难的普通人，这一角色应该带给观众的启示是认清自己的内心、做真实的自己。

第三，价值理解。价值理解指的是主创团队对于电影的定位和电影传递出的精神内核的理解。在电影定位方面，影片被定义为"冒险动作片"，他们认为电影充满壮丽、激动人心、史诗般的氛围，虽然包含部分浪漫元素，但他们努力让电影回归现实主义，目的是描述战争和这个真实的故事；在精神内核方面，IM-Db和烂番茄的"真人版《花木兰》电影"信息页中显示，这一电影的主要文化内涵宣传点在于"Loyal，Brave，True"。在访谈中，主创团队认为，电影展现了一种"坚定的女性在行动的美"，赞颂了女性的意志和力量，另外，导演还提到，在《花木兰》电影的主要制作人员中女性占比很大，且主要由女性领导，因为这是一部书写女性力量的电影，并且也可以借此鼓励其他制作公司多给其他女性机会。

除此之外，还有一些关于电影拍摄和制作过程中对于镜头运用和情感表达的介绍，在此不做赘述。

第五节 讨论

一、编码结果分析

根据编码结果可得，Q2 中有关导演及主创团队与中国观众对《花木兰》理解的差异如下：

第一，主旨精神与人物的理解差异。必须指出的是，导演对于"花木兰"故事的理解并非完全错误，在中国古代，花木兰的故事之所以可以从千年前流传至今，其原因在于两点：①故事的传奇性，这种传奇性既不悖于中国古代道德规范，也塑造了人物形象；②女性主义，破坏了传统的性别规范，提出了"谁说女子不如男"的观点，这与西方女性主义话语在某种程度上是一致的。迪士尼对这个故事最重要的叙事在于：将性别问题作为主线与核心，构建了性别间的矛盾与冲突，并发掘了整体社会与个体发展之间的冲突与对立[539]。但是，这种做法事实上隐蔽了《花木兰》这一文本在中国最突出的精神价值。在中国人的认知中，孝顺长辈和保卫国家是她最可贵的品质，而这种品质被迪士尼解读和异化成木兰在相亲失败后对个人价值的证明，具备浓重的个人主义。迪士尼电影将她几乎塑造成了一个好莱坞语境中的"超级英雄"[540]。

第二，对中国文化的错误认知。导演虽然在了解中国文化上做了非常多努力，但他们对于中国文化的了解仅限于具备中国感觉的元素与符号及其背后的特定象征，对于真正文化内涵的理解较少，这就造成了电影中随处可见的中国元素，但仅浮于表面而无法深入内核、引起中国观众的共鸣。电影中尤其令中国观众诟病的是导演及主创团队虚假的地理认知：比如北方的福建土楼、新西兰的草甸和雪山、不合时宜的对联和灯笼等，这是一种典型的西方文化背景的世界架构（world-building）——只需有中国地域的感觉和能帮助塑造中国故事和人物即可[541]。事实上，迪士尼对于《花木兰》进行的动态改写，造成了西方语境中东方主义范式的永恒化，将民间叙事简化为了一个静态的、统一的整体[542]。

第三，对故事创作的不重视。显然，主创团队对于故事创作的问题关注较少，对于故事叙事模式和逻辑结构关注较少，但这却是中国观众在观看时的重点所在。除了文化内涵外，观众更关注的是人物的前后行为是否符合逻辑、故事的叙事方式是否能吸引人，这种问题决定了观众是否能与电影产生共鸣，相比文化的差异化理解来说，这种问题似乎更不能被中国观众原谅。显然，电影中被观众批评最多的是对仙娘这一人物的刻画，他们认为人物缺乏必要的成长过程，因此人物前后行为存在很大的逻辑问题，无法说服观众，这种对于人物刻画的疏漏在电影中不止一处，是电影在中国观众中得到差评的重要原因。

这些在中国和美国的观众中表现出的差异根源其实是前现代和现代伦理之间的差异、古代中国社会和现代西方社会之间的距离和差异[543]，也就是社会距离。

事实上，花木兰的故事在中国的历史上也不断被改编，不同时代的改编者在故事中都或多或少地寄予了相应的时代精神[544]。"花木兰"故事自 20 世纪初传入美国，它的三次传播高潮都与美国的历史文化思潮息息相关，因此，文化接收者必然会依据自身标准对信息进行选择、调整和改编，这就形成了传播过程中的文化过滤，同理，读者在接受过程中也会形成文化误读[545]。所以，作为民间叙事在多元媒介下实现文化与内容传承的典型案例之一，《花木兰》在被不断地接受与改编中，被叙事主体的人们使用自身的文化背景和道德判断力选择了不同的表达方式，决定了媒介和民间叙事的内在走向[546]。在现代语境中，对于花木兰叙事的不同风格演绎事实上是对经典和传统叙事的颠覆，体现了不同的青年女性主体对于男权政治的颠覆，是对不同意识形态的抵抗，在这种颠覆与抵抗中促成了女性的重建[547]。

因此可以解决 Q3：作为一部具有中国文化内涵的作品，它在中国市场上遭遇差评的原因在于导演及主创团队对中国文化的社会距离与差异，这是源于《花木兰》这一中国故事在美国传播形成的文化折扣和文化误读。这种差异导致了电影《花木兰》在创作初期就与中国传统文化存在着一定的距离，因此构成了电影在中国市场接受困难。这是与文化折扣理论不相背离的，因为文本创作会影响文化折扣的形成。文化挪用是一种电影创作的途径，但由于迪士尼对其他文化的误读，造成了电影在运营过程中的文化折扣。

二、解决策略

在文化的商业创造过程中，必须权衡文化母国与文化创造国之间的关系，寻求一个均衡点，达到双方的文化一致和认同一致，对于创作者来说，具体策略如下：

第一，对故事主题的把握。针对电影产品的创作来说，在跨文化传播过程中，面对复杂和充满陌生感的国情，情感沟通比其他沟通方式更加具备优势。应当以基于相似感情导致的"共同情感"为介质，超越人为建设的国界、文化界系统，消解意识形态和语言壁垒，建立对传播内容的共同理解与认同[548]。针对电影产品的运营来说，社交平台是一种有效的媒介形式，可以利用社交媒体平台与观众建立情感联系，推广让观众与电影主角产生共鸣的内容[549]。在《花木兰》中，导演将女权主义作为不同文化情感沟通的核心，但是当今的女权主义的宣传与活动存在一个问题：新媒介和新的叙事方式虽然产生了女权主义者形象，却又回避了与平台互动秩序不协调的女权主义者问题，在放大女权主义表达的同时又使之局限于受众接受和偏好的范围内[550]。这同时也是导演在电影叙事中存在的问题，所以，女性主义并不是一个适当的情感切入点。

第二，对故事创作的重视。虽然我们的研究重心在于文化折扣，但叙事也是电影创作的关键。精彩的叙事可以让人在一定程度上忽略文化差异和文化误读，这也是曾经动画版《花木兰》在中国取得高分的原因之一。针对电影产品的创作来说，电影作品最具吸引力的方面就是叙事，如果忽略了故事讲述，就等同于忽略了电影最核心的部分，在《花木兰》的改编中，迪士尼创造和满足了全球口味，并创造出不再传达原文信息或意义的另一种叙事方式[551]。针对电影产品的运营来说，在追求多元文化融合的同时却忽略了文本的基本创造，导致基本情节逻辑失误、叙事节奏不够吸引人。电影的核心竞争力始终是内容资源，只有实现内容资源的精心锻造和有效开发，才能始终保持吸引力[552]。

第三，对其他文化的深入学习。针对电影产品的创作来说，作为电影的创作者，应该致力于深入学习不同的文化，努力克服文化心理距离和社会距离；针对电影产品的运营来说，制造方应该灵活地调整作品的传播模式，并加强与受众的直接沟通，将品牌及品牌理念置于全球化的背景下，才能有效开展跨文化传播[553]。在很长一段时间内，电影都居于休闲和文化的中心，找到电影中商业和文化结合的方式，适应国家和地区的国情和发展状况，注入国家的特殊性从而引起消费者的文化认同，才能找到独特的市场吸引力[554]。电影在不同文化的国家之间的成功因素是不同的，重视特定地区的因素是成功的关键[555]。不可否认的是《花木兰》的导演团队对中国文化的了解，但浮于表面的了解只会导致文化元素的大杂烩，不会深入人心。

综上所述，我们生活在一个文化全球化的世界，文化挪用是一种重要的文化产品创作途径，同时也是文化产品跨文化传播的关键。但由于文化误读的存在，电影产品在运营过程中产生了相应的文化折扣。

当然，客观地说，如果不真正生活在一个特定的国家或文化背景中，我们就无法真正了解和理解这个国家的真实生活和文化。但这并不意味着文化产品的跨文化创作和运营是不可能的，为了避免这种文化误读和文化折扣，跨文化的创作者需要找到一个普遍的情感切入点，将情感价值与个人体验相结合，深入研究不同形式的文化，特别是来自其母国的文化。此外，创作者应重视叙事创作，成功实现文化挪用，完成文化商业创作过程，实现传统文化作品与创新产品的融合。一方面，这是电影在创作与运营过程中应该采取的策略；另一方面，根据本案例，中国文化的可持续发展同时也依赖中国与外国的互相交流学习、全球化的情感共鸣以及对于叙事的创新和重视。

第八章 结论与展望

本章将对全书的主要研究结论进行总结，同时对未来的研究机会进行阐述和展望。

第一节 主要结论

本书紧密围绕"数字创意产品多业态联动开发的机理与模式"这一核心问题，在对中国文化产业发展的主要趋势进行总体回顾的基础上，构建了"内容—平台—消费者"的总体分析框架，并对"内容转化""平台交互""用户迁移"三个核心问题进行了重点分析，最后对跨文化情景下数字创意产品的运营问题进行了展开分析，得出的主要研究结论如下：

第一，我国文化产业已经进入以数字化为先导的高速发展时期，数字化正在重构我国文化产业的基本结构。在数字化的推动下，"文化"在真正意义上成为一种现实的生产要素，进入到价值生产过程，并能在一定条件下产生生产力的倍增效应。

第二，在数字化的推动下，我国文化产业的内部各子产业之间产生了明显的价值链融合趋势。同时，作为一个整体的文化产业本身，也在与相关产业之间产生融合与重构。由于文化产业与传媒产业在一定程度上存在交集，这种产业融合也常被描述为"媒介融合"。在微观的产品开发层面，这种融合则具体体现为基于"文化 IP"的多业态联动开发过程。数字创意产品的多业态联动开发，在子产业主要表现为"内容—平台—消费者"的纵向价值运动过程，而在子产业之间则表现为"内容—内容""平台—平台""消费者—消费者"之间的横向价值运动过程。

第三，在数字创意产品的多业态联动开发过程中，内容转化过程更多地涉及文学、艺术学等学科的理论和范式。具体而言，内容转化是通过内容的跨媒介叙事这一途径实现的，在跨媒介叙事的过程中，"互文"则是其中的一个关键性机制，尤其是跨媒介意义上的"互文"，为实现跨媒介叙事提供了一个基本的工具和载体。同时，由于跨媒介叙事同时涉及基于多个不同媒介的多条故事线索和体系，这就使得基于多种不同媒介，构建完整的、成体系的故事世界成为必要。在产业实践中，这体现为基于文化 IP 的运营过程。

第四，在数字创意产品多业态联动开发过程中，平台交互过程更多地涉及经济学、管理学等学科的理论和范式。具体而言，平台交互过程涉及对经济学中的直接网络外部性、间接网络外部性和交叉网络外部性的分析。在本书的场景中，处于不同子产业（业态）中的数字创意产品的平台之间同时存在竞争与互补两种关系。间接网络外部性理论可以在一定程度上解释这种互补关系，而标准的竞争模型可以在一定程度上解释这种竞争关系。由于存在产业链意义上的上下游关系，处于不同业态的数字创意产品平台之间存在非常紧密的协作与互动关系，这也从整体上提升了消费者的整体效用。同时，在平台的日常运用过程中，必须以品牌运营为核心。平台应持续打造品牌形象，积累内容资源，通过体系化的品牌运营和用户维系，实现品牌的内部一致性与外部一致性。

第五，在数字创意产品多业态联动开发过程中，用户迁移过程更多地涉及管理学、消费者行为学、传播学等学科的理论和范式。具体而言，主要涉及用户认知、用户持续使用、用户迁移行为三个方面的问题。对于具体的数字创意产品而言，作品本身的质量、审美体验、文化体验是影响用户认知的主要因素。而对用户持续使用行为而言，经典的 ECM-IS 模型具有适用性。但是，由于文化产品的特殊性，在整体模型中引入感知互动性因子，能更好地解释这一过程。对消费者迁移的模拟仿真表明，处于不同业态中的数字创意产品之间的用户迁移，与平台自身的用户维护、平台之间的竞争、内容产品的质量与吸引力具有直接关联。通过提升产品质量和用户黏性，可以提高用户的自然增长数量，从而有效抵消用户流失带来的压力。

第六，在数字创意产品的多业态联动开发过程中，跨文化传播与接受是一个非常重要的问题。研究表明，数字创意产品的本质仍然是文化产品，对特定国家和地区的消费者而言，产品的开发与运营过程必须高度关注文化距离、文化误读、文化折扣等问题的潜在影响。必须高度重视对目标地区文化的深入学习和理解，并切实提高内容创作的质量。

第二节 研究展望

在本书研究的开展过程中，我们查阅了大量相关的参考文献。总体上看，相关研究大多从单一学科视角探讨这一过程的局部问题，缺乏对这一过程的整体性分析。从学科背景和研究方法上看，相关研究涉及管理学、经济学、文学、传播学、艺术学、法学、设计学、计算机科学等多个学科领域。对中国文化产业数字化的研究，已经成为一个多学科交叉的重要研究领域。

鉴于这一问题的复杂性和跨学科性质，后续研究应重视建立基于数字化背景的跨学科分析框架。从产业实践来看，数字化条件下文化产业的一般价值生成过程可以被归纳为"创意—生产—传播—消费"四个基本环节。在数字化条件下，消费环节可以成为下一轮创意环节的起点。多学科的交叉分析可以在这一构架下展开，如图8-1所示。

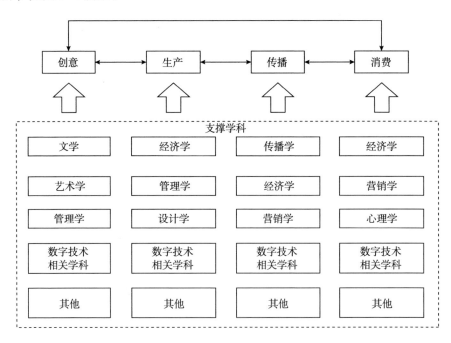

图8-1 文化产业数字化的跨学科分析框架

资料来源：笔者根据理论和文献研究结果绘制，绘图软件 Visio 2010。

图 8-1 展示了中国文化产业数字化的跨学科分析框架。在"创意"环节，主要涉及文学、艺术学、管理学等学科范式及方法。在"生产环节"，主要涉及经济学、管理学、设计学等学科范式及方法。在"传播"环节，主要涉及传播学、经济学、营销学等学科范式及方法。在"消费"环节，主要涉及经济学、营销学、心理学等学科范式与方法。同时，以上四个环节都涉及数字技术相关学科，如计算机图形学、通信工程、人工智能、数据挖掘等相关技术。

图 8-1 还反映了"中国文化产业数字化"这一复杂问题的跨学科性质，强调了不同学科在范式、方法上的共享和互用。例如，在"创意"环节，针对文化内容的原始创意问题，可以综合应用管理学关于创新过程的"模糊前端"理论，同时结合文学、艺术学的相关理论与方法。在"生产"环节，针对文化产品的迭代开发问题，可以综合应用经济学关于"创新扩散"的相关理论，同时结合设计学的相关理论与方法。在"传播"环节，针对数字化条件下文化内容的传播与营销问题，可以综合应用经济学关于"平台"和"交叉网络外部性"的理论，同时结合传播学的相关理论与方法。在"消费"环节，针对消费者文化体验与决策的相关问题，可以结合心理学的相关理论与方法，并进一步和"创意"环节的研究进行有机结合。

总体来看，中国文化产业数字化的生动实践，为原本关系不大的诸多学科提供了大量的交叉研究机会。对这一问题的研究，也将促进新理论、新概念、新范式的产生，最终促进学科之间的融合发展。

参考文献

［1］O'Quin K，Besemer S P. Creative Products ［J］. Encyclopedia of Creativity（Second Edition），2011（1）：413-427.

［2］Colapinto C，Porlezza C. Innovation in Creative Industries：From the Quadruple Helix Model to the Systems Theory ［J］. Journal of the Knowledge Economy，2012，3（4）：343.

［3］杨永忠，林明华. 文化经济学：理论前沿与中国实践 ［M］. 北京：经济管理出版社，2015：294.

［4］厉无畏，顾丽英. 创意产业价值创造机制与产业组织模式 ［J］. 学术月刊，2007（8）：78-83.

［5］贺和平，刘雁妮. 体验视角下科技与文化融合的文化产品创新路径 ［J］. 深圳大学学报（人文社会科学版），2014（3）：154-159.

［6］姚林青，卢国华. 文化创意产品的经济性质与外部约束条件 ［J］. 现代传播（中国传媒大学学报），2012（5）：106-110.

［7］王志标. 文化创意产品供给目标冲突和协调 ［J］. 管理评论，2012，24（7）：24-33.

［8］李向民，王萌，王晨. 创意型企业产品特征及其生产决策研究 ［J］. 中国工业经济，2005（7）：112-118.

［9］胡晓鹏. 创意产品的价值结构与价值开发——源自"哈利·波特"经验的启示 ［J］. 现代传播（中国传媒大学学报），2008（4）：110-113.

［10］张洒英. 文化创意产品价值的实现路径分析 ［J］. 社会科学，2012，387（11）：59-66.

［11］庞建刚，周彬，刘志迎. 文化创意产品的定价策略研究 ［J］. 软科学，2012（8）：40-43.

［12］吕本富，郭微，宁一伟，等．信息产品的信息披露程度对成交量的影响——基于网络文学作品的实证研究［J］．管理现代化，2012（4）：77-79.

［13］李燕．威客的成因、本质及全球化交易影响因素研究——基于网络文化创意产业的视角［J］．情报杂志，2011（1）：190-195.

［14］卡尔·夏皮罗，哈尔·瓦里安．信息规则：网络经济的策略指导［M］．北京：中国人民大学出版社，2000.

［15］Mundorf N，Bryant J. Realizing the Social and Commercial Potential of Interactive Technologies［J］．Journal of Business Research，2002，55（8）：665-670.

［16］McKenna K Y A，Bargh J A. Causes and Consequences of Social Interaction on the Internet：A Conceptual Framework［J］．Media Psychology，1999，1（3）：249-269.

［17］王萌，王晨，李向民．数字内容产品特征及其商业模式研究［J］．科技进步与对策，2009（2）：45-48.

［18］刘霞，董晓松，姜旭平．数字内容产品消费扩散与模仿的空间模式——基于空间面板模型的计量研究［J］．中国管理科学，2014（1）：139-148.

［19］董晓松，刘霞，姜旭平．空间溢出与文化距离——基于数字内容产品扩散的实证研究［J］．南开管理评论，2013（5）：100-109.

［20］Marjanovic O. Extending the Boundaries of Business Process Management：From Operational to Creative Business Processes［C］．Information Technology Interfaces，2008.

［21］Xu F，Rickards T. Creative Management：A Predicted Development from Research into Creativity and Management［J］．Creativity and Innovation Management，2007，16（3）：216-228.

［22］Suhyun H，Sueyeon K，Jinwoo K. Toward the Development of Multi-dimensional Index for Creative Management［C］．Management of Engineering & Technology，2008.

［23］Sclavi M. The Role of Play and Humor in Creative Conflict Management［J］．Negotiation Journal，2008，24（2）：157-180.

［24］Seidel S. Toward a Theory of Managing Creativity-intensive Processes：A Creative Industries Study［J］．Information Systems and E-Business Management，2011，9（4）：407.

［25］Wang H, Ohsawa Y, Nishihara Y. Innovation Support System for Creative Product Design Based on Chance Discovery ［J］. Expert Systems with Applications, 2012, 39 (5): 4890-4897.

［26］Xiao R, Zu Y, Mei S. Creative Product Configuration Design Driven by Functional Features ［J］. Journal of Manufacturing Systems, 2012, 31 (1): 69-75.

［27］Reimann M, Schilke O. Product Differentiation by Aesthetic and Creative Design: A Psychological and Neural Framework of Design Thinking ［M］//Meinel C, Leifer L, Plattner H. Design Thinking. Springer Berlin-Heidelberg, 2011: 45.

［28］White A, Shen F, Smith B L. Judging Advertising Creativity Using the Creative Product Semantic Scale ［J］. The Journal of Creative Behavior, 2002, 36 (4): 241-253.

［29］O'Quin K, Besemer S P. Using the Creative Product Semantic Scale as a Metric for Results-Oriented Business ［J］. Creativity and Innovation Management, 2006, 15 (1): 34-44.

［30］Ng P K, Anuar N I. A Case Study on the Importance of Knowledge Management in Creative Product Development ［C］. Industrial Engineering and Engineering Management (IEEM), 2011.

［31］Nuttavuthisit K. If You Can't Beat Them, Let Them Join: The Development of Strategies to Foster Consumers' Co-creative Practices ［J］. Business Horizons, 2010, 53 (3): 315-324.

［32］林明华, 杨永忠. 创意产品开发模式: 以文化创意助推中国创造 ［M］. 北京: 经济管理出版社, 2014.

［33］刘友金, 赵瑞霞, 胡黎明. 创意产业组织模式研究——基于创意价值链的视角 ［J］. 中国工业经济, 2009 (12): 46-55.

［34］邓小军. 基于平衡计分卡的创意企业战略绩效评价指标体系构建 ［J］. 中国管理信息化, 2011 (8): 48-51.

［35］罗毅成, 梁丽英. 团队合作质量与团队绩效关系研究——基于创意产品开发项目 ［J］. 现代商业, 2009 (6): 191.

［36］吴慧香. 智力资本对文化创意企业绩效贡献研究 ［J］. 中国经贸导刊, 2012 (17): 75-77.

［37］张欣. 创意企业知识管理能力与绩效关系研究 ［J］. 管理世界, 2011

（12）：174-175.

[38] 周睿. 基于酒文化旅游的文化创意产品开发策略研究 [J]. 美食研究，2015（4）：10-14.

[39] 高薇华. 由价值链到价值网：动漫产业的内生增长模型 [J]. 现代传播（中国传媒大学学报），2013（8）：100-105.

[40] Cadin L, Guerin F. What Can We Learn from the Video Games Industry? [J]. European Management Journal, 2006, 24（4）：248-255.

[41] Yoon H, Malecki E J. Cartoon Planet：Worlds of Production and Global Production Networks in the Animation Industry [J]. Industrial And Corporate Change, 2010, 19（1）：239-271.

[42] Johnsen I H G. Formal Project Organization and Informal Social Networks：Regional Advantages in the Emergent Animation Industry in Oslo, Norway [J]. European Planning Studies, 2011, 19（7）：1165-1181.

[43] Martin Nunez M. Planet 51 and the Pixar-ization of the Spanish Animation Industry [J] . Atalante-Revista De Estudios Cinematograficos, 2010（10）：26.

[44] Borowiecki K J, Prieto-Rodriguez J. Video Games Playing：A Substitute for Cultural Consumptions? [J]. Journal of Cultural Economics, 2015, 39（3）：239-258.

[45] Le P L, Masse D, Paris T. Technological Change at the Heart of the Creative Process：Insights From the Videogame Industry [J]. International Journal of Arts Management, 2013, 15（2）：45-59.

[46] Gandia R. The Digital Revolution and Convergence in the Videogame and Animation Industries：Effects on the Strategic Organization of the Innovation Process [J]. International Journal of Arts Management, 2013, 15（2）：32-44.

[47] Allen J P, Kim J. IT and the Video Game Industry：Tensions and Mutual Shaping [J]. Journal of Information Technology, 2005, 20（4）：234-244.

[48] Broekhuizen T L J, Lampel J, Rietveld J. New Horizons or a Strategic Mirage? Artist-led-distribution Versus Alliance Strategy in the Video Game Industry [J]. Research Policy, 2013, 42（4）：954-964.

[49] 杨先平，杨红. 我国动漫受众群体的结构分析 [J]. 新闻界，2012（11）：31-33.

[50] Cox J, Kaimann D. How do Reviews from Professional Critics Interact with

Other Signals of Product Quality? Evidence from the Video Game Industry [J]. Journal of Consumer Behaviour, 2015, 14 (6): 366-377.

[51] Scholz T M. Talent Management in the Video Game Industry: The Role of Cultural Diversity and Cultural Intelligence [J]. Thunderbird International Business Review, 2012 (6): 845-858.

[52] Morisawa T. Managing the Unmanageable: Emotional Labour and Creative Hierarchy in the Japanese Animation Industry [J] . Ethnography, 2015, 16 (2): 262-284.

[53] O'Donnell C. The Nintendo Entertainment System and the 10NES Chip: Carving the Video Game Industry in Silicon [J]. Games And Culture, 2011, 6 (1): 83-100.

[54] Balland P, De Vaan M, Boschma R. The Dynamics of Interfirm Networks Along the Industry Life Cycle: The Case of the Global Video Game Industry, 1987-2007 [J]. Journal of Economic Geography, 2013, 13 (5): 741-765.

[55] Marchand A, Hennig-Thurau T. Value Creation in the Video Game Industry: Industry Economics, Consumer Benefits, and Research Opportunities [J]. Journal of Interactive Marketing, 2013, 27 (3): 141-157.

[56] Gidhagen M, Ridell O P, Sorhammar D. The Orchestrating Firm: Value Creation in the Video Game Industry [J]. Managing Service Quality, 2011, 21 (4): 392-409.

[57] Srinivasan A, Venkatraman N. Indirect Network Effects and Platform Dominance in the Video Game Industry: A Network Perspective [J]. Ieee Transactions on Engineering Management, 2010, 57 (4): 661-673.

[58] Landsman V, Stremersch S. Multihoming in Two-Sided Markets: An Empirical Inquiry in the Video Game Console Industry [J]. Journal of Marketing, 2011, 75 (6): 39-54.

[59] Gretz R T. Hardware Quality vs. Network Size in the Home Video Game Industry [J]. Journal of Economic Behavior & Organization, 2010, 76 (2): 168-183.

[60] Gil R, Warzynski F. Vertical Integration, Exclusivity, and Game Sales Performance in the US Video Game Industry [J]. Journal of Law Economics & Organization, 2015 (311): 143-168.

［61］余晖，朱彤．互联网企业的梯度竞争优势——联众网络游戏成功的理论解释［J］．管理世界，2003（6）：119-127．

［62］蔡宁，王节祥，杨大鹏．产业融合背景下平台包络战略选择与竞争优势构建——基于浙报传媒的案例研究［J］．中国工业经济，2015（5）：96-109．

［63］陈信康，兰斓．基于消费者体验的产品创意维度构成及测量［J］．管理评论，2012（6）：66-73．

［64］杨铭，祁巍，闫相斌，等．在线商品评论的效用分析研究［J］．管理科学学报，2012（5）：65-75．

［65］龚诗阳，刘霞，刘洋，等．网络口碑决定产品命运吗——对线上图书评论的实证分析［J］．南开管理评论，2012（4）：118-128．

［66］李实，叶强，李一军，等．中文网络客户评论的产品特征挖掘方法研究［J］．管理科学学报，2009（2）：142-152．

［67］Badrinarayanan V A，Sierra J J，Martin K M. A Dual Identification Framework of Online Multiplayer Video Games：The Case of Massively Multiplayer Online Role Playing Games（MMORPGs）［J］．Journal of Business Research，2015，68（5）：1045-1052．

［68］Shankar V，Bayus B L. Network Effects and Competition：An Empirical Analysis of the Home Video Game Industry［J］．Strategic Management Journal，2003，24（4）：375-384．

［69］Hou R，Wu J W，Du H S. Customer Social Network Affects Marketing Strategy：A Simulation Analysis Based on Competitive Diffusion Model［J］．Physica A-Statistical Mechanics and its Applications，2017（469）：644-653．

［70］Kaptein M，Parvinen P，Poyry E. The Danger of Engagement：Behavioral Observations of Online Community Activity and Service Spending in the Online Gaming Context［J］．International Journal of Electronic Commerce，2016，20（1）：50-75．

［71］Claussen J，Falck O，Grohsjean T. The Strength of Direct Ties：Evidence from the Electronic Game Industry［J］．International Journal of Industrial Organization，2012，30（2）：223-230．

［72］Burger-Helmchen T，Cohendet P. User Communities and Social Software in the Video Game Industry［J］．Long Range Planning，2011，44（5-6）：317-343．

［73］Marchand A. The Power of an Installed Base to Combat Lifecycle Decline：The Case of Video Games［J］．International Journal of Research in Marketing，2016，

33（1）：140-154.

［74］钟益帆，刘纯．基于演化经济学的动漫品牌生成研究［J］．求索，2011（12）：26-28.

［75］杜肇铭，黄坚．动漫主题、形象与衍生产品开发的互动机制研究［J］．文艺争鸣，2011（4）：7-10.

［76］曹凌．中国动漫衍生产业的主要问题及对策探讨［J］．新闻界，2010（6）：193-194.

［77］杨庆国，陈敬良，程海燕．动漫衍生品品牌延伸战略研究——基于《喜羊羊与灰太狼》的案例分析［J］．中国流通经济，2012（2）：90-93.

［78］方迎丰，陈潇雨，王怀．美国电脑游戏植入广告产业链研究［J］．新闻界，2013（20）：75-80.

［79］杨永忠，陈睿．基于价值链的游戏创意产品文化、技术、经济的融合研究——以竞争战略为调节变量［J］．四川大学学报（哲学社会科学版），2017（3）：121-131.

［80］黄艳．中国视频网站的融合价值构建——基于产业融合的价值链延伸策略［J］．编辑之友，2017（6）：48-53.

［81］江作苏，陈兰枝．媒介融合视域下数字出版内容生产的柔性框架特性探微［J］．出版科学，2016（1）：5-9.

［82］鲍娴．泛娱乐生态体系中的网络文学版权运营［J］．中国出版，2017（17）：37-40.

［83］金韶．影视 IP 的价值评估和开发运营体系探析［J］．电视研究，2017（3）：55-57.

［84］刘兆明．版权再造：IP 开发的三种模式［J］．编辑之友，2017（9）：86-90.

［85］石蓉蓉，董健．论跨媒介叙事在我国网络 IP 剧中的应用［J］．电视研究，2017（12）：46-48.

［86］魏彦强，李新，高峰，等．联合国 2030 年可持续发展目标框架及中国应对策略［J］．地球科学进展，2018，33（10）：1084-1093.

［87］朱婧，孙新章，何正．SDGs 框架下中国可持续发展评价指标研究［J］．中国人口·资源与环境，2018，28（12）：9-18.

［88］Shi L，Han L，Yang F，et al. The Evolution of Sustainable Development Theory：Types，Goals，and Research Prospects［J］．Sustainability，2019，11

（24）：7158．

［89］Throsby D. Development Strategies for Pacific Island Economies：Is There a Role for the Cultural Industries？［J］．Asia & The Pacific Policy Studies，2015，2（2）：370-382．

［90］刘耀彬，袁华锡，王喆．文化产业集聚对绿色经济效率的影响——基于动态面板模型的实证分析［J］．资源科学，2017，39（4）：747-755．

［91］Snowball J，Collins A，Tarentaal D. Transformation and Job Creation in the Cultural and Creative Industries in South Africa［J］．Cultural Trends，2017，26（4）：295-309．

［92］顾江．党的十八大以来我国文化产业发展的成就、经验与展望［J］．管理世界，2022，38（7）：49-60．

［93］国家统计局社会科技和文化产业统计司．中国文化及相关产业统计年鉴 2021［M］．北京：中国统计出版社，2021．

［94］中国国家统计局．文化及相关产业分类（2018）［EB/OL］．［2020-07-15］．http：//www. stats. gov. cn/tjgz/tzgb/201804/t20180423_1595390. html.

［95］黄江杰，汤永川，孙守迁．我国数字创意产业发展现状及创新方向［J］．中国工程科学，2020，22（2）：55-62．

［96］孙守迁，闵歆，汤永川．数字创意产业发展现状与前景［J］．包装工程，2019，40（12）：65-74．

［97］何卫华，熊正德．数字创意产业的跨界融合：内外动因与作用机制［J］．湖南社会科学，2019（6）：95-102．

［98］Tencent R I. Promoting High-Quality Development of Digital Culture Industry in the Neo - Cultural and Creativity［EB/OL］．［2020 - 07 - 14］．https：//www. tisi. org/5027.

［99］陈睿．推动我国数字创意产业发展研究［M］．北京：中国经济出版社，2019．

［100］Kontiza K，Antoniou A，Daif A，et al. On How Technology-Powered Storytelling Can Contribute to Cultural Heritage Sustainability across Multiple Venues-Evidence from the CrossCult H2020 Project［J］．Sustainability，2020，12（16664）：1-26．

［101］Christian A J. Beyond Branding：The Value of Intersectionality on Streaming TV Channels［J］．Television & New Media，2020，21（5）：457-474．

［102］Waldner F, Zsifkovits M, Heidenberger K. Are Service - based Business Models of the Video Game Industry Blueprints for the Music Industry？［J］. International Journal of Services, Economics and Management, 2013, 5（1-2）：5-20.

［103］曾丹, 黄隽. 数字化、文化产业集聚与技术创新［J］. 统计与决策, 2022（17）：119-123.

［104］Peukert C. The Next Wave of Digital Technological Change and the Cultural Industries［J］. Journal of Cultural Economics, 2019, 43（2）：189-210.

［105］Borissova V. Cultural Heritage Digitization and Related Intellectual Property Issues［J］. Journal of Cultural Heritage, 2018（34）：145-150.

［106］解学芳. 区块链与数字文化产业变革的内外部向度［J］. 人民论坛, 2020（3）：132-135.

［107］赵振, 彭毫. 互联网+跨界经营基于价值创造的理论构建［J］. 科研管理, 2018, 39（9）：121-133.

［108］解学芳, 臧志彭. 网络文化产业动态演化机理与新治理体系构建［J］. 东南学术, 2015（4）：115-123.

［109］欧阳友权, 吴钊. "互联网+" 与中国文化产业［J］. 求索, 2016（4）：12-16.

［110］陈少峰. "互联网+文化产业" 的价值链思考［J］. 北京联合大学学报（人文社会科学版）, 2015（4）：7-11.

［111］解学芳, 臧志彭. "互联网+" 背景下的网络文化产业生态治理［J］. 科研管理, 2016, 37（2）：80-89.

［112］丁晓蔚, 苏新宁. 基于区块链可信大数据人工智能的金融安全情报分析［J］. 情报学报, 2019, 38（12）：1297-1309.

［113］曾锵. 大数据驱动的商业模式创新研究［J］. 科学学研究, 2019, 37（6）：1142-1152.

［114］汪寿阳, 洪永淼, 霍红, 等. 大数据时代下计量经济学若干重要发展方向［J］. 中国科学基金, 2019, 33（4）：386-393.

［115］许安明. 大数据与文化产业融合发展：内涵、机理与路径［J］. 求索, 2022（4）：135-142.

［116］陈国青, 吴刚, 顾远东, 等. 管理决策情境下大数据驱动的研究和应用挑战范式转变与研究方向［J］. 管理科学学报, 2018, 21（7）：1-10.

［117］陈晓艳, 张子昂, 胡小海, 等. 微博签到大数据中旅游景区客流波动

特征分析——以南京市钟山风景名胜区为例［J］．经济地理，2018，38（9）：206-214.

［118］任武军，李新．基于互联网大数据的旅游需求分析以北京怀柔为例［J］．系统工程理论与实践，2018，38（2）：437-443.

［119］丁雪辰，柳卸林．大数据时代企业创新管理变革的分析框架［J］．科研管理，2018，39（12）：1-9.

［120］杨更生，王东，孙彬．一带一路下旅游文化产业的大数据体系架构与实施途径研究［J］．干旱区地理，2019，42（1）：187-194.

［121］陈冬生．大数据在休闲农业中的应用研究［J］．中国农业资源与区划，2018，39（5）：208-212.

［122］吕文晶，陈劲，刘进．政策工具视角的中国人工智能产业政策量化分析［J］．科学学研究，2019，37（10）：1765-1774.

［123］蔡跃洲，陈楠．新技术革命下人工智能与高质量增长、高质量就业［J］．数量经济技术经济研究，2019，36（5）：3-22.

［124］薛澜，姜李丹，黄颖，等．资源异质性、知识流动与产学研协同创新——以人工智能产业为例［J］．科学学研究，2019，37（12）：2241-2251.

［125］高山行，刘嘉慧．人工智能对企业管理理论的冲击及应对［J］．科学学研究，2018，36（11）：2004-2010.

［126］谭建荣，刘振宇，徐敬华．新一代人工智能引领下的智能产品与装备［J］．中国工程科学，2018，20（4）：35-43.

［127］张峰，许干，程翔．区块链在金融领域中的应用综述［J］．科技促进发展，2019，15（8）：865-871.

［128］Yuan Y, Wang F. Blockchain：The State of the Art and Future Trends［J］. Acta Automatica Sinica, 2016, 42（4）：481-494.

［129］曾帅，袁勇，倪晓春，等．面向比特币的区块链扩容：关键技术，秩约因素与衍生问题［J］．自动化学报，2019，45（6）：1015-1030.

［130］赵曰浩，彭克，徐丙垠，等．能源区块链应用工程现状与展望［J］．电力系统自动化，2019，43（7）：14.

［131］宋立丰，祁大伟，宋远方．区块链+商业模式创新整合路径［J］．科研管理，2019，40（7）：69-77.

［132］刘哲，郑子彬，宋苏，等．区块链存在的问题与对策建议［J］．中国科学基金，2020，34（1）：7-11.

［133］解学芳．区块链与数字文化产业变革的内外部向度［J］．人民论坛，2020（3）：132-135.

［134］解学芳，祝新乐．基于区块链的现代文化产业投融资体系创新研究［J］．山东大学学报（哲学社会科学版），2021（5）：39-48.

［135］Nisiotis L，Alboul L，Beer M. A Prototype that Fuses Virtual Reality，Robots，and Social Networks to Create a New Cyber-Physical-Social Eco-Society System for Cultural Heritage［J］．Sustainability，2020，12（2）：1-15.

［136］张洪生．虚拟现实技术与文化产业的发展［J］．传媒，2016（24）：13-15.

［137］范丽亚，马介渊，张克发，等．虚拟现实硬件产业的发展［J］．科技导报（北京），2019，37（5）：81-88.

［138］林明华，杨永忠．创意产品：文化、技术与经济的融合物［J］．科技进步与对策，2013，30（7）：1-5.

［139］吕庆华，林存文，林炳坤．文化资源禀赋与文化产业发展匹配研究——基于69个样本城市数据的实证分析［J］．哈尔滨商业大学学报（社会科学版），2021（6）：94-104.

［140］邓达．创意产业的核心价值与知识产权［J］．管理世界，2006（8）：146-147.

［141］林明华，杨永忠．创意产品开发模式——以文化创意助推中国创造［M］．北京：经济管理出版社，2014.

［142］刘友金，赵瑞霞，胡黎明．创意产业组织模式研究——基于创意价值链的视角［J］．中国工业经济，2009（12）：46-55.

［143］张梅青，王稼琼，靳松．创意产业链的价值与知识整合研究［J］．科学学与科学技术管理，2008，29（11）：81-86.

［144］Marchand A，Hennig-Thurau T. Value Creation in the Video Game Industry：Industry Economics，Consumer Benefits，and Research Opportunities［J］．Journal of Interactive Marketing，2013，27（3）：141-157.

［145］Li M，Tan S，Liu Q. Pricing Strategies of Competing Platforms in the Video Game Industry［J］．Journal of Tsinghua University. Science and Technology，2012，52（6）：859-863.

［146］向勇，白晓晴．互联网文化生态的产业逻辑与平台运营研究　以腾讯互娱事业群为例［J］．北京电影学院学报，2017（1）：28-35.

［147］Lee J. Tripartite Perspective on the Copyright-sharing Economy in China ［J］. Computer Law & Security Review, 2019, 35（4）: 434-452.

［148］刘凌艳，杨永忠. 创意到创新转化的价值网分析——基于四川省文化创意和设计服务类企业的案例研究［J］. 管理评论，2020，32（2）: 327-336.

［149］熊澄宇. 共建全球数字创意产业生态圈［J］. 新闻春秋，2019（4）: 92-95.

［150］Negus K. From Creator to Data: The Post-record Music Industry and the Digital Conglomerates ［J］. Media, Culture & Society, 2018, 41（3）: 367-384.

［151］Aversa P, Hervas-Drane A, Evenou M. Business Model Responses to Digital Piracy ［J］. California Management Review, 2019, 61（2）: 30-58.

［152］José Planells A. Video Games and the Crowdfunding Ideology: From the Gamer-buyer to the Prosumer-investor ［J］. Journal of Consumer Culture, 2017, 17（3）: 620-638.

［153］高薇华. 由价值链到价值网: 动漫产业的内生增长模型［J］. 现代传播（中国传媒大学学报），2013（8）: 100-105.

［154］Meese J, Hurcombe E. Facebook, News Media and Platform Dependency: The Institutional Impacts of News Distribution on Social Platforms ［J］. New Media & Society, 2021, 23（8）: 2367-2384.

［155］Rui C. Research on the Development of Digital Creative Industry in China ［M］. Beijing: China Economic Publishing House, 2019.

［156］Lookout T T. Development for High Quality: 2017-2018 Annual IP Evaluation Report ［R］. 2018.

［157］桑子文，金元浦. 网络文学 IP 的影视转化价值评估模型研究［J］. 清华大学学报（哲学社会科学版），2019，34（2）: 184-189.

［158］Tencent R I. China Pan Entertainment Ecology Development Report（2015）［R］. Tencent Research Institute, 2016.

［159］黄心渊，久子. 试论互动电影的本体特征——电影与游戏的融合、碰撞与新生［J］. 当代电影，2020（1）: 167-171.

［160］杨德建. 从家庭娱乐到社交狂欢——电视综艺向类型电影的品牌延伸策略探究［J］. 中国电视，2016（2）: 65-68.

［161］田星瀚，赵文秀. 基于心流体验的音乐短视频类 APP 交互设计研究［J］. 包装工程，2020，41（10）: 181-185.

[162] 宋怡茹，魏龙，潘安．价值链重构与核心价值区转移研究——产业融合方式与效果的比较［J］．科学学研究，2017，35（8）：1179-1187.

[163] 周晓光，官玥，黄晓霞．文化创意产业债务融资结构的影响因素研究——基于 2012~2016 年上市公司的面板数据［J］．运筹与管理，2018，27（12）：125-132.

[164] 曹如中，仓依林，郭华．文化创意产业跨界融合的理论认知与价值功能研究［J］．丝绸，2019，56（10）：40-49.

[165] 郭健，甘月童．文化创意产业与制造业融合的内在机理与策略选择［J］．现代传播（中国传媒大学学报），2018，40（5）：160-162.

[166] Chen H，Yang Y，Guo W. Evaluation of Relative Position of Cultural and Creative Industries in Beijing Based on Input-Output Analysis［J］. Urban Studies，2017，24（7）：56-62.

[167] Flew Terry，卢嘉杰．数字社交媒体与文化创意产业［J］．深圳大学学报（人文社会科学版），2018，35（1）：64-71.

[168] 龚诗阳，李倩，余承锁．在线社交对消费者需求的影响研究——基于网络视频产业的实证分析［J］．中国软科学，2017（6）：39-48.

[169] Choi H，Burnes B. Bonding and Spreading［J］. Management Decision，2017，55（9）：1905-1923.

[170] Zhu Y. An Economic Model for Studying the Role of Cultural Industries on Social Development in Cross-border Contexts［J］. Emerging Markets Finance and Trade，2020，56（7）：1581-1600.

[171] Feng W，Wenhua，Xiangguan G. The Research on the Construction of Urban Visual Planning System Based on the Development of Cultural Tourism Industry［J］. Open House International，2019，44（3）：136-140.

[172] Su，Aaron，Mcdowell，et al. Sustainable Synergies between the Cultural and Tourism Industries：An Efficiency Evaluation Perspective［J］. Sustainability，2019，11（23）：6607.

[173] 安文，彭建，徐飞雄，等．热播电视剧对关联旅游景区网络关注度的影响［J］．地域研究与开发，2019，38（5）：105.

[174] 董鸿安，丁镭．基于产业融合视角的少数民族农村非物质文化遗产旅游开发与保护研究——以景宁畲族县为例［J］．中国农业资源与区划，2019，40（2）：197-204.

［175］李海英，梁尚华，王键，等．中医药养生文化产业创新发展的多维度思考［J］．世界科学技术：中医药现代化，2018，20（10）：1900-1904.

［176］顾德学．文化创意产业语境下的服装行业品牌化发展路径［J］．丝绸，2017，54（11）：39-44.

［177］Flew T. Toward a Cultural Economic Geography of Creative Industries and Urban Development：Introduction to the Special Issue on Creative Industries and Urban Development［J］．Information Society，2010，26（2）：85-91.

［178］Chen H，Wu S. Spatial Agglomeration Characteristics and Regional Difference of Cultural and Creative Industries：An Empirical Study Based on Prefecture-Level Cities［J］．Urban Studies，2018，25（7）：25-33.

［179］Dai J，Sun D，Zhang X. Spatial Pattern of Regional Cultural Industry Development in China［J］．Economic Geography，2018，38（9）：122-129.

［180］陶金，罗守贵．基于不同区域层级的文化产业集聚研究［J］．地理研究，2019，38（9）：2239-2253.

［181］余文涛．集聚能否溢出异质性企业家精神？来自中国创意产业的经验证据［J］．科学学与科学技术管理，2018，39（5）：39-51.

［182］仲利强，王宇洁．杭州文化创意产业发展特征评价与空间类型划分［J］．城市规划，2017，41（3）：52-60.

［183］胡慧源，李叶．长三角文化产业集群一体化发展：现实瓶颈、动力机制与推进路径［J］．现代经济探讨，2022（9）：117-123.

［184］Chen Y，Zhao H，Yu M，et al. Innovation Efficiency and Its Influencing Factors of China's Creative Industry Based on the Two-Stage DEA Model［J］．Economic Geography，2018，38（7）：117-125.

［185］高长春，张贺，曲洪建．创意产业集群空间集聚效应的影响要素分析［J］．东华大学学报（自然科学版），2018，44（5）：821-828.

［186］Ko K W，Mok K W P. Clustering of Cultural Industries in Chinese Cities a Spatial Panel Approach［J］．Economics of Transition，2014，22（2）：365-395.

［187］Zhang X，Li Y. Serving the Culture：Spatial Interactions between Cultural Industries and Advanced Producer Services in Mainland China［J］．Environment and Planning A：Economy and Space，2018，51（2）：374-392.

［188］Fung A Y H，Erni J N. Cultural Clusters and Cultural Industries in China［J］．Inter-Asia Cultural Studies，2013，14（4）：644-656.

[189] Yang J, Černevičiūtė J. Cultural and Creative industries (CCI) and Sustainable Development: China's Cultural Industries Clusters [J]. Entrepreneurship and Sustainability Issues, 2017, 5 (2): 231-242.

[190] 廖青虎, 孙钰, 陈通. 城市文化产业与科技融合的政策效力测量研究 [J]. 城市发展研究, 2019, 26 (5): 22-27.

[191] Li J, Yuan W, Wu M, et al. Measurement for Niche and Network Effect of Urban Cultural Industry [J]. Economic Geography, 2018, 38 (8): 116-123.

[192] 马仁锋. 中国长江三角洲城市群创意产业发展趋势及效应分析 [J]. 长江流域资源与环境, 2014, 23 (1): 1-9.

[193] He S. The Creative Spatio-temporal Fix: Creative and Cultural Industries Development in Shanghai, China [J]. Geoforum, 2019 (106): 310-319.

[194] He J, Huang X, Si Y. Local Embeddedness and Global Production Network of Industrial Clusters: Case Study of the Cultural Creative Districts in Shanghai [J]. Geographical Research, 2018, 37 (7): 1447-1459.

[195] Li X, Jiang H, Nam K. Adaptation in Cultural Industry Under Conservation Pressure: Case Study of Two Chinese Embroidery Clusters [J]. International Journal of Cultural Policy, 2020, 26 (2): 202-222.

[196] Chen G, Zhang H, Zhouwei, et al. Regional Differences in the Level of Development of Cultural Industry in Hunan Province Based on Factor Analysis and Principal Component Analysis [J]. Economic Geography, 2017, 37 (4): 135-140.

[197] He P, Zheng Z. An Empirical Research on the Collectivization Development of Cultural Industry in Hunan Province [J]. Economic Geography, 2017, 37 (5): 133-139.

[198] Fan T, Xue D. Sustainable Development of Cultural Industry in Shaanxi Province of Northwest China: A SWOT and AHP Analysis [J]. Sustainability, 2018, 10 (8): 2830.

[199] 厉无畏. 创意产业导论 [M]. 上海: 学林出版社, 2006.

[200] 刘友金, 赵瑞霞, 胡黎明. 创意产业组织模式研究——基于创意价值链的视角 [J]. 中国工业经济, 2009, 261 (12): 46-55.

[201] 林明华, 杨永忠. 创意产品开发模式——以文化创意助推中国创造 [M]. 北京: 经济管理出版社, 2014.

[202] 陈睿, 杨永忠. 互联网创意产品运营模式——"互联网+文化创意"

的微观机制［M］. 北京：经济管理出版社，2016.

［203］钟雅琴. 超越的"故事世界"：文学跨媒介叙事的运行模式与研究进路［J］. 文艺争鸣，2019（8）：126-134.

［204］Jenkins H. Transmedia Storytelling and Entertainment：An Annotated Syllabus［J］. Continuum，2010，24（6）：943-958.

［205］亨利·詹金斯，伊藤瑞子，丹娜·博伊德. 参与的胜利：网络时代的参与文化［M］. 高芳芳，译. 杭州：浙江大学出版社，2017.

［206］亨利·詹金斯. 融合文化　新媒体和旧媒体的冲突地带［M］. 杜永明，译. 北京：商务印书馆，2012.

［207］张晶，李晓彩. 文本构型与故事时空：网络文学 IP 剧的"跨媒介"衍生叙事［J］. 现代传播（中国传媒大学学报），2019，41（5）：78-84.

［208］龙迪勇. "出位之思"与跨媒介叙事［J］. 文艺理论研究，2019，39（3）：184-196.

［209］Moloney K. Proposing a Practical Media Taxonomy for Complex Media Production［J］. International Journal of Communication，2019（13）：3545-3568.

［210］玛丽—劳拉·瑞安，杨晓霖. 文本、世界、故事：作为认知和本体概念的故事世界［J］. 叙事理论与批评的纵深之路，2015（0）：32-42.

［211］Wall B. Dynamic Texts as Hotbeds for Transmedia Storytelling：A Case Study on the Story Universe of The Journey to the West［J］. International Journal of Communication，2019（13）：2116-2142.

［212］郝婷. 美国跨媒介叙事运作机制对我国文化 IP 开发的启示［J］. 中国编辑，2017（10）：69-73.

［213］施畅. 跨媒体叙事：盗猎计与召唤术［J］. 北京电影学院学报，2015（Z1）：98-104.

［214］李诗语. 从跨文本改编到跨媒介叙事：互文性视角下的故事世界建构［J］. 北京电影学院学报，2016（6）：26-32.

［215］于文. 论跨媒介叙事的版权问题与对策［J］. 出版科学，2016，24（2）：20-24.

［216］陈先红，宋发枝. 跨媒介叙事的互文机理研究［J］. 新闻界，2019（5）：35-41.

［217］李磊. 从文本互文到媒介互文：网络小说改编中的冲突与融合［J］. 传媒，2018（4）：72-74.

［218］Derbaix M, Bourgeon D, Jarrier E, et al. Transmedia Experience and Narrative Transportation ［J］. Journal of Marketing Trends, 2017（2）：39-48.

［219］Banks J, Wasserman J A. The Big Screen Treatment：Gratifications Sought in Game-to-film Transmedia Consumption ［J］. Poetics, 2019（73）：72-83.

［220］祝光明. 试析跨媒介叙事的两种路径：以角色为中心与以故事世界为中心 ［J］. 当代电视, 2020, 34（8）：29-34.

［221］何佳. 青春文化的跨媒介同构——近年国产青春片的跨媒介叙事研究 ［J］. 当代电影, 2019（1）：122-125.

［222］Garcia-Marin D, Aparici R. New Sound Communication. Cartography, Grammar and Transmedia Narrative of Podcasting ［J］. Profesional de la Informacion, 2018, 27（5）：1071-1081.

［223］唐昊, 李亦中. 媒介 IP 催生跨媒介叙事文本初探 ［J］. 民族艺术研究, 2015, 28（6）：126-132.

［224］张晓明. 媒介融合语境下漫画与电影的跨媒介叙事研究 ［J］. 四川戏剧, 2018（12）：23-26.

［225］卢红芳, 高晓玲. 故事世界：跨越与互动——跨媒介视域下的数码叙事 ［J］. 河南社会科学, 2010, 18（6）：176-179.

［226］李诗语. 文化同构与跨代重启：跨媒介故事世界的可能边界 ［J］. 当代电影, 2018（8）：115-117.

［227］陈少峰, 李源. 文化产业领域 IP 孵化与艺术生产商业模式创新 ［J］. 艺术百家, 2017, 33（4）：94-99.

［228］于文. 跨媒介叙事的兴起与出版业的应对 ［J］. 中国出版, 2016（10）：3-7.

［229］Borissova V. Cultural Heritage Digitization and Related Intellectual Property Issues ［J］. Journal of Cultural Heritage, 2018（34）：145-150.

［230］杨洪涛. 论网络 IP 的影视改编 ［J］. 当代电影, 2019（1）：133-136.

［231］Jin D Y. Snack Culture's Dream of Big-Screen Culture：Korean Webtoons' Transmedia Storytelling ［J］. International Journal of Communication, 2019（13）：2094-2115.

［232］Jin D Y. Transmedia Storytelling in the Age of Digital Media：East Asian Perspectives ［J］. International Journal of Communication, 2019（13）：2085-2093.

［233］李侃．IP 的"误区"与跨媒介叙事［J］．电影新作，2018（5）：34-38.

［234］梁媛媛．跨媒介叙事视域下的 IP 运营模式研究［D］．华中科技大学，2017.

［235］Yecies B, Shim A, Yang J J, et al. Global Transcreators and the Extension of the Korean Webtoon IP-engine［J］．Media, Culture & Society, 2019, 42（1）：1-18.

［236］张希．尴尬的文本移植——近年国产悬疑犯罪电影的跨媒介叙事分析［J］．当代电影，2019（1）：125-128.

［237］徐智鹏．中国漫画改编电影的跨媒介叙事策略与文化认同研究［J］．当代电影，2019（7）：122-126.

［238］Albertsen A N B. Palimpsest Characters in Transfictional Storytelling：On Migrating Penny Dreadful Characters from Television to Comic Books［J］．Continuum-Journal of Media & Cultural Studies, 2019, 33（2）：242-257.

［239］陆嘉宁．跨越次元——近期动漫改编真人影视作品跨媒介叙事策略分析［J］．当代电影，2019（1）：128-132.

［240］蒋海军，叶玲．动画电影《哪吒之魔童降世》IP 运营策略启示录［J］．电影评介，2019（11）：93-95.

［241］米高峰，赵鹏．腾讯互动娱乐的 IP 跨媒介出版策略研究［J］．出版广角，2017（15）：57-59.

［242］杨曙．网络小说到 IP 电影的增值、问题和发展策略［J］．电影新作，2019（3）：42-46.

［243］金韶，涂浩瀚．出版 IP 的跨媒介叙事和运营策略研究［J］．编辑学刊，2020，35（2）：107-111.

［244］聂艳梅．媒介融合背景下的 IP 跨界运营策略研究［J］．出版发行研究，2018（11）：40-44.

［245］亨利·詹金斯．文本盗猎者：电视粉丝与参与式文化［M］．郑熙青，译．北京：北京大学出版社，2016.

［246］Veale K. "Friendship isn't an emotion fucknuts"：Manipulating Affective Materiality to Shape the Experience of Homestuck's Story［J］．Convergence-The International Journal of Research into New Media Technologies, 2019, 25（5-6）：1027-1043.

［247］Nicolas Ojeda M A, San Nicolas Romera C, Velasco J R. In the Warcraft Universe We Trust: An Analysis of Transmedia Advertising Strategies in the World of Warcraft Video Game Series ("Battle Chest 3. 0," "Cataclysm," and "Mists of Pandaria") ［J］. International Journal of Communication, 2019 (13): 1507-1525.

［248］贺艳, 邓桢泓. 故宫 IP 的跨媒介叙事策略 ［J］. 青年记者, 2019 (24): 69-70.

［249］Jenkins H. Transmedia Storytelling 101 ［EB/OL］. ［2007-03-21］. http: //henryjenkins. org/blog/2007/03/transmedia_ storytelling_ 101. html? rq = 10.

［250］朱莉娅·克里斯蒂娃. 符号学: 符义分析探索集 ［M］. 史忠义等, 译. 上海: 复旦大学出版社, 2015: 87.

［251］Fiske J. Television Culture ［M］. London and New York: Methuen, 1987.

［252］约翰·费斯克. 理解大众文化 ［M］. 王晓珏, 宋伟杰, 译. 北京: 中央编译出版社, 2006: 205.

［253］张潇扬. "生产者式"电视文本的现代性解读——基于约翰·费斯克的媒介文化研究视角 ［J］. 当代传播, 2014 (4): 23-25.

［254］安德莉亚·麦克唐纳. 不确定的乌托邦——科幻小说的媒介粉都和计算机中介的交流 ［D］. 陶东风, 译. 北京: 北京大学出版社, 2009.

［255］亨利·詹金斯. 融合文化: 新媒体和旧媒体的冲突地带 ［M］. 杜永明, 译. 北京: 商务印书馆, 2012: 53.

［256］胥朝阳, 田元. 综艺代际研创的"变与不变":《歌手》艺术实践与启示 ［J］. 当代电视, 2021 (2): 67-71.

［257］亨利·詹金斯. 融合文化: 新媒体和旧媒体的冲突地带 ［M］. 杜永明, 译. 北京: 商务印书馆, 2012: 157.

［258］Qian W. From Publishers to Film Companies: Evolution and Enlightenment of Marvel's Transmedia Industry ［J］. View on Publishing, 2017 (7): 37-39.

［259］Chen J. Pioneer of Animation Empire - Record of Marvel Studios, the World's Top Film Industry ［J］. Art Education, 2018 (22): 28-36.

［260］Lustyik K, Holtmeier M. The Marvel Studios Phenomenon: Inside a Transmedia Universe ［J］. Historical Journal of Film Radio and Television, 2017, 37 (1): 147-149.

［261］Jenkins H. Transmedia Storytelling and Entertainment: An annotated Syllabus［J］. Continuum, 2010, 24（6）: 943-958.

［262］Ryan M, Yang X. Text, World, Story: Story World as Cognition and Ontology Concept［J］. Narrative Theory and Criticism in Perspective, 2015（0）: 32-42.

［263］Ryan M. Transmedia Storytelling: Industry Buzzword or New Narrative Experience?［J］. Storyworlds: A Journal of Narrative Studies, 2015, 7（2）: 1-19.

［264］Herman D. Basic Elements of Narrative［M］. Maldon, USA: Wiley-Blackwell, 2009: 215-234.

［265］Pavel T, Dolezel L. Heterocosmica. Fiction and Possible Worlds［M］. Baltimore, Maryland: Johns Hopkins University Press, 2000.

［266］Chen X, Song F. Research on Intertextuality Mechanism of Transmedia Storytelling［J］. Journalism and Mass Communication Monthly, 2019（5）: 35-41.

［267］Thon J. Converging Worlds: From Transmedial Storyworlds to Transmedial Universes［J］. Storyworlds: A Journal of Narrative Studies, 2015（7）: 21.

［268］Bertetti P. Conan the Barbarian: Transmedia Adventures of a Pulp Hero［M］//Transmedia Archaeology: Storytelling in the Borderlines of Science Fiction, Comics and Pulp Magazines. London: Palgrave Macmillan UK, 2014: 15-38.

［269］Carbonell C. Convergence Culture: Where Old and New Media Collide［J］. Journal of Popular Culture, 2007, 40（4）: 731-733.

［270］Davenport G, Agamanolis S, Barry B, et al. Synergistic Storyscapes and Constructionist Cinematic Sharing［J］. Ibm Systems Journal, 2000, 39（3/4）: 456-469.

［271］Méon J. Sons and Grandsons of Origins: Narrative Memory in Marvel Superhero Comics［M］//Ahmed M, Crucifix B. Comics Memory: Archives and Styles. Cham: Springer International Publishing, 2018: 189-209.

［272］Ryan M L, Thon J N. Storyworlds across Media: Toward a Media-Conscious Narratology［M］. Lincoln: University of Nebraska Press, 2014.

［273］Bryan P C. Geeking Out and Hulking Out: Toward an Understanding of Marvel Fan Communities［M］//Lane K E. Age of the Geek. Cham: Springer International Publishing, 2018: 149-165.

［274］菅晓旭, 余保刚. 试论美国漫威电影的意识形态表达［J］. 新闻爱好者, 2022（6）: 91-93.

[275] Schmid J. (Captain) America in crisis: Popular Digital Culture and the Negotiation of Americanness [J]. Cambridge Review of International Affairs, 2020 (4): 1-23.

[276] Harrison S, Carlsen A, Skerlavaj M. Marvel's Blockbuster Machine How the studio Balances Continuity and Renewal [J]. Harvard Business Review, 2019, 97 (4): 136.

[277] Carvalho R B E. O Elemento Religioso no Surfista Prateado [J]. Teoliteraria-Revista de Literaturas e Teologias, 2019, 9 (19): 65-84.

[278] Chung M, JU H. Transforming Authenticity of Cultural Products: A Case Study of Comic Characters [J]. Journal of Creative Communications, 2016, 11 (3): 197-210.

[279] Huang W, Sun Y. On Trans-media Narrative in Works by Marvel Comics [J]. Contemporary Cinema, 2018 (2): 121-124.

[280] Long D. Space Narrative Is a Kind of Cross-Media Narrative [J]. Hebei Academic Journal, 2016, 36 (6): 86-92.

[281] Shi J, LI Z. The Spatial Narrative of The Avengers 4 [J]. Movie Literature, 2019 (21): 81-84.

[282] Howe S. Marvel Comics: The Untold Story [M]. NewYork, USA: Harper Perennial, 2013.

[283] Su Y. Inspiration of The Avengers 4 to Chinese Film Culture [J]. Movie Literature, 2019 (18): 47-49.

[284] Liu Z. Analysis of Film and Television Communication Supported by Technology - Taking Manwei Film as an Example [J]. Press Outpost, 2019 (9): 111-112.

[285] Zhang X, Zhang Y. Aesthetic Program of the Movie "Captain Marvel" in the Digital Age [J]. Movie Literature, 2019 (14): 74-76.

[286] Atarama-Rojas T, Menacho-Girón N. Narrativa Transmedia y Mundos Transmediales: Una Propuesta Metodológica para el Análisis de un Ecosistema mediático, caso Civil War [J]. Revista de Comunicación, 2018, 17 (1): 34-56.

[287] Yuan X. Research on Sina Weibo marketing mode of Marvel Movie Universe under the Background of New Media [J]. West Leather, 2018, 40 (12): 128.

［288］Dai W. An Analysis of the Marketing Model of Marvel Universe film in the United States Based on the Principle of "4I" Integrated Marketing ［J］. Marketing Management Review, 2019 (5): 80.

［289］杨乘虎, 彭侃. 跨界融合: 漫威电影宇宙的产业和文化机制探析 ［J］. 世界电影, 2022 (2): 59-69.

［290］Yang Y. Brand Construction of Media Group—Taking "Marvel" as an Example ［J］. Journal of News Research, 2019, 10 (22): 222-223.

［291］Tian L, Zhao Y. Discussion on Hollywood Superhero Movie Management-taking Marvel Pictures as an Example ［J］. New West, 2016, 2016 (1): 139-140.

［292］Sun J. Cross-cultural Communication of Cultural Brands: A Case Study of American Marvel Films ［J］. Research on Transmission Competence, 2019, 3 (8): 1-2.

［293］Taylor D. Black Panther: Cinematic Masterpiece or CIA Recruitment Video? ［J］. Journal of Futures Studies, 2019, 24 (2): 47-54.

［294］Mckee R. Story: Style, Structure, Substance, and the Principles of Screenwriting ［M］. New York, USA: ReganBooks, 1997: 466.

［295］Tuoriniemi F. Elisions & Illusions of Queerness: What Sacrifices Are Made in Appeals to a Mass Audience? ［J］. Journal of Literature Culture and Literary Translation, 2018 (1): 1-22.

［296］Wang R. An Analysis of the Successful Strategies of "Marvel Decade" Movie Universe ［J］. West China Broadcasting TV, 2019, 2019 (18): 99-100.

［297］Mcluhan M. Understanding Media: The Extensions of Man ［M］. Cambridge, Massachusetts: The Mit Press, 1994.

［298］Moreira Dumont L M, Teixeira Ramos R B. Marvel and DC Superhero comic Reading and Etnomethodology: Significance and Ramifications ［J］. Perspectivas Em Ciencia da Informacao, 2018, 23 (3): 188-205.

［299］Shi R, Dong J. On the Application of Transmedia storytelling in China's Internet IP Plays ［J］. TV Research, 2017 (12): 46-48.

［300］詹姆斯·泰勒, 柏愔. 解读漫威电影宇宙:《复仇者联盟》的互文性美学 ［J］. 世界电影, 2022 (2): 83-95.

［301］Yu Q, Lin J. Audiovisual Feast, Hero Narration and Doujin Trait ［J］. Media Observer, 2019 (12): 59-64.

［302］傅瑜．网络规模、多元化与双边市场战略——网络效应下平台竞争策略研究综述［J］．科技管理研究，2013，33（6）：192-196．

［303］Katz, Shapiro. Network Externalities Competition and Compatibility［J］. American Economic Review, 1985, 75（3）：424-440.

［304］Economides N. The Economics of Networks［J］. International Journal of Industrial Organization, 1996（16）：675-699.

［305］Rochet, Jean-Charles, Tirole J. Platform Competetion in Two-Sided Markets［J］. Journal of the European Economics Association, 2003（1）：990-1029.

［306］Evans S D. The Antitrust Economics of Multi-Sided Platform Markets［J］. Yale Journal on Regulation, 2003（20）：325-381.

［307］单姗．交叉网络外部性与平台竞争的模拟分析［J］．统计与决策，2017（10）：63-65．

［308］张晓明．间接网络效应的测度——以中国彩色电视产业为例［J］．财贸经济，2007（4）：121-126．

［309］万兴，胡汉辉，徐敏．一种间接网络效应下网络运营商价格竞争研究——基于数字电视和IPTV竞争的分析［J］．管理科学学报，2010，13（6）：23-32．

［310］刘韬，郑海昊．互联网时代高等在线教育传播体系重构：基于间接网络效应理论［J］．现代远程教育研究，2016（4）：42-48．

［311］薛伟贤，左力．双寡头P2P网贷平台市场中交叉网络效应与价格非中性之间传导机制的实证研究［J］．现代财经（天津财经大学学报），2017，37（8）：59-72．

［312］眭蓉华，张旭梅，但斌，等．考虑交叉网络效应的第三方平台双边用户引入与增值服务策略［J］．中国管理科学，2022：1-14．

［313］陶娜，张胜．基于间接网络效应的最优纯捆绑定价策略［J］．系统工程，2014，32（5）：128-132．

［314］王庆功．我国网络文学平台定价与运营策略研究［D］．武汉大学，2021．

［315］易余胤，李贝贝．考虑交叉网络外部性的视频平台商业模式研究［J］．管理科学学报，2020，23（11）：1-22．

［316］丁汉青，彭斯聪．中国报业市场交叉网络外部性实证研究——兼谈报业市场是否为双边市场［J］．国际新闻界，2015，37（7）：101-113．

［317］唐方成，郭欢．考虑交叉网络外部性下平台竞争的定价策略研究
［J］．中国管理科学，2022：1-20．

［318］Armstrong, Mark. Competition in Two-Sided Markets ［J］. RAND Journal of Economics, 2006 (37)：668-691.

［319］刘琛．IP 热背景下版权价值全媒体开发策略 ［J］．中国出版，2015
（18）：55-58．

［320］张嘉欣．媒介融合视域下网络文化传播的特点与影响研究 ［J］．文
化产业，2022（13）：1-3．

［321］王钰杰．网络文学 IP 影视化改编现象浅析 ［J］．西部广播电视，
2021，42（23）：98-100．

［322］张君成．网络文学 IP 的影视化改编如何提质？［N］．中国新闻出版
广电报，2021-10-13（007）．

［323］张莹．头部网络文学平台发展现状分析 ［J］．科技传播，2021，13
（15）：158-160．

［324］宫丽颖，纪红艳．网络文学平台多元化资本运营探究 ［J］．中国出
版，2018（12）：43-47．

［325］李敏锐．网络文学的情感劳动、内容生产和消费解读——基于平台经
济视角 ［J］．社会科学家，2021（12）：144-148．

［326］李明霞，段嘉乐．平台经济视角下网络文学出版平台"异化"现象
研究 ［J］．中国编辑，2020（11）：85-89．

［327］何培育，马雅鑫．网络文学全产业链开发中的版权保护问题研究
［J］．出版广角，2018（21）：30-32．

［328］喻国明，耿晓梦．元宇宙：媒介化社会的未来生态图景 ［J］．新疆
师范大学学报（哲学社会科学版），2022，43（3）：110-118．

［329］陈雪芳．短视频 APP 的走红原因及发展探析——以"抖音"为例
［J］．视听，2018（11）：136-137．

［330］彭兰．视频化生存：移动时代日常生活的媒介化 ［J］．中国编辑，
2020（4）：34-40．

［331］孙飞，张静．短视频著作权保护问题研究 ［J］．电子知识产权，2018
（5）：65-73．

［332］阎瑾．浅析日剧在中国网络视频平台的传播现状——以爱奇艺、优
酷、腾讯视频为例 ［J］．视听，2019（11）：45-46．

［333］敖蕾．动漫类 App 产品短视频功能比较研究——以"快看漫画"和"腾讯动漫"为例［J］．新媒体研究，2020，6（9）：35-37.

［334］张映辉，郑淑敏．哔哩哔哩与腾讯视频的营销策略对比分析［J］．纳税，2019，13（33）：224.

［335］秦政．"后浪"VS"后浪"——B 站与腾讯视频用户偏好浅析［J］．国际品牌观察，2020（32）：64-67.

［336］郝婷，杨蕾磊．我国网络文学作家成长制度研究——基于 37 家网络文学平台的调研［J］．科技与出版，2018（11）：32-38.

［337］高燕．新媒体时代短视频营销模式的反思和重构——以抖音短视频平台为例［J］．出版广角，2019（8）：62-64.

［338］王敏．视频网站的 IP 运营研究［D］．南昌大学，2017.

［339］向勇，白晓晴．场域共振：网络文学 IP 价值的跨界开发策略［J］．现代传播（中国传媒大学学报），2016，38（8）：110-114.

［340］张驰，黄升民．中国品牌成长的结构性因素及其变革动力［J］．现代传播（中国传媒大学学报），2021，43（2）：6-12.

［341］Balmer J. Corporate Branding and Connoisseurship［J］. Journal of General Management，1995，21（1）：24-46.

［342］Karjalainen T M. It Looks Like a Toyota：Educational Approaches to Designing for Visual Brand Recognition［J］. International Journal of Design，2007，1（1）：67-81.

［343］Molyneux L, Lewis S C, Holton A E. Media Work, Identity, and the Motivations that Shape Branding Practices Among Journalists：An Explanatory Framework［J］. New Media & Society，2018，21（4）：836-855.

［344］Keller K L. Conceptualizing, Measuring, and Managing Customer-Based Brand Equity［J］. Journal of Marketing，1993，57（1）：1-22.

［345］Alvarado-Karste D, Guzman F. The Effect of Brand Identity-cognitive Style fit and Social Influence on Consumer-based Brand Equity［J］. Journal of Product and Brand Management，2020，29（7）：971-984.

［346］Ostrosiab E, Bluntzerc J, Zhangd Z, et al. Car Style-holon Recognition in Computer-aided Design-Science Direct［J］. Journal of Computational Design and Engineering，2019，6（4）：719-738.

［347］张坤．我国城市品牌建构的国际定位及传播应用研究——以成都的

"熊猫故乡"为例［J］. 新闻研究导刊, 2015, 6（18）: 175-176.

［348］Wang H, Chen C. A Case Study on Evolution of Car Styling and Brand Consistency Using Deep Learning［J］. Symmetry, 2020, 12（12）: 1-30.

［349］Person O, Snelders D. Brand Styles in Commercial Design［J］. Design Issues, 2010, 26（1）: 82-94.

［350］袁邦尧. 基于大熊猫国家公园体制的熊猫文化品牌建设的意义、现状及对策［J］. 老字号品牌营销, 2020, 2（12）: 15-16.

［351］Pattajoshi B, Das D, Mohanty S. Brand Image Dimensions and Bottom of Pyramid—A Holistic Perspective［J］. Advances and Applications in Mathematical Sciences, 2020, 20（2）: 211-226.

［352］Kaur H, Kaur K. Connecting the dots between Brand Logo and Brand Image［J］. Asia-Pacific Journal of Business Administration, 2019, 11（1）: 68-87.

［353］Hsieh S W, Lu C C, Lu Y H. A Study on the Relationship among Brand Image, Service Quality, Customer Satisfaction, and Customer Loyalty-Taking' the Bao Wei Zhen Catering Team' as an Empirical Study［J］. KnE Social Sciences, 2018, 3（10）: 1768-1781.

［354］Dobni D, Zinkhan G M. In Search of Brand Image: A Foundation Analysis［J］. Advances in Consumer Research, 1990, 17（1）: 110-119.

［355］Salinas E M, Perez J M P. Modeling the Brand Extensions' Influence on Brand Image［J］. Journal of Business Research, 2009, 62（1）: 50-60.

［356］Reijmersdal E, Neijens P C, Smit E G. Effects of Television Brand Placement on Brand Image［J］. Psychology & Marketing, 2010, 24（5）: 403-420.

［357］Sasmita J, Suki N M. Young Consumers' Insights on Brand Equity［J］. International Journal of Retail & Distribution Management, 2015, 43（3）: 276-292.

［358］Klein K, Völckner F, Bruno H A, et al. Brand Positioning Based on Brand Image-Country Image Fit［J］. Marketing Science, 2019, 38（3）: 516-538.

［359］黄琪. 都江堰市大熊猫旅游资源开发和利用研究［J］. 旅游纵览（下半月）, 2015, 14（24）: 117-118.

［360］Bagozzi R P, Dholakia U M. Antecedents and Purchase Consequences of Customer Participation in Small Group Brand Communities［J］. International Journal of Research in Marketing, 2006, 23（1）: 45-61.

［361］Lam S K, Schillewaert A N. A Multinational Examination of the Symbolic-instrumental Framework of Consumer-brand Identification ［J］. Journal of International Business Studies, 2012, 43 （3）: 306-331.

［362］Sven K, Vaux H S. Investigating Antecedents and Consequences of Brand Identification ［J］. Journal of Product & Brand Management, 2008, 17 （5）: 293-304.

［363］Rhee J, Johnson K. Investigating Relationships between Adolescents' Liking for an Apparel Brand and Brand Self Congruency ［J］. Young Consumers Insight & Ideas for Responsible Marketers, 2012, 13 （1）: 74-85.

［364］Mael F, Ashforth B. Alumni and Their Alma Mater: A Partial Test of the Reformulated Model of Organizational Identification ［J］. Journal of Organizational Behavior, 1992, 13 （2）: 103-123.

［365］Eastman J K, Goldsmith R E, Flynn L R. Status Consumption in Consumer Behavior: Scale Development and Validation ［J］. Journal of Marketing Theory and Practice, 1999, 7 （3）: 41-52.

［366］张慧, 徐小立. 国产电影跨文化传播的核心竞争力——以《功夫熊猫2》的品牌营销为例 ［J］. 电影评介, 2012, 34 （15）: 82-84.

［367］Brodie R J, Ilic A, Juric B, et al. Consumer Engagement in a Virtual Brand Community: An Exploratory Analysis ［J］. Journal of Business Research, 2013, 66 （1）: 105-114.

［368］Newman W H. Basic Objectives Which Shape the Character of a Company ［J］. Journal of Business of the University of Chicago, 1953, 26 （4）: 211-223.

［369］Plummer, Joseph T. How Personality Makes a Difference ［J］. Journal of Advertising Research, 2000, 40 （6）: 79-84.

［370］Waytz A, Epley N, Cacioppo J T. Social Cognition Unbound: Insights Into Anthropomorphism and Dehumanization ［J］. Current Directions in Psychological Science, 2010, 19 （1）: 58-62.

［371］Golossenko A, Pillai K G, Aroean L. Seeing Brands as Humans: Development and Validation of a Brand Anthropomorphism Scale ［J］. International Journal of Research in Marketing, 2020, 37 （4）: 1-19.

［372］Carroll B, Ahuvia A. Some Antecedents and Outcomes of Brand Love ［J］. Marketing Letters, 2006, 2 （17）: 79-89.

［373］Unal S, Ayd N H. An Investigation on the Evaluation of the Factors Affect-ing Brand Love［J］. Procedia-Social and Behavioral Sciences, 2013 (92): 76-85.

［374］Urka T, Klement P. Consumers' Identification with Corporate Brands: Brand Prestige, Anthropomorphism and Engagement in Social Media［J］. Journal of Product & Brand Management, 2018, 27 (1): 3-17.

［375］Aggarwal P, Mcgill A L. When Brands Seem Human, Do Humans Act Like Brands? Automatic Behavioral Priming Effects of Brand Anthropomorphism［J］. Journal of Consumer Research, 2012, 39 (2): 307-323.

［376］Dam T C. The Effect of Brand Image, Brand Love on Brand Commitment and Positive Word-of-Mouth［J］. Journal of Asian Finance Economics and Business, 2020, 7 (11): 449-457.

［377］杨柳, 李琳. 熊猫文创品牌营销策略分析——以"GOGOPANDA"为例［J］. 产业创新研究, 2019, 3 (12): 16-18.

［378］成都市政协熊猫文化品牌调研课题组, 邵军. 挖掘熊猫文化资源 完善城市品牌体系［J］. 中共成都市委党校学报, 2016, 23 (3): 81-83.

［379］Prahalad C K, Ramaswamy V. Co-Creation Experiences: The Next Prac-tice in Value Creation［J］. Journal of Interactive Marketing, 2004, 18 (3): 5-14.

［380］康秋洁. 融合创新提升国际传播效能——以央视网熊猫频道为例［J］. 国际传播, 2022 (2): 89-96.

［381］程奇芳. 熊猫频道对外传播的四大特色［J］. 传媒, 2020, 22 (1): 35-37.

［382］Portal S, Abratt R, Bendixen M. Building a Human Brand: Brand An-thropomorphism Unravelled［J］. Business Horizons, 2018, 61 (3): 367-374.

［383］Delgado-Ballester E, Palazon M, Pelaez J. Anthropomorphized vs Objec-tified Brands: Which Brand Version is More Loved?［J］. European Journal of Man-agement and Business Economics, 2020, 29 (2): 150-165.

［384］Kim T, Sung Y, Moon J H. Effects of Brand Anthropomorphism on Con-sumer-brand Relationships on Social Networking Site Fan Pages: The Mediating Role of Social Presence［J］. Telematics and Informatics, 2020, 51 (101406): 1-13.

［385］Chen R, Chen Z, Yang Y. The Creation and Operation Strategy of Dis-ney's Mulan: Cultural Appropriation and Cultural Discount［J］. Sustainability, 2021, 13 (27515): 1-19.

［386］Gupta S, Gallear D, Rudd J, et al. The Impact of Brand Value on Brand Competitiveness ［J］. Journal of Business Research, 2020, 112（1）: 210-222.

［387］Yoganathan V, Mcleay F, Osburg V, et al. The Core Value Compass: Visually Evaluating the Goodness of Brands that do Good ［J］. Journal of Brand Management, 2018, 25（1SI）: 68-83.

［388］Harjoto M A, Salas J. Strategic and Institutional Sustainability: Corporate Social Responsibility, Brand Value, and Interbrand Listing ［J］. Journal of Product and Brand Management, 2017, 26（6）: 545-558.

［389］Jeong H J, Kim J. Human-like Versus me-like Brands in Corporate Social Responsibility: The Effectiveness of Brand Anthropomorphism on Social Perceptions and Buying Pleasure of Brands ［J］. Journal of Brand Management, 2021, 28（1）: 32-47.

［390］陈飞扬, 卞地诗. 全媒体视域下我国生态传播策略研究——以央视网熊猫频道为例 ［J］. 青年记者, 2022（6）: 80-81.

［391］Hudson S, Huang L, Roth M S, et al. The Influence of Social Media Interactions on Consumer-brand Relationships: A Three-country Study of Brand Perceptions and Marketing Behaviors ［J］. International Journal of Research in Marketing, 2016, 33（1）: 27-41.

［392］Sanz-Blas S, Bigne E, Buzova D. M-WOM in a Brand's Facebook Fan Page ［J］. Online Information Review, 2017, 41（7SI）: 936-953.

［393］欧阳照, 徐切. 小成本大创意: 探析熊猫频道的制胜之道 ［J］. 今传媒, 2015, 23（9）: 10-11.

［394］Borowiecki K J, Forbes N, Fresa A. Cultural Heritage in a Changing World ［M］. New York, US: Springer International Publishing, 2016.

［395］Giannakopoulou S, Kaliampakos D. Social Transformations of Cultural Heritage: From Benefaction to Sponsoring: Evidence from Mountain Regions in Greece ［J］. Journal of Mountain Science, 2020, 17（6）: 1475-1490.

［396］Alma' Aitah W Z, Talib A Z, Osman M A. Opportunities and Challenges in Enhancing Access to Metadata of Cultural Heritage Collections: A Survey ［J］. Artificial Intelligence Review, 2020, 53（5）: 3621-3646.

［397］Alsadik B. Crowdsource and Web-published Videos for 3D Documentation of Cultural Heritage Objects ［J］. Journal of Cultural Heritage, 2016（21）:

899-903.

［398］Liarokapis F, Voulodimos A, Doulamis N, et al. Visual Computing for Cultural Heritage ［M］. New York, US: Springer International Publishing, 2020.

［399］Gomez-Oliva A, Alvarado-Uribe J, Concepcion Parra-Merono M, et al. Transforming Communication Channels to the Co-Creation and Diffusion of Intangible Heritage in Smart Tourism Destination: Creation and Testing in Ceuti（Spain）［J］. Sustainability, 2019, 11（14）: 1-30.

［400］Basaraba N, Conlan O, Edmond J, et al. Digital Narrative Conventions in Heritage Trail Mobile Apps ［J］. New Review of Hypermedia and Multimedia, 2019, 25（1-2）: 1-30.

［401］Ferrero-Regis T. From Sheep to Chic: Reframing the Australian Wool Story ［J］. Journal of Australian Studie, 2020, 44（1）: 48-64.

［402］张欣. 从"故宫"题材作品看纪录片叙事的空间转型 ［J］. 中国电视, 2018, 37（2）: 79-82.

［403］Kidd J. "Immersive" Heritage Encounters ［J］. The Museum Review, 2018, 3（1）: 1-16.

［404］Mckercher B, Cros H D. Testing a Cultural Tourism Typology ［J］. International Journal of Tourism Research, 2003, 5（1）: 45-58.

［405］Petty S, Benbouazza B. Trans-Indigenous Aesthetics and Practices in Moroccan Amazigh Film and Video ［J］. Expressions M, 2019, 18（1）: 47.

［406］Mwale K P, Lintonbon J. Heritage, Identity and the Politics of Representation in Tribal Spaces: An Examination of Architectural Approaches in Mochudi, Botswana and Moruleng, South Africa ［J］. International Journal of Heritage Studies, 2020, 26（3）: 281-298.

［407］宗俊伟. 20世纪90年代以来中国电视历史剧的子类型探究 ［J］. 电影文学, 2006, 13（11）: 24-25.

［408］袁文丽. 历史题材剧的叙事伦理与价值精神 ［J］. 四川戏剧, 2020, 33（2）: 66-70.

［409］张智华. 大众需要什么样的中国电视历史剧 ［J］. 人民论坛, 2019, 26（36）: 136-137.

［410］陈若晖. 穿越时空的传说——论穿越小说及其电视剧改编 ［J］. 重庆交通大学学报（社会科学版）, 2012, 12（4）: 68-70.

［411］秦俊香，王钰涵．穿越题材电视剧观众的接受心理简论［J］．重庆邮电大学学报（社会科学版），2012，24（3）：82-85．

［412］尚瑞玲．"穿越"文化引发的思想教育者的思考［J］．教书育人，2013，15（16）：4-5．

［413］任思燕．穿越类电视剧热潮探析［J］．电影评介，2011，33（5）：4-6．

［414］樊依菲．浅谈大女主剧的霸屏与困境［J］．视听，2019，12（12）：57-59．

［415］米丽娟．中国宫斗剧泛滥的原因、表现、恶果及对策［J］．河北民族师范学院学报，2019，39（3）：103-108．

［416］范志忠，陈日红．宫斗剧的历史征候与审美偏执［J］．中国电视，2019，38（5）：6-11．

［417］周桦．论宫斗剧中社会价值观建构——以《延禧攻略》为例［J］．记者观察，2021（2）：54-55．

［418］史可扬．"宫斗热"的文化反思［J］．人民论坛，2018，25（31）：123-125．

［419］于蕾．新媒体语境下纪录片价值观内涵传播——以《我在故宫修文物》为例［J］．传播力研究，2019，3（35）：59-61．

［420］何春耕，杨佳玥．论文博类微纪录片的空间叙事转向与价值呈现［J］．电影文学，2022（10）：41-45．

［421］王筱卉，袁奂青．我国文化类纪录片的IP创作启示——以"故宫"题材相关纪录片为例［J］．中国电视，2019，38（7）：54-59．

［422］姜常鹏．融合文化场域中纪录片的跨媒介形态［J］．电影文学，2019，26（9）：98-102．

［423］王琳艳．我国文博类纪录片的症候解析与功能释放［J］．电影评介，2019，41（3）：96-99．

［424］高媛媛．论国产续集电影的发展困境和突围策略［J］．电影艺术，2017，376（5）：78-83．

［425］杨柳．国产续集电影的问题与品牌化策略分析［J］．当代电影，2013（5）：23-27．

［426］Basuroy, Suman, Desai, et al. An Empirical Investigation of Signaling in the Motion Picture Industry［J］. Journal of Marketing Research, 2006, 43（2）：

287-295.

［427］Basuroy S，Chatterjee S. Fast and Frequent：Investigating Box Office Revenues of Motion Picture Sequels［J］. Film Art，2010，61（7）：798-803.

［428］唐中君，刘垒朋，禹海波，等. 融合 Bass 模型和三阶段过程模型的续集电影需求扩散研究［J］. 运筹与管理，2019，28（1）：166-175.

［429］Hennig-Thurau T，Houston M B，Heitjans T. Conceptualizing and Measuring the Monetary Value of Brand Extensions：The Case of Motion Pictures［J］. Journal of Marketing，2009，73（6）：167-183.

［430］龙凌，刘德军，刘小敏. 影视形象对旅游目的地吸引力的影响研究——以舟山市东极岛为例［J］. 湖南师范大学自然科学学报，2022，45（4）：86-92.

［431］Sangkil Moon P K B D. Dynamic Effects Among Movie Ratings，Movie Revenues，and Viewer Satisfaction［J］. Journal of Marketing，2010，74（1）：108-121.

［432］Archer-Brown C，Kampani J，Marder B，et al. Conditions in Prerelease Movie Trailers For Stimulating Positive Word of Mouth：A Conceptual Model Demonstrates the Importance of Understanding as a Factor for Engagement［J］. Journal of Advertising Research，2017，57（2）：159-172.

［433］Sood S，Drèze X. Brand Extensions of Experiential Goods：Movie Sequel Evaluations［J］. Journal of Consumer Research，2006，33（3）：352-360.

［434］羊照云，曹佛宝. 电影消费者观影意愿影响因素分析［J］. 电影文学，2021（8）：21-25.

［435］甘春梅，王伟军. 学术博客持续使用意愿：交互性、沉浸感与满意感的影响［J］. 情报科学，2015，33（3）：70-74.

［436］Suki N M，Ramayah T，Ly K K. Empirical Investigation on Factors Influencing the Behavioral Intention to Use Facebook［J］. Universal Access in the Information Society，2012，11（2）：223-231.

［437］Bilgihan A，Barreda A，Okumus F，et al. Consumer Perception of Knowledge-sharing in Travel-related Online Social Networks［J］. Tourism Management，2016，52（2）：287-296.

［438］Bhattacherjee A. Understanding Information Systems Continuance：An Expectation-Confirmation Model［J］. MIS Quarterly，2001，25（3）：351-370.

［439］Kim D J, Ferrin D L, Rao H R. Trust and Satisfaction, Two Stepping Stones for Successful E-Commerce Relationships: A Longitudinal Exploration ［J］. Information Systems Research, 2009, 20（2）: 237-257.

［440］胡勇. 大学生微信持续使用意向的影响因素分析 ［J］. 现代远程教育研究, 2016, 141（3）: 84-92.

［441］Kuo Y, Wu C, Deng W. The Relationships among Service Quality, Perceived Value, Customer Satisfaction, and Post-purchase Intention in Mobile Value-added Services ［J］. Computers in Human Behavior, 2009, 25（4）: 887-896.

［442］Sedig K, Parsons P, Babanski A. Towards a Characterization of Interactivity in Visual Analytics ［J］. Journal of Multimedia Processing Technologies, 2012, 3（1）: 12-28.

［443］Newhagen J E, Cordes J W, Levy M R. Audience Scope and the Perception of Interactivity in Viewer Mail on the Internet ［J］. Journal of Communication, 1995, 45（3）: 164-175.

［444］张初兵, 李义娜, 吴波, 等. 旅游 App 用户粘性与购买意向: 互动性视角 ［J］. 旅游学刊, 2017, 32（6）: 109-118.

［445］杨治良. 简明心理学词典 ［M］. 上海: 上海辞书出版社, 2007.

［446］Murray K B. A Test of Services Marketing Theory: Consumer Information Acquisition Activities ［J］. Journal of Marketing, 1991, 55（1）: 10-25.

［447］Kirmani A, Rao A R. No Pain, No Gain: A Critical Review of the Literature on Signaling Unobservable Product Quality ［J］. Journal of marketing, 2000, 64（2）: 66-79.

［448］Holbrook M B. Popular Appeal Versus Expert Judgments of Motion Pictures ［J］. The Journal of Consumer Research, 1999, 26（2）: 144-155.

［449］费孝通. 乡土中国 ［M］. 上海: 上海人民出版社, 2013.

［450］陈馥怡, 孙永强, 王博雅. 公益机构微博的粉丝忠诚度影响因素研究 ［J］. 情报杂志, 2014, 33（12）: 120-126.

［451］Limayem M, Cheung C M K. Understanding Information Systems Continuance: The Case of Internet-based Learning Technologies ［J］. Information & Management, 2008, 45（4）: 227-232.

［452］Au N, Ngai E W T, Chengsource T C E. Extending the Understanding of End User Information Systems Satisfaction Formation: An Equitable Needs Fulfillment

Model Approach ［J］. MIS Quarterly, 2014, 32 (1)：43-66.

［453］Hsiao K L, Chen C C. What Drives In-app Purchase Intention for Mobile games? An Examination of Perceived Values and Loyalty ［J］. Electronic Commerce Research & Applications, 2016, 643 (1)：18-29.

［454］Voorveld H A M, Neijens P C, SMIT E G. The Relat ion Between Actual and Perceived Interactivity ［J］. Journal of Advertising, 2011, 40 (2)：77-92.

［455］Chen Y. An Empirical Examination of Factors Affecting College Students' Proactive ［J］. Computers in Human Behavior, 2014, 31 (2)：159-171.

［456］Song J H, Zinkhan G M. Determinants of Perceived Web Site ［J］. Journal of Marketing, 2008, 72 (2)：99-113.

［457］Thong J Y L, Hong S, Tam K Y. The Effects of Post-adoption Beliefs on the Expectation-confirmation Model for Information Technology Continuance ［J］. International Journal of Human-computer Studies, 2006, 64 (9)：799-810.

［458］Paul B, Paul C. Host Perceptions of Sociocultural Impacts ［J］. Annals of Tourism Research, 1999, 26 (3)：493-515.

［459］Hill R J. Belief, Attitude, Intention, and Behavior：An Introduction to Theory and Research ［J］. Contemporary Sociology, 1977, 6 (2)：244-245.

［460］Bagozzi R P, YI Y. On the Evaluation of Structural Equation Models ［J］. Journal of the Academy of Marketing Science, 1988, 16 (1)：74-94.

［461］Mcdonald R P, Ho M R. Principles and practice in Reporting Structural Equation Analyses. ［J］. Psychological Methods, 2002, 7 (1)：64-82.

［462］Stanley A. Mulaik, Larry R. James, Van Alstine J, et al. Quantitative Methods in Psychology Evaluation of Goodness-of-Fit Indices for Structural Equation Models ［J］. Psychological Bulletin, 1989, 105 (3)：430-445.

［463］Scott J E. The Measurement of Information Systems Effectiveness：Evaluating a Measuring Instrument ［J］. Data Base, 1995, 26 (1)：43-61.

［464］Bentler P M, Bonett D G. Significance Tests and Goodness of Fit in the Analysis of Covariance Structures ［J］. Psychological Bulletin, 1980, 88 (3)：588-606.

［465］腾讯智库. 2019 Z 世代消费力白皮书 ［R］. 2019.

［466］杨敬辉，武春友. 采用 Norton 模型对产品更新换代扩散趋势的研究——以中国互联网用户上网方式的更新换代为例 ［J］. 科学学研究, 2005

（5）：682-687.

[467] 郭韬，丁小洲，乔晗，等.价值网络对科技型创业企业商业模式创新影响机制的系统动力学仿真分析——基于系统管理与CET@I方法论视角 [J].管理评论，2020，32（7）：41-53.

[468] 李华，陈旭，曹晓龙，等.用户驱动的迁移模型的设计与实现 [J].科技通报，2012，28（8）：77-79.

[469] 姜钰，贺雪涛.基于系统动力学的林下经济可持续发展战略仿真分析 [J].中国软科学，2014（1）：105-114.

[470] 高翔宇.网络文学运营研究——以起点中文网为例 [J].传播力研究，2020，4（12）：183-184.

[471] 李鍪.网络小说影视改编的意义和影响 [J].网络文学评论，2019（6）：111-121.

[472] 廖宏斌.起点中文网的发展探析 [D].西南财经大学，2009.

[473] 许小青，刘开骅.移动微视频传播的用户行为心理特征——基于腾讯微视平台的探析 [J].云梦学刊，2015，36（5）：146-150.

[474] 王臻真.IP电影热——中国大众消费时代进行时 [J].当代电影，2015（9）：8-12.

[475] 黄书泉.论小说的影视改编 [J].安徽大学学报，2003（2）：67-74.

[476] 胡意利.影视剧对网络小说改编之原因探究 [J].大众文艺，2011（22）：139.

[477] 付少武，章旭清.中国动漫产业十年发展研究 [J].当代电视，2016（2）：10-13.

[478] 余力.网络小说改编剧的传播策略探析——以《美人心计》为例 [J].媒体时代，2011（4）：65-68.

[479] 赵宇晴，阮平南，刘晓燕，等.基于在线评论的用户满意度评价研究 [J].管理评论，2020，32（3）：179-189.

[480] 彭艳.文化创意产业中的创意扩散模式研究 [D].武汉理工大学，2010.

[481] 袁文丽，赵春光.基于社交媒体用户迁移的微博价值分析 [J].编辑之友，2015（4）：49-53.

[482] Zhang X X, Yu X F. The Impact of Perceived Risk on Consumers'

Cross-Platform Buying Behavior [J]. Frontiers in Psychology, 2020 (11): 592246.

[483] 路春艳, 王占利. 互联网时代的跨媒介互动——谈网络文学的影视改编 [J]. 艺术评论, 2012 (5): 71-74.

[484] Paul J, Sankaranarayanan K G, Mekoth N. Consumer Satisfaction in Retail Stores: Theory and Implications [J]. International Journal of Consumer Studies, 2016, 40 (6): 635-642.

[485] Shin N, Park S, Kim H. Consumer Satisfaction-based Social Commerce Service Quality Management [J]. Business Research Quarterly, 2021, 24 (1): 34-52.

[486] 李恒. 基于认知心理学的科技用户信息搜索行为理论研究 [D]. 南京理工大学, 2006.

[487] 杨阳. 负面在线评论对消费者购买意愿的影响 [D]. 东南大学, 2019.

[488] 艾方亮. 购物网站用户行为分析系统的优化设计与实现 [D]. 东南大学, 2021.

[489] 张吕, 杨镜. 网络小说影视改编的困境与出路 [J]. 文史博览 (理论), 2013 (1): 36-39.

[490] Kohli G S, Yen D, Alwi S, et al. Film or Film Brand? UK Consumers' Engagement with Films as Brands [J]. British Journal of Management, 2020, 4 (0): 1-30.

[491] van Wormer K, Juby C. Cultural Representations in Walt Disney Films: Implications for Social Work Education [J]. Journal of Social Work, 2015, 16 (5): 578-594.

[492] Prévot-Julliard A, Julliard R, Clayton S. Historical Evidence for Nature Disconnection in a 70-year Time Series of Disney Animated Films [J]. Public Understanding of Science, 2014, 24 (6): 672-680.

[493] Guerrero A P S. An Approach to Finding Teaching Moments on Families and Child Development in Disney Films [J]. Academic Psychiatry, 2015, 39 (2): 225-230.

[494] Holcomb J, Latham-Mintus K, Fernandez-Baca D. Who Cares for the Kids? Caregiving and Parenting in Disney Films [J]. Journal of Family Issues, 2014, 36 (14): 1-31.

[495] Hernández-Pérez M. Animation, Branding and Authorship in the Construction of the' Anti-Disney Ethos: Hayao Miyazakis Works and Persona through Disney Film Criticism [J]. Animation, 2016, 3 (11): 297-313.

[496] Jackson V. "What Do We Get from a Disney Film if We Cannot See It?": The BBC and the "Radio Cartoon" 1934-1941 [J]. Historical Journal of Film, Radio and Television, 2019, 39 (2): 290-308.

[497] Van de Vijver L. Going to the exclusive show: Exhibition Strategies and Moviegoing Memories of Disney's Animated Feature Films in Ghent (1937-1982) [J]. European Journal of Cultural Studies, 2015, 19 (4): 404-418.

[498] Anjirbag M. Reforming Borders of the Imagination: Diversity, Adaptation, Transmediation, and Incorporation in the Global Disney Film Landscape [J]. Jeunesse: Young People, Texts, Cultures, 2020, 11 (2): 151-176.

[499] Chytry J. Walt Disney and the Creation of Emotional Environments: Interpreting Walt Disney's Oeuvre from the Disney Studios to Disneyland, CalArts, and the Experimental Prototype Community of Tomorrow (EPCOT) [J]. Rethinking History, 2012, 16 (2): 259-278.

[500] Lawrence K, Greene H. Customer Loyalty the Disney Way [J]. American International Journal of Humanities Arts and Social Sciences, 2020, 13 (2): 83-94.

[501] Johnson V. What is Organizational Imprinting? Cultural Entrepreneurship in the Founding of the Paris Opera [J]. American Journal of Sociology, 2007, 1 (113): 97-127.

[502] Rogers R. From Cultural Exchange to Transculturation: A Review and Reconceptualization of Cultural Appropriation [J]. Communication Theory, 2006, 16 (4): 474-503.

[503] Dalmoro M, Costa Pinto D, Herter M, et al. Traditionscapes in Emerging Markets: How Local Tradition Appropriation Fosters Cultural Identity [J]. International Journal of Emerging Markets, 2020, 15 (6): 1105-1126.

[504] Shugart H. Counterhegemonic Acts: Appropriation as a Feminist Rhetorical Strategy [J]. Quarterly Journal of Speech, 1997, 83 (2): 210-229.

[505] Harold C. Pranking Rhetoric: "Culture Jamming" as Media Activism [J]. Critical Studies in Media Communication, 2004, 21 (3): 189-211.

[506] Buescher D T, Ono K A. Civilized Colonialism: Pocahontas as Neocolo-

nial Rhetoric [J]. Women's Studies in Communication, 1996, 19 (2): 127-153.

[507] Young J. Profound Offense and Cultural Appropriation [J]. The Journal of Aesthetics and Art Criticism, 2005, 63 (2): 135-146.

[508] Böhme C. African Appropriations: Cultural Difference, Mimesis, and Media [J]. Africa (Cambridge University Press), 2017, 87 (2): 434-435.

[509] Shamoon D. Class S: Appropriation of "lesbian" Subculture in Modern Japanese Literature and New Wave Cinema [J]. Cultural Studies, 2021, 35 (1): 27-43.

[510] Raundalen J. A Communist Takeover in the Dream Factory—Appropriation of Popular Genres by the East German Film Industry [J]. Slavonica, 2005, 11 (1): 69-86.

[511] Laurendeau G. Arts and the Re-appropriation of Culture in Native Societies in Quebec, Canada [J]. The International Journal of the Arts in Society: Annual Review, 2012, 2 (2): 247-264.

[512] Bharat M. Going Global: Filmic Appropriation of Jane Austen in India [J]. South Asian Popular Culture, 2020, 18 (2): 1-13.

[513] Regan S. Updating Addison: Culture, Appropriation and The Connoisseur [J]. Forum for Modern Language Studies, 2014, 51 (1): 1-14.

[514] Naylor S. Appropriation, Culture and Meaning in Electroacoustic Music: A Composer's Perspective [J]. Organised Sound, 2014, 19 (2): 110-116.

[515] Howard K. Equity in Music Education: Cultural Appropriation Versus Cultural Appreciation—Understanding the Difference [J]. Music Educators Journal, 2020, 106 (3): 68-70.

[516] Hoskins C, Mirus R. Reasons for the US Dominance in International Trade in Television Programs [J]. Media Culture & Society, 1988, 10 (4): 499-504.

[517] Walls W D, McKenzie J. The Changing Role of Hollywood in the Global Movie Market [J]. Journal of Media Economics, 2012, 25 (4): 198-219.

[518] Sousa C M P, Bradley F. Cultural Distance and Psychic Distance: Two Peas in a Pod? [J]. Journal of International Marketing, 2006, 14 (1): 49-70.

[519] De Vany A, Walls W D. Uncertainty in the Movies: Does Star Power Reduce the Terror of the Box Office? [J]. Journal of Cultural Economics, 1999 (22): 329-354.

［520］Lee F L F. Cultural discount and cross-culture predictability: Examining the box office performance of American movies in Hong Kong ［J］. Journal of Media Economics, 2006, 19 (4): 259-278.

［521］Wang X, Pan H, Zhu N, et al. East Asian Films in the European Market: The Roles of Cultural Distance and Cultural Specificity ［J］. International Marketing Review, 2020, ahead-of-print.

［522］Cabral L, Natividad G. Movie Release Strategy: Theory and Evidence from International Distribution ［J］. Journal of Economics & Management Strategy, 2020, 29 (2): 276-288.

［523］Gao W, Ji L, Liu Y, et al. Branding Cultural Products in International Markets: A Study of Hollywood Movies in China ［J］. Journal of Marketing, 2020, 84 (3): 86-105.

［524］Lee F L F. Cultural Discount of Cinematic Achievement: The Academy Awards and U. S. Movies' East Asian Box Office ［J］. Journal of Cultural Economics, 2009, 33 (4): 239-263.

［525］Elliott C, Konara P, Ling H, et al. Behind Film Performance in China's Changing Institutional Context: The Impact of Signals ［J］. Asia Pacific Journal of Management, 2018, 35 (1): 63-95.

［526］Moon S, Bayus B L, Yi Y, et al. Local Consumers' Reception of Imported and Domestic Movies in the Korean Movie Market ［J］. Journal of Cultural Economics, 2015, 39 (1): 99-121.

［527］Kim H, Jensen M. Audience Heterogeneity and the Effectiveness of Market Signals: How to Overcome Liabilities of Foreignness in Film Exports? ［J］. Academy of Management Journal, 2014, 57 (5): 1360-1384.

［528］Fu W W, Govindaraju A. Explaining Global Box-Office Tastes in Hollywood Films: Homogenization of National Audiences' Movie Selections ［J］. Communication Research, 2010, 2 (37): 215-238.

［529］Brady J, Ko D. Consumer Affinity for Foreign Countries, Film Attendance, and Interest in Purchasing Products from Foreign Countries: An Exploratory Study of Korea and Ireland ［J］. International Journal of Humanecology, 2016, 17 (1): 15-25.

［530］Baek Y M, Kim H M. Cultural Distance and Foreign Drama Enjoyment:

Perceived Novelty and Identification with Characters [J]. Journal of Broadcasting & Electronic Media, 2016, 60 (3): 527-546.

[531] Park S. Changing Patterns of Foreign Movie Imports, Tastes, and Consumption in Australia [J]. Journal of Cultural Economics, 2015, 39 (1): 85-98.

[532] Craig C, Greene W, Douglas S. Culture Matters: Consumer Acceptance of U. S. Films in Foreign Markets [J]. Journal of International Marketing, 2005, 4 (13): 80-103.

[533] Moon S, Song R. The Roles of Cultural Elements in International Retailing of Cultural Products: An Application to the Motion Picture Industry [J]. Journal of Retailing, 2014, 91 (1): 154-170.

[534] Alaveras G, Gomez-Herrera E, Martens B. Cross-border Circulation of Films and Cultural Diversity in the EU [J]. Journal of Cultural Economics, 2018, 4 (42): 645-676.

[535] Eliashberg J, Shugan S M. Film Critics: Influencers or Predictors? [J]. Journal of Marketing, 1997 (61): 68-78.

[536] Souza T L D, Nishijima M, Fava A C P. Do Consumer and Expert Reviews Affect the Length of Time a Film is Kept on Screens in the USA? [J]. Journal of Cultural Economics, 2019, 43 (1): 145-171.

[537] 林丹娅, 张春. 性别视角下的迪士尼改编《木兰》之考辨 [J]. 南开学报 (哲学社会科学版), 2019, 26 (6): 156-163.

[538] 康宁. 比较文化视野下的花木兰 [J]. 电影文学, 2010, 17 (16): 26-27.

[539] 韩晓强.《花木兰》: 迪士尼公主与家国想象 [J]. 电影艺术, 2020, 65 (6): 65-68.

[540] Wang Z. Cultural "Authenticity" as a Conflict-Ridden Hypotext: Mulan (1998), Mulan Joins the Army (1939), and a Millennium-Long Intertextual Metamorphosis [J]. Arts, 2020, 9 (3): 78.

[541] Yang Q. Mulan in China and America: From Premodern to Modern [J]. Comparative Literature-East & West, 2018, 2 (1): 45-59.

[542] Zhuying L. Female Warriors: A Reproduction of Patriarchal Narrative of Hua Mulan in The Red Detachment of Women (1972) [J]. Media International Australia, 2020, 176 (1): 66-77.

［543］李楠. 接受学视角下的文化变异——以"木兰故事"在美国的百年传播为例［J］. 北京联合大学学报（人文社会科学版），2017，15（1）：104-110.

［544］朱婧薇. 媒介变迁与民间叙事的现代传承——以木兰传说为例［J］. 文化遗产，2019，13（1）：116-125.

［545］罗晓东，李高翔. 花木兰：经典叙事的风格颠覆与女青年主体重建［J］. 当代青年研究，2016，34（2）：88-93.

［546］徐明华，李丹妮. 情感畛域的消解与融通："中国故事"跨文化传播的沟通介质和认同路径［J］. 现代传播（中国传媒大学学报），2019，41（3）：38-42.

［547］Nanda M，Pattnaik C，Lu Q S. Innovation in Social Media Strategy for Movie Success A Study of the Bollywood Movie Industry［J］. Management Decision，2018，56（1）：233-251.

［548］Savolainen L，Uitermark J，Boy J. Filtering Feminisms：Emergent Feminist Visibilities on Instagram［J］. New Media & Society，2020，10（10）：1-23.

［549］Giunta J V. "A Girl Worth Fighting For"：Transculturation, Remediation, and Cultural Authenticity in Adaptations of the "Ballad of Mulan"［J］. Sare-Southeast Asian Review of English，2018，55（2）：154-172.

［550］陈睿，陈之奕. 元媒介视域下"哈利·波特"系列作品的 IP 运营策略［J］. 电影文学，2020，27（20）：127-134.

［551］公克迪，涂光晋. 品牌跨文化传播理论的演进：基于文化心理距离的视角［J］. 当代传播，2017，33（5）：65-69.

［552］Gundle S. "We Have Everything to Learn from the Americans"：Film Promotion，Product Placement and Consumer Culture in Italy，1945-1965［J］. Historical Journal of Film Radio and Television，2020，40（1）：55-83.

［553］Gaenssle S，Budzinski O，Astakhova D. Conquering the Box Office：Factors Influencing Success of International Movies in Russia［J］. Review of Network Economics，2018，17（4）：245-266.

［554］陈睿，陈之奕. 作为 IP 运营策略的跨媒介叙事：机理与应用［J］. 西华大学学报（哲学社会科学版），2021，40（2）：51-59.

［555］杨永忠. 创意管理学导论［M］. 北京：经济管理出版社，2018.

附　录

用户迁移系统仿真模型设计的主要方程式及关键参数设置

（一）具体方程式

附表 1　具体方程式一览表

方程式	注解
用户迁移数量＝ABS（起点中文网用户减少量－腾讯视频端用户流失量）	两平台之间的用户流动差值的绝对值来表示用户迁移数量
起点中文网用户减少量＝IF THEN ELSE（起点中文网用户减少速率≥0，起点中文网日活跃用户数量×起点中文网用户减少比率，0）	
起点中文网会员用户量＝4e+08+"2021起点中文网注册用户量"×起点中文网用户认可度+IF THEN ELSE（起点中文网用户减少速率－腾讯视频用户流失比率≥0－用户迁移数量×0.6，用户迁移数量×0.2）+起点网月度浮动增量×0.5	由问卷结果得知，在使用起点网和从未使用起点网用户中有近60%的概率会成为起点的会员用户，同时有近20%的概率不会成为起点网的会员用户
起点中文网用户认可度＝ABS［（网络小说差评率－网络小说好评率）/2］	通过取好评率与差评率的差值绝对值，代替为该模型的用户认可度，模型有意将用户认可度的实际数据降低以避免模拟结果被夸大
起点中文网日活跃用户数量＝5e+08+"2021起点中文网注册用户量"×起点中文网用户认可度+IF THEN ELSE（起点中文网用户减少速率－腾讯视频用户流失比率≥0－用户迁移数量×0.5，用户迁移数量×0.5）+起点网月度浮动增量×0.5	由问卷结果得知，起点有近42%的用户使用频率会高于一周2~3次，实验认定这些用户为活跃用户；有近55%起点用户的使用频率小于或等于一周1次，实验认定为不活跃用户
2021起点中文网注册用户量＝7e+08+IF THEN ELSE（起点中文网用户减少速率－腾讯视频用户流失比率≥0，用户迁移数量，0）+腾讯视频月度浮动用户增量	

续表

方程式	注解
腾讯视频端用户流失量 = "2021 腾讯视频用户注册数量" × IF THEN ELSE (腾讯视频用户流失比率 ≥0, 腾讯视频用户流失比率, 0)	
腾讯视频会员用户量 = 2e+08+ "2021 腾讯视频用户注册数量" ×腾讯视频用户使用认可度+IF THEN ELSE (起点中文网用户减少速率>腾讯视频用户流失比率, 用户迁移数量× 0.45−用户迁移数量×0.15) +腾讯视频月度浮动用户增量×0.45	由问卷结果得知, 用户在使用腾讯视频平台时有近45%的概率会成为腾讯视频的会员用户; 同时, 有近15%的概率不会成为会员用户
腾讯视频用户使用认可度=ABS[(视频体验好评率−视频体验差评率) /2]	
腾讯视频日活跃用户数量=3e+08+ ("2021 腾讯视频用户注册数量" ×腾讯视频用户使用认可度) +IF THEN ELSE (起点中文网用户减少速率−腾讯视频用户流失比率>0, 用户迁移数量×0.7−用户迁移数量×0.3) +腾讯视频月度浮动用户增量×0.7	由问卷结果得知, 腾讯视频有近50%的用户使用评率会高于一周2~3次, 实验认定这些用户为活跃用户; 有近50%的起点用户的使用频率小于或等于一周1次, 实验认定为不活跃用户
2021 腾讯视频注册用户量 = 7e+08+IF THEN ELSE (起点中文网用户减少速率−腾讯视频用户流失比率 ≥0, 用户迁移数量, 0) +腾讯视频月度浮动用户增量	

(二) 具体参数设置

数值的设置中部分来源于实际数据资料, 比如网络小说总数是起点中文网的实际记录的总数; 起点中文网与腾讯视频的日活跃用户的初始值和注册用户量源于艾瑞咨询公司的分析报告; 其他辅助变量和其中的参数均来自195份有效问卷中的数据分析, 并根据模型的建立情况进行适当的调整得来。

附表 2　参数设置

关键参数	数值内容	单位
INITIAl TIME	0	Month
FINAL TIME	120	Month
TIME STEP	1	Month
Units for Time	Month	Dmnl
起点网好评率	0.75	Dmnl
起点网差评率	0.15	Dmnl
2021 起点中文网注册用户量初始值	5e+08	person

关键参数	数值内容	单位
起点中文网会员用户量初始值	4e+08	Person
起点中文网日活跃用户数量初始值	5e+08	Person/Day
起点中文网用户减少比率初始值	0.02	Person
起点中文网月度浮动用户增量	1e+5	Person
2021腾讯视频注册用户量初始值	7e+08	Person
腾讯视频会员用户量初始值	2e+08	Person
腾讯视频日活跃用户数量初始值	3e+08	Person/Day
腾讯视频用户流失比率	0.01	Person/Day
腾讯视频月度浮动用户增量	2e+5	Person
视频体验好评率	0.8	Dmnl
视频体验差评率	0.05	Dmnl

后　记

从 2012 年 9 月到 2016 年 6 月，我在四川大学攻读企业管理专业文化创意管理方向的博士研究生。在四川大学商学院杨永忠教授的指导下，我开始从事文化创意管理领域的研究工作，具体涉及出版产业、动漫游戏产业的研究工作。在此期间，中国文化产业的数字化进程正处于一个加速发展的阶段。产业实践中的各种新现象、新业态、新模式层出不穷。2016 年 3 月，李克强总理在《政府工作报告》中首次提出了"数字创意产业"的概念。产业实践的新进展和政策层面的最新导向，让我对"数字创意产业"的概念产生了非常大的兴趣。我开始思考"文化"能否作为一种新型生产要素的问题。

2016 年 7 月，我进入西华大学工作，成为一名高校教师。从一名国有企业管理人员转型为一名高校教师的过程是艰难的，涉及工作角色转换、适应新环境、户口迁移、孩子就学、爱人重新就业等一系列问题。在最初的两年时间里，确实遇到了工作和家庭上的很多困难，但是也得到了导师、领导、朋友、同事、同学的大力支持和帮助，在此一并向他们表示衷心的感谢！

2016 年 11 月，数字创意产业被纳入《"十三五"国家战略性新兴产业发展规划》。该规划首次提出要创作一大批"数字创意内容精品"，首次提及"鼓励多业态联动的创意开发模式，提高不同内容形式之间的融合程度和转换效率，努力形成具有世界影响力的数字创意品牌，支持中华文化'走出去'"。这一表述明确提出了"多业态联动的创意开发模式"的概念，这引起了我非常大的兴趣。通过一段时间的资料查阅和研究，我注意到产业实践中经常提到的"IP""流量"等关键词与这一表述紧密相关，更为重要的是，这一命题涉及多个学科领域，对这一问题的探讨尚处于分散的状态，还没有形成完整的理论解释体系。因此，自入职西华大学后，我开始对这一问题进行较为系统的关注和准备，并开始基于前期研究成果，开展相关研究和项目申报。

2018 年 9 月，我申报的国家自然科学基金面上项目"数字创意产品多业态联动开发机理及模式研究"（项目编号：71874142）正式获得立项。评审专家在反馈意见中对项目选题给予了充分肯定，同时也针对项目设计、项目实施提出了许多非常宝贵的建议，在此向他们表示最衷心的感谢！

从项目立项至今，在项目组成员的共同努力下，项目正常推进。我要感谢四川大学商学院杨永忠教授，西华大学项勇教授、周睿教授、陈彧副教授，以及参与项目研究的其他各位老师，他们为项目研究做出了极为重要的贡献！我还要特别感谢参与项目研究的全体研究生同学，尤其要感谢陈之奕、李林东、刘怡、刘显、严浩澜等同学对项目研究的重要贡献。

本书的研究建立在前人和同行研究的基础上，建立在实务界杰出经营管理人士的辛勤劳动基础上，在此向他们一并表示真诚的感谢。由于笔者水平有限，书中难免存在疏漏，敬请读者批评指正。本书的出版得益于经济管理出版社的支持和厚爱，在此谨表示最诚挚的谢意！

最后，还要向我的家人表示最衷心的感谢！你们是我生活意义之所在。

从 2012 年到 2022 年，从府南河畔的望江竹林，到沱江河畔的西华校园。我仿佛又看到：薛涛泉边，水流潺潺；荷花池旁，鸟语花香；怀诚湖畔，书声琅琅。回望过去，心怀感激！

陈 睿

2022 年 12 月